Modern Spanish Prose

LITE

FROM SPA

G

D1005261

PRENTICE HALL, UPPER SADDLE RIVER, NJ

Library of Congress Cataloging-in-Publication Data

Modern Spanish prose: literary selections from Spain and Latin
  America/Gustave W. Andrian [editor].—6th ed.
      p.   cm
   ISBN 0-13-013052-4 (alk. paper)
   1. Spanish language Readers. I. Andrian, Gustave W.
PC4117. M53 1999
468-6' 421—dc21
                                                          99-39221
                                                              CIP

Editor-in-Chief: *Rosemary Bradley*
Associate Editor: *Heather Finstuen*
Executive Marketing Manager: *Ilse Wolfe*
Executive Managing Editor: *Ann Marie McCarthy*
Editorial/Production Supervision and Interior Design: *Nancy Stevenson*
Cover Art Director: *Jayne Conte*
Cover Designer: *Bruce Kenselaar*
Prepress and Manufacturing Buyer: *Tricia Kenny*

For permission to use copyrighted material, grateful acknowledgment is made to the copyright
holders starting on page 224, which are hereby made part of this copyright page.

This book was set in 10/13 AGaramond by Lithokraft II and was printed and bound by
Courier–Westford. The cover was printed by Phoenix Color Corporation.

Printed in the United States of America
10 9 8 7 6 5 4 3 2

ISBN 0-13-013052-4

Prentice-Hall International (UK) Limited, London
Prentice-Hall of Australia Pty. Limited, Sydney
Prentice-Hall Canada Inc., Toronto
Prentice-Hall Hispanoamericana, S.A., Mexico
Prentice-Hall of India Private Limited, New Delhi
Prentice-Hall of Japan, Inc., Tokyo
Pearson Education Asia Pte. Ltd., Singapore
Editora Prentice-Hall do Brasil, Ltda., Rio de Janeiro

CONTENTS

A Selection of Poetry

SELECTED POINTS OF GRAMMAR

PREFACE

Over the past few years, more and more Spanish-speaking authors have demonstrated a definite gift for the short story. The reputation that their literatures enjoy does not depend exclusively upon the works of old masters like Jorge Luis Borges and Gabriel García Márquez. What is more, many of this younger generation of authors are women. For these reasons, a new edition of *Modern Spanish Prose* seemed to be in order.

In this sixth edition, nine works have been replaced. Most of the new authors are part of the younger generation of writers. Half of the prose writers are women. In addition, two of the works are one-act plays. The prose writers are now equally divided between Spain and Latin America; the poets remain the same. Organization of the contents, once again, is based on degree of difficulty. This is a subjective appraisal; the individual teacher may wish to follow a different order.

This book is designed to be used after the acquisition of basic grammar and vocabulary, which usually means the third or intermediate semester of college or the third or fourth years of secondary school. To ease the transition into contemporary fiction, every selection has been carefully footnoted. Moreover, each is followed by a series of exercises that include comprehension questions and drills of grammar, idioms, and vocabulary. Each of these is designed to have the student review the authors' language and style as frequently as possible. The grammar and linguistic points reviewed here are those that, in the editor's experience, require more explanation and drill—such as the passive voice and the subjunctive.

The basic purpose of this edition remains the same: to provide the student with intellectually mature and appealing works whose brevity and style require no simplification, adaptation, or abridgment. In addition, these works provide a broad perspective of the life and culture of the Spanish-speaking world.

I would like to thank the teachers and others who have provided helpful suggestions, especially those who spent much time in evaluating the book. I appreciate the thoughtful reviews of the following colleagues: Peter Alfieri, Salve Regina University; Carmen Benito-Vessels, University of Maryland at College Park; Jeffrey Bruner, West Virginia University; Wayne H. Finke, Baruch College; Pablo A. Martínez, Trinity University; Glenn A. Morocco, La Salle University; and María Elena Soliño, The University of Houston. Many of their suggestions have been incorporated into this edition. I am also very grateful to Heather Finstuen of Prentice Hall for her professional guidance and helpful suggestions over a period of many months. And finally, I extend a special tribute to my wife for her encouragement as well as her labor in the preparation of the manuscript.

G.W.A.

Modern Spanish Prose

꙰

A
Selection
of
Prose

1

Pedro Espinosa Bravo 1934–

The novelist and short story writer Pedro Espinosa Bravo was born in Barcelona, Spain. By the time he entered the university of that city, he had already published stories in literary journals. His books **Vosotros desde cerca** (*All of You Up Close*) and **Todos somos accionistas** (*We Are All Shareholders*) received honorable mentions in two of Spain's most prestigious literary competitions. In addition to being a novelist and short story writer (and having a degree in law), he is the editor of a periodical and the director of a radio station.

Espinosa Bravo has a well-deserved reputation as a vanguard novelist. He knows a great deal about the techniques of the modern novel and is clearly familiar with the works of such writers as Hemingway and Faulkner.

El limpiabotas was taken from the collection *El viejo de las naranjas,* published in 1960. The story is little more than a simple scene written in brief but expressive sentences. But despite its apparent ordinariness, *El limpiabotas* is tinged with a delicate and poetic air of mystery. This moment of everyday life gradually evolves into a reflection of life itself that leaves the young shoeshine boy to ponder the fate of his customer.

El limpiabotas[1]

—¿Limpio,[2] señor?

El hombre ha mirado con un poco de curiosidad al limpiabotas.

El limpiabotas no es ni alto, ni bajo, ni joven, ni viejo. Es flaco y rugoso al sol.[3] Lleva una boina[4] sucia y un pitillo[5] — a lo chulo[6]— en la oreja.

El hombre se mira ahora los zapatos. Unos zapatos corrientes[7] y negros, algo polvorientos y cansados. Por fin, va hacia el limpiabotas y apoya un pie sobre la banqueta.[8]

El limpiabotas se ha dado por aludido.[9] En seguida, esgrime el cepillo[10] en el aire, con una exacta voltereta.[11] Y comienza a tantear el terreno.[12]

—¿Le pongo tinte?[13]

—Bueno. . .

El sol revienta[14] contra la pared que sirve de fondo. Se enrojece en sus ladrillos.[15] Y cae, al fin, suciamente en la acera,[16] cerca del limpiabotas. Es esa hora de la tarde en la que el sol empieza a tener importancia.

El limpiabotas sigue arrodillado frente al cliente.

Le ha mirado de manera furtiva. Y:

—Bonito sol, ¿eh?

—Bonito. . .

—Aquí, en esta esquina, siempre da[17] el sol. Es una suerte. Hay mucha luz. . .

—Sí.

El limpiabotas se ha dado cuenta de que molestaba. Y no continúa. Se limita a cepillar con más fuerza y rapidez. Se cala[18] otro poco la boina. Oscura, gastada,[19] irónica. Y aplasta[20] los labios con desprecio.

Ha pasado una mujer. Alta y provocativa como el vino. Contonea[21] ligeramente. El limpiabotas:

—¡Anda!,[22] ya. . .

1. **limpiabotas** shoeshine boy or man	11. **voltereta** circular motion
2. **limpio** shine	12. **tantear el terreno** to size up the terrain
3. **rugoso al sol** wrinkled by the sun	(i.e., the shoe)
4. **boina** beret	13. **tinte** polish
5. **pitillo** cigarette	14. **reventar** to smash, to burst
6. **a lo chulo** like a chulo (flashy, affected fellow of the lower classes of Madrid)	15. **ladrillo** brick
7. **corriente** common, ordinary	16. **acera** sidewalk
8. **banqueta** stool	17. **dar** (here) to shine
9. **se ha dado por aludido** saw that he had a customer	18. **calar** to pull down
	19. **gastada** worn
10. **esgrimir el cepillo** to wield or brandish the brush	20. **aplastar** to flatten
	21. **contonear** to sway
	22. **¡Anda!** Wow!

(Aquí una retahila[23] de palabras inconfundibles e inescuchables.)[24]

¡Anda, qué mujer!

El hombre parece más alto desde el suelo. No es joven, desde luego.[25] Pero tiene el pelo negro y profundo. Aún sigue sin hablarle, sin inmutarse.[26] Mira hacia lo lejos, hacia el

30 final de la calle, hacia el final de alguna parte, con una seriedad respetable. Quizá, por eso, el limpiabotas ha decidido callar de nuevo. Y continúa sacando brillo[27] a la piel arrugada del zapato.

Por cierto, ya ha terminado. Lo mira satisfecho. Con orgullo de artista. Y solicita el otro pie al cliente.

35 —Estos zapatos. . . Estos zapatos han andado ya mucho. . . ¡Buenos zapatos!, ¿eh? . . .

—Desde luego.

—Van a quedar como charol.[28]

—Eso espero.

De repente, el limpiabotas observa fijo el zapato, con un gesto contrariado,[29] firme.

40 —¿Oiga. . . ?

El hombre sigue sin hacerle caso. Sigue mirando lejos, indiferente. Tiene los ojos despreocupados[30] y grises y una extraña sonrisa involuntaria.

—Perdone, señor. . . Sus zapatos están manchados.

—¿De veras?

45 —Sí.

El limpiabotas los tiñe afanosamente.[31] Hay una mancha de un rojo pardo[32] cerca de los cordones. Parece sangre. El limpiabotas ha asombrado[33] los ojos con mucha intriga.[34]

—No se va. . . Parece sangre. ¡Es raro que no se vaya! . . .

—¿A ver?

50 —¡Qué extraño! . . .

—Déjeme ver.

El hombre se ha mirado el zapato. Para hacerlo, tiene que levantar cómicamente la rodilla. Al fin, con sorpresa:

—¿Dónde?

55 —Cerca del cordón.

—No veo nada. . . ¡Oiga!, ¿me está tomando el pelo?[35]

—Señor, yo. . .

Ahora, el limpiabotas ha reprimido una exclamación. La mancha ha desaparecido, casi tan misteriosamente como llegó.

---

23. **retahila** string, stream
24. **inconfundibles e inescuchables** unmistakable and unmentionable
25. **desde luego** evidently
26. **inmutarse** to change (countenance)
27. **sacar brillo** to shine, to get a shine out of
28. **charol** patent leather
29. **contrariado** vexed, upset
30. **despreocupado** disinterested
31. **los tiñe afanosamente** polishes them painstakingly
32. **rojo pardo** reddish brown
33. **asombrar** to shade
34. **con mucha intriga** in amazement
35. **tomar el pelo** to make fun of, to "kid"

—¡Le aseguro. . . ! 60
—¡Limpie y déjese de cuentos![36]
—Sí, sí. . .

Otra vez, el limpiabotas se inclina reverente hacia el zapato. Lo cepilla con fruición.[37]
Parece como si estuviese rezando. En sus ojos hay un poco de sorpresa, de incomprensión.

El zapato tiene personalidad propia. Con arrugas simétricas y afiladas, parece algo 65
vivo, caliente. Sin embargo, el limpiabotas no se fija en eso. Está muy azorado.[38] Cepilla
sin rechistar.[39]

Descuelga el pitillo de la oreja. Aplastado, vulgar. Lo enciende con preocupación.

Mientras, el hombre ha vuelto a alejar la mirada. Sigue tranquilo. Sonríe aún
involuntariamente. 70

El limpiabotas aseguraría que la calle ha quedado vacía y solemne. Casi silenciosa. Con
un silencio extraño y terrible. Pero no se atreve a comentarlo.

Por fin, ha concluido. Ha tardado más con este zapato. Le ha nacido, de repente, un
cariño inexplicable por él. Es una mezcla de compasión y miedo. No sabe a ciencia cierta[40]
por qué, ni cómo. 75

Con indiferencia, el hombre busca la cartera. Le paga.

—¡Gracias, señor!

El hombre mira a un lado y a otro, con cierta indecisión. Al fin, va hacia el bordillo.[41]

Antes de que baje a la calzada,[42] el limpiabotas ha visto de nuevo la mancha. Parduzca,
desparramada.[43] Y, ahora, brillante como los mismos zapatos. Va a decir algo. Levanta el 80
brazo y señala. Pero, de súbito, un coche dobla a gran velocidad la esquina y embiste
rabiosamente[44] a aquel hombre.

Se ha oído un frenazo,[45] un golpe tremendo. . .

El coche desaparece a la misma velocidad.

Todo ha sucedido en un momento. La calzada se está manchando de sangre. Es un rojo 85
intensísimo y vivo, como el de los ladrillos al sol. El hombre yace de bruces[46] contra el suelo.

El limpiabotas no ha dicho nada. No puede decir nada. Sólo se ha sentado anárquicamente[47] sobre la banqueta.

Pronto, un grupo de gente rodea a la víctima.

—¡Estos coches, Dios mío, estos coches! . . . 90

—¿Qué sucede?

—¡Pobre hombre!

---

36. **déjese de cuentos** enough of this
    nonsense
37. **fruición** enjoyment
38. **azorar** to excite
39. **rechistar** to speak, to say a word
40. **a ciencia cierta** with certainty, for sure
41. **bordillo** curb
42. **calzada** road, street
43. **parduzca, desparramada** light brown,
    spreading
44. **embiste rabiosamente** strikes furiously
45. **frenazo** squealing of brakes
46. **yace de bruces** is lying face down
47. **anárquicamente** numbly

—¡Un atropello!⁴⁸

—¿Quién es?

95   —¡Desgraciado!

El limpiabotas ha quedado sentado en la banqueta. Sin fuerza, sin voluntad para evitarlo. Se descubre⁴⁹ lenta y respetuosamente. Estrecha la boina con un gesto desconcertado entre sus manos. Y piensa. Tiene la mirada lejana. Hacia el final de la calle. Hacia el final de alguna parte.

100   Y el sol continúa reventando contra la pared. Se enrojece en los ladrillos, como sangre. Es esa hora de la tarde en la que el sol empieza a tener importancia.

DESPUÉS DE LEER

A. Cuestionario

1. ¿Dónde y a qué hora tiene lugar esta escena?
2. ¿Tendrá la hora, repetida varias veces, alguna importancia?
3. Describa usted a los dos hombres.
4. ¿Qué le sorprende de repente al limpiabotas?
5. ¿Por qué se enfada el hombre?
6. ¿Hay un presentimiento (*foreboding*) de tragedia antes del final? Explique Ud.
7. ¿Cuál es el simbolismo de la mancha de sangre?
8. ¿Es posible que el atropello fuese un accidente, causado por el sol? ¿O un acto deliberado? ¿Un acto predestinado?
9. ¿Qué le da al cuento una cualidad de irrealidad?
10. Al final del cuento, ¿en qué estará pensando el limpiabotas?

VOCABULARIO

B. Sinónimos

Escoja Ud. un sinónimo de la siguiente lista para las palabras en negrita de las frases.

darse cuenta de	solicitar
pitillo	lápiz
de nuevo	descubrirse
mirar hacia lo lejos	por cierto
de súbito	embestir
fijarse en	preguntar

---

48. **atropello** collision *Cf.* atropellar to knock down, to run over

49. **Se descubre** he removes his cap

1. **Se quita la boina** respetuosamente.
2. Le ha nacido, **de repente,** un cariño por el zapato.
3. El limpiabotas **ve** que molesta.
4. Tiene un **cigarrillo** en la oreja.
5. El hombre no **puso atención** en la mancha.
6. El hombre no es joven, **desde luego.**
7. El limpiabotas ha decidido callar **otra vez.**
8. Al terminar un zapato, el limpiabotas **pide** el otro pie al cliente.
9. El coche dobla la esquina y **choca con** aquel hombre.
10. Mientras, el hombre ha vuelto a **alejar la mirada.**

REPASO GRAMATICAL

Adverbs. Most adverbs of manner are formed by adding **-mente** to the feminine singular form of the adjective. The adverb retains the original accent mark (**rápido, rápidamente; fácil, fácilmente**).

When two or more adverbs that end in **-mente** modify the same word, **-mente** is omitted from all but the last word. The preceding adverbs remain in the feminine singular (see the third example below).

Examples from the text:

> **suciamente (sucio)**
> **misteriosamente (misterioso)**
> **Se descubre lenta y respetuosamente.**

C. Dé Ud. el adverbio de los adjetivos entre paréntesis.

1. (cómico) Tiene que levantar _____ la rodilla.
2. (tranquilo, involuntario) Sigue sonriendo _____ y aun _____.
3. (loco) Mi hermana está _____ enamorada de un torero.
4. (rabioso) Un coche embiste _____ a aquel hombre.
5. (cortés, frío) Su padre me trata _____ pero _____.
6. (anárquico) Sólo se ha sentado _____ sobre la banqueta.
7. (triste, profundo) Ha sido _____ y _____ afectado por la muerte del hombre.

Common meanings of *mismo* and *propio*

Mismo means (1) (*the*) *same* (preceding the noun), (2) *himself, herself, itself, themselves* with the noun (placed after the noun, but also frequently before) (3) emphatic *-self* with subject and object pronouns, and (4) *very.*

brillante como los mismos zapatos	*gleaming like the shoes themselves*
Leemos la misma novela.	*We are reading the same novel.*

Ella misma me lo contó.	She herself told me.
Se lo mandé a ella misma.	I sent it to her (herself).
Viven en el mismo centro de Madrid.	They live in the very center of Madrid.

Propio means (1) *one's own,* (2) *characteristic, typical, peculiar to,* (3) *appropriate, suitable,* (4) *very, exact, precise,* (5) *himself,* etc.

Example from the text:

| El zapato tiene personalidad propia. | The shoe has a personality of its own. |

Other examples:

mi propia casa	my own house
Es su propio pelo.	It's her own hair.
Eso es muy propio de ella.	That is very typical of her.
Esas fueron sus propias palabras.	Those were his very words.
Me lo dijo el propio rey.	The king himself told me.

D. Llene Ud. el espacio en blanco con *mismo* o *propio.* (En algunas frases se permiten la una o la otra palabra.)

1. Es muy _____ de él de marcharse sin despedirse.
2. El autor _____ ha firmado esta carta.
3. Fue muerto por mis _____ manos.
4. El autobús para en su _____ calle.
5. Ese traje no es _____ para ir al teatro.
6. Lo haré yo _____ .
7. El ministro fue asesinado por el _____ dictador.
8. Comprendo el poema porque el _____ poeta me lo ha explicado.
9. El ladrón fue condenado por su _____ confesión.
10. Murió en casa _____ .

E. Traducir. Haga Ud. un repaso de las siguientes expresiones y luego traduzca las frases.

| **darse cuenta de** | *to realize* | **tomar el pelo a uno** | *to "kid" someone* |
| **hacer caso (a)** | *to pay attention (to)* | **atreverse a +infinitive** | *to dare to* |

1. The shoeshine boy himself realizes that life moves in mysterious ways.
2. He saw his customer struck by a car that had appeared unexpectedly (**inesperado**) and rapidly.
3. At first the customer paid no attention to him, but when he looked for the blood stain, he told the shoeshine boy that he was crazy.
4. The people themselves did not dare approach the dead man.
5. The young woman passed by swaying (**contoneándose**) lightly and provocatively (**ligero, provocativo**).

2

Ana María Matute 1926–

T he Spanish Civil War (1936–1939) influenced many writers, but perhaps none so much as those who were children at the time. Ana María Matute is a member of the generation who witnessed that bloody conflict. Not surprisingly, it has served as background for many of her major works.

Matute first came into prominence at the age of twenty-two with a novel that deals with the ambivalence of love and hate in human relationships. Her literary production since then has been prolific and impressive: more than fifteen novels and numerous short stories. She has been awarded many important prizes, including the coveted *Premio Nadal.*

Matute writes with a bold, vigorous, and poetic style, yet a somewhat negative and deterministic attitude pervades her work. Death, grief, and loneliness are frequent themes, even in her many stories about children. Nevertheless, she treats these topics with great sensitivity and tenderness. In the title story from the collection *El arrepentido*, she contrasts the idealism and modesty of an elderly man with the cynical materialism of his nephew. It is an admirable example of her talent for depicting both mood and character.

El arrepentido[1]

El café era estrecho y oscuro. La fachada principal[2] daba a[3] la carretera y la posterior a la playa. La puerta que se abría a la playa estaba cubierta por una cortina de cañuelas,[4] bamboleada[5] por la brisa. A cada impulso sonaba un diminuto crujido,[6] como de un pequeño entrechocar de huesos.[7]

Tomeu el Viejo estaba sentado en el quicio[8] de la puerta. Entre las manos acariciaba lentamente una petaca de cuero[9] negro, muy gastada. Miraba hacia más allá de la arena, hacia la bahía. Se oía el ruido del motor de una barcaza[10] y el coletazo[11] de las olas contra las rocas. Una lancha vieja, cubierta por una lona,[12] se mecía blandamente, amarrada[13] a la playa.

—Así que es eso[14] —dijo Tomeu, pensativo. Sus palabras eran lentas y parecían caer delante de él, como piedras. Levantó los ojos y miró a Ruti.

Ruti era un hombre joven, delgado y con gafas. Tenía ojos azules, inocentes, tras los cristales.

—Así es —contestó. Y miró al suelo.

Tomeu escarbó[15] en el fondo de la petaca, con sus dedos anchos y oscuros. Aplastó una brizna[16] de tabaco entre las yemas de los dedos[17] y de nuevo habló, mirando hacia el mar:

—¿Cuánto tiempo me das?

Ruti carraspeó:[18]

—No sé. . . a ciencia cierta,[19] no puede decirse así. Vamos: quiero decir, no es infalible.

—Vamos, Ruti. Ya me conoces: dilo.

Ruti se puso encarnado. Parecía que le temblaban los labios.

—Un mes. . . , acaso dos. . .

—Está bien, Ruti. Te lo agradezco, ¿sabes?. . . Sí; te lo agradezco mucho. Es mejor así. Ruti guardó silencio.

—Ruti —dijo Tomeu—. Quiero decirte algo: ya sé que eres escrupuloso, pero quiero decirte algo, Ruti. Yo tengo más dinero del que[20] la gente se figura: ya ves, un pobre hombre, un antiguo pescador, dueño de un cafetucho de camino[21]. . . Pero yo tengo dinero, Ruti. Tengo mucho dinero.

1. **arrepentido** the repentant man
2. **fachada principal** front of the building
3. **dar a** to look out on, to face
4. **cañuela** fescue grass
5. **bambolear** to swing, sway
6. **crujido** creak
7. **entrechocar de huesos** rattling of bones
8. **quicio** opening (*lit.* door jamb)
9. **petaca de cuero** leather tobacco pouch
10. **barcaza** barge
11. **coletazo** lash
12. **lona** canvas
13. **amarrar** to moor, to tie up
14. **Así que es eso** So that's the way it is.
15. **escarbar** to scratch
16. **Aplastó una brizna** He crushed a hunk
17. **yemas de los dedos** fingertips
18. **carraspeó** said hoarsely
19. **a ciencia cierta** with certainty
20. **del que** than
21. **cafetucho de camino** cheap roadside cafe

Ruti pareció incómodo. El color rosado de sus mejillas se intensificó:

—Pero, tío . . . , yo. . . ¡no sé por qué me dice esto!

—Tú eres mi único pariente, Ruti—repitió el viejo, mirando ensoñadoramente[22] al mar—. Te he querido mucho.

Ruti pareció conmovido.

—Bien lo sé —dijo—. Bien me lo ha demostrado siempre.

—Volviendo a lo de antes:[23] tengo mucho dinero, Ruti. ¿Sabes? No siempre las cosas son como parecen.

Ruti sonrió. *(Acaso quiere hablarme de sus historias de contrabando. ¿Creerá acaso que no lo sé? ¿Se figura, acaso, que no lo sabe todo el mundo? ¡Tomeu el Viejo! ¡Bastante conocido, en ciertos ambientes! ¿Cómo hubiera podido costearme la carrera de no ser así?[24])* Ruti sonrió con melancolía. Le puso una mano en el hombro:

—Por favor, tío. . . No hablemos de esto. No, por favor. . . Además, ya he dicho: puedo equivocarme. Sí: es fácil equivocarse. Nunca se sabe. . .

Tomeu se levantó bruscamente. La cálida brisa le agitaba los mechones grises:[25]

—Entra, Ruti. Vamos a tomar una copa juntos.

Apartó con la mano las cañuelas de la cortinilla y Ruti pasó delante de él. El café estaba vacío a aquella hora. Dos moscas se perseguían, con gran zumbido.[26] Tomeu pasó detrás del mostrador y llenó dos copas de coñac. Le ofreció una:

—Bebe, hijo.

Nunca antes le llamó hijo. Ruti parpadeó y dio un sorbito.[27] —Estoy arrepentido— dijo el viejo, de pronto.

Ruti le miró fijamente.

—Sí —repitió—, estoy arrepentido.

—No le entiendo, tío.

—Quiero decir: mi dinero, no es un dinero limpio. No, no lo es.

Bebió su copa de un sorbo, y se limpió los labios con el revés de la mano.

—Nada me ha dado más alegría: haberte hecho lo que eres, un buen médico.

—Nunca lo olvidaré —dijo Ruti, con voz temblorosa. Miraba al suelo otra vez, indeciso.

—No bajes los ojos, Ruti. No me gusta que desvíen[28] la mirada cuando yo hablo. Sí, Ruti: estoy contento por eso. ¿Y sabes por qué?

Ruti guardó silencio.

—Porque gracias a ello tú me has avisado de la muerte. Tú has podido reconocerme,[29] oír mis quejas, mis dolores, mis temores. . . Y decirme, por fin: *acaso un mes, o dos.* Sí, Ruti: estoy contento, muy contento.

—Por favor, tío. Se lo ruego. No hable así. . . todo esto es doloroso. Olvidémoslo.

22. **ensoñadoramente** nostalgically
23. **lo de antes** (here) what I was just saying
24. **¿Cómo hubiera podido . . . así?** How could he have afforded to pay for my studies if it were not so?
25. **mechones grises** gray head of hair
26. **zumbido** buzzing
27. **parpadeó. . . sorbito** blinked and took a little sip
28. **desviar** to turn away
29. **reconocer** to examine

—No, no hay por qué olvidarlo. Tú me has avisado y estoy tranquilo. Sí, Ruti: tu no
65 sabes cuánto bien me has hecho.

Ruti apretó la copa entre los dedos y luego la apuró,[30] también de un trago.

—Tú me conoces bien, Ruti. Tú me conoces muy bien.

Ruti sonrió pálidamente.

El día pasó como otro cualquiera. A eso de las ocho, cuando volvían los obreros del
70 cemento, el café se llenó. El viejo Tomeu se portó[31] como todos los días, como si no
quisiera amargar las vacaciones de Ruti, con su flamante título recién estrenado.[32] Ruti
parecía titubeante,[33] triste. Más de una vez vio que le miraba en silencio.

El día siguiente transcurrió, también, sin novedad. No se volvió a hablar del asunto
entre ellos dos. Tomeu más bien parecía alegre. Ruti, en cambio, serio y preocupado.
75 Pasaron dos días más. Un gran calor se extendía sobre la isla. Ruti daba paseos en
barca, bordeando[34] la costa. Su mirada azul, pensativa, vagaba[35] por el ancho cielo. El
calor pegajoso[36] le humedecía la camisa, adhiriéndosela al cuerpo.[37] Regresaba pálido,
callado. Miraba a Tomeu y respondía brevemente a sus preguntas.

Al tercer día, por la mañana, Tomeu entró en el cuarto de su sobrino y ahijado.[38]
80 El muchacho estaba despierto.

—Ruti —dijo suavemente.

Ruti echó mano de sus gafas,[39] apresuradamente. Su mano temblaba:

—¿Qué hay, tío?

Tomeu sonrió.
85 —Nada —dijo—. Salgo, ¿sabes? Quizá tarde algo.[40] No te impacientes.

Ruti palideció:

—Está bien —dijo. Y se echó hacia atrás, sobre la almohada.

—Las gafas, Ruti —dijo Tomeu—. No las rompas.

Ruti se las quitó despacio y se quedó mirando al techo. Por la pequeña ventana entra-
90 ban el aire caliente y el ruido de las olas.

Era ya mediodía cuando bajó al café. La puerta que daba a la carretera estaba cerrada.
Por lo visto su tío no tenía intención de atender a la clientela.

Ruti se sirvió café. Luego, salió atrás, a la playa. La barca amarrada se balanceaba
lentamente.
95 A eso de las dos vinieron a avisarle. Tomeu se había pegado un tiro,[41] en el camino de
la Tura. Debió de hacerlo cuando salió, a primera hora de la mañana.

---

30. **apurar** to drain, to finish
31. **portarse** to conduct oneself
32. **flamante . . . estrenado** brand new degree, recently obtained
33. **titubeante** shaky
34. **bordeando** staying close to
35. **vagar** to roam, to wander
36. **pegajoso** sticky
37. **adhiriéndosela al cuerpo** making it stick to his body
38. **ahijado** godchild
39. **echó . . . gafas** grabbed his glasses
40. **Quizá tarde algo** (present subjunctive of **tardar**) Perhaps I'll be a little late.
41. **se había pegado un tiro** had shot himself

Ruti se mostró muy abatido. Estaba pálido y parecía más miope[42] que nunca.

—¿Sabe Ud. de alguna razón que llevara a su tío a hacer esto?

—No, no puedo comprenderlo. . . , no puedo imaginarlo. Parecía feliz.

Al día siguiente, Ruti recibió una carta. Al ver la letra con su nombre en el sobre,[43] *100* palideció y lo rasgó,[44] con mano temblorosa. Aquella carta debió de echarla su tío al correo antes de suicidarse, al salir de su habitación.

Ruti leyó:

"Querido Ruti: Sé muy bien que no estoy enfermo, porque no sentía ninguno de los dolores que te dije. Después de tu reconocimiento consulté a un médico y quedé com- *105* pletamente convencido. No sé cuánto tiempo habría vivido aún con mi salud envidiable, porque estas cosas, como tú dices bien, no se saben nunca del todo.[45] Tú sabías que si me creía condenado, no esperaría la muerte en la cama, y haría lo que he hecho, a pesar de todo; y que, por fin, me heredarías. Pero te estoy muy agradecido, Ruti, porque yo sabía que mi dinero era sucio, y estaba ya cansado. Cansado y, tal vez, eso que se llama arrepen- *110* tido. Para que Dios no me lo tenga en cuenta[46] —tú sabes, Ruti, que soy buen creyente a pesar de tantas cosas—, dejo mi dinero a los niños del Asilo.[47]"

DESPUÉS DE LEER

A. Cuestionario

1. ¿Dónde está situado el café de Tomeu?
2. Cuando vemos a Tomeu por primera vez, ¿por qué parece pensativo?
3. ¿Cuál es la reacción de Tomeu al oír lo que Ruti le avisa?
4. ¿Se ha hecho rico Tomeu siendo dueño de un café?
5. ¿Con qué acto generoso había demostrado Tomeu su amor a su sobrino?
6. ¿Por qué no le sorprendió a Ruti la noticia de la muerte de su tío?
7. ¿Qué le avisa Tomeu a Ruti en su carta?
8. A su juicio, ¿ha logrado la autora un final inesperado?
9. ¿En qué consiste la ironía del cuento?
10. ¿Qué motivo o motivos tendría Tomeu para suicidarse?

B. Señale Ud., oralmente o por escrito, el tema de este cuento. ¿Diría usted que este tema existe actualmente en la sociedad en que vivimos?

42. **miope** myopic, nearsighted
43. **sobre** envelope
44. **lo rasgó** he tore it open

45. **del todo** completely
46. **no . . . cuenta** not hold it against me
47. **Asilo** asylum (home for orphans)

REPASO GRAMATICAL

Translation of *than*

1. In simple comparisons between two things or persons, *than* is translated as **que**.

Tomeu es más rico que su sobrino.　*Tomeu is richer than his nephew.*
El profesor sabe más que yo.　*The teacher knows more than I.*

Before a number or numerical expression, *than* is usually **de**.

Esta escuela tiene menos de mil alumnos.　*This school has fewer than a thousand pupils.*
El tren se retrasa más de una hora.　*The train is more than an hour late.*

N.B. Que precedes a number in the expression **no . . . más que,** *only:*

No tengo más que dos hermanos.　*I have only two brothers.*

2. When the second part of a comparison contains a subject and verb, *than* is translated by **de** plus definite article plus **que**.

a. If the object being compared is a noun, the article that agrees with the noun follows **de**.

Compramos más libros de los que necesitamos.　*We buy more books than we need.*

(i.e., you are saying *más libros de los libros que necesitamos:* more books than the books that we need. Dropping the noun *libros,* you are left with *de los que:* more than we need, or more than those that we need.)

Tomeu tiene más dinero del que la gente se figura.　*Tomeu has more money than people imagine.*

Try this sentence:

She has more intelligence than she shows.*

b. If the comparison is to an adjective or adverb, the neuter article follows **de**.

Tomeu es más inteligente de lo que crees.　*Tomeu is smarter than you think.*
Mi primo pinta mejor de lo que suponía.　*My cousin paints better than I thought.*
Da mucho más de lo que promete.　*She gives much more than she promises.*

Exceptions:

c. In special cases when two actions are being directly compared, **que** alone is used.

Juega más que estudia.　*He plays more that he studies.*
Come más que trabaja.　*He eats more than he works.*

*Tiene más inteligencia de la que muestra.

d. If the second clause begins with a relative pronoun, **que** plus the relative is used for *than.*

Su casa tiene más habitaciones
que la que acabo de comprar.

Her house has more rooms than the
one I just bought.

Tomeu tiene más compasión que
los que nunca dan nada a los
institutos de caridad.

Tomeu has more compassion than those
who never give anything to charities.

C. Llene el espacio en blanco con el equivalente de *than.*

1. Tomeu es más viejo _____ Ruti.
2. Trabaja más _____ creíamos.
3. Me dio menos cerveza _____ yo había pedido.
4. Su educación le costó más _____ cien mil dólares.
5. Lee más rápidamente _____ se figura.
6. Los alumnos entienden más _____ creemos.
7. Mi hijo duerme más _____ trabaja.
8. Le envío más flores _____ necesita.
9. Este libro tiene más páginas _____ el que compré ayer.
10. Ruti heredó (*inherited*) mucho menos _____ esperaba.
11. Los obreros toman más copas de vino _____ deben tomar.
12. Tomeu tiene menos dinero _____ lo que dice.

D. Traduzca Ud.

echar al correo   *to mail*
deber de + infinitive   *to express conjecture or probability*

1. There is more sand on the beach than you think.
2. He must be crazier than you or I. He killed himself although he wasn't sick.
3. Tomeu was more repentant than Ruti suspected (*sospechar*).
4. His uncle must have mailed that letter before committing suicide (*suicidarse*).
5. Tomeu had more faith than Ruti thought.
6. The cafe is more attractive than what you had told me the other day.

3

Alicia Yáñez Cossío 1929–

Authors who live in small countries must often overcome great odds to achieve publication. In Ecuador, a land of only 12 million people, editions are limited and the distribution of books is minimal. The fact that Alicia Yáñez Cossío has been able to publish five novels in her native land is a tribute to the quality of her work. Another indication of her skill is the fact that she was awarded the Sor Juana Inés de la Cruz prize for literature in 1996.

Born in Quito, the capital of Ecuador, Yáñez Cossío studied journalism at the Institute of Hispanic Culture in Madrid. She has been a teacher for many years.

Yáñez's works often deal with the role of women in society. In this story, however, she focuses on another of her favorite themes: the danger that technology may lead to a dehumanization of society. In this story, which is taken from ***El beso y otras fricciones*** (*The Kiss—and Other Frictions*), she deals with the tensions created by society's wavering between tradition and change. Her target is the dominant role of the computer in today's world; her weapons are irony, satire, exaggeration, and parody.

La IWM mil

"Un hombre no es sino lo que sabe".
F. Bacon

Hace mucho tiempo, todos los profesores desaparecieron tragados y digeridos[1] por el nuevo sistema. Se cerraron todos los centros de enseñanza porque eran anticuados, y sus locales se convirtieron en casas habitacionales[2] donde pululaban[3] gentes sabias y muy organizadas, pero incapaces de crear nada nuevo.

El saber era un artículo que se podía comprar y vender. Se había inventado un aparato que se llamaba la IWM mil y este fue el último invento porque con él se dio por terminada[4] toda una era. La IWM mil era una máquina muy pequeña, del tamaño de un antiguo maletín escolar.[5] Era muy manuable, de poco peso y estaba al alcance económico de cualquier persona que se interesara por saber algo. En la IWM mil estaba encerrado todo el saber humano y todo el conocimiento de todas las bibliotecas del mundo antiguo y moderno.

Nadie tenía que tomarse la molestia de aprender algo porque la máquina que llevaba colgada de la mano,[6] o que estaba sobre cualquier mueble de la casa, le suministraba[7] cualquier conocimiento. Su mecanismo era tan perfecto, y tan precisos los datos que daba, que no había quien tuviera la osadía[8] de comprobarlos por su cuenta. Su manejo era tan sencillo que los niños se pasaban jugando con ella. Era una prolongación del cerebro humano. Muchas gentes no se separaban de ella ni siquiera durante los actos más personales e íntimos. Eran más sabios mientras más dependían del aparato.

Una gran mayoría, al saber que el conocimiento estaba tan al alcance de la mano, nunca había tocado una IWM mil, ni siquiera por curiosidad. No sabían leer ni escribir. Ignoraban las cosas más elementales y no les hacían falta.

Se sentían felices de tener una preocupación menos y disfrutaban más de los otros adelantos de la técnica.[9]

Por medio de la IWM mil, se podía escribir cualquier tipo de literatura, componer música y hasta hacer pinturas. Los trabajos de creación fueron desapareciendo porque cualquier gente, con tiempo y paciencia suficiente, podía hacer cualquier obra semejante y hasta

1. **tragados y digeridos** swallowed and digested
2. **casas habitacionales** living quarters
3. **pulular** to swarm
4. **se dio por terminada** (a whole era) came to an end
5. **maletín escolar** school briefcase
6. **que llevaba . . . mano** that could be hand-carried
7. **suministrar** to furnish, provide
8. **no había quien tuviera la osadía** no one dared to
9. **adelantos de la técnica** technological advances

superior a la que hicieron los antiguos artistas, sin tener que exprimir[10] el cerebro, ni sentir nada extraño y anormal.

Algunas gentes se pasaban sacando datos a la IWM mil por el gusto de conocer algo. Otras lo hacían por salir de un apuro[11] y otras le preguntaban cosas sin ninguna importancia, simplemente por el placer de que alguien les contestara alguna cosa aunque fuera de su mundo familiar y aburrido.

—¿Qué es etatex?

—¿Qué quiere decir híbrido?

—¿Cómo se hace un pastel de chocolate?

—¿Qué quiere decir "Pastoral de Beethoven"?

—¿Cuántos habitantes hay actualmente en el mundo?

—¿Quién fue Viriato?

—¿Qué distancia hay de la tierra a Júpiter?

—¿Cómo pueden eliminarse las pecas?[12]

—¿Cuántos asteroides se han descubierto este año?

—¿Para qué sirve el páncreas?

—¿Cuándo fue la última guerra mundial?

—¿Qué edad tiene mi vecina?

—¿Qué quiere decir recíproco?

Las modulaciones de la voz incidían[13] sobre unas membranas electrónicas supersensibles que se conectaban con el cerebro de la máquina y computaban en seguida el dato pedido, que no siempre era el mismo porque por el tono de la voz, la máquina computaba el dato escuetamente[14] o con las referencias necesarias.

A veces dos sabios se ponían a charlar y cuando alguno tenía una opinión diferente, consultaba a su respectiva máquina, planteaba el problema a su modo,[15] y las máquinas hablaban y hablaban. Se hacían objeciones por su cuenta y muchas veces ya no eran los sabios sino las máquinas quienes trataban de convencerse entre sí. Los que habían empezado la discusión escuchaban, y cuando se cansaban de escuchar, se ponían a apostar[16] cuál de las dos máquinas se iba a quedar con la última palabra debido a la potencia de los respectivos generadores.

Los enamorados hacían conjugar a sus máquinas todos los tiempos del verbo amar y escuchaban canciones románticas. En las oficinas y lugares administrativos se daban órdenes por cintas magnetofónicas[17] y las IWM mil completaban los detalles del trabajo. Muchas gentes se habituaron a conversar sólo con sus respectivas máquinas, así nadie les contradecía porque sabían lo que la máquina iba a responder, o porque creían que entre una máquina y un ser humano no podía existir rivalidad. Una máquina no podía acusar a nadie de ignorante, podían preguntar todo.

---

10. **sin. . . exprimir** without exerting
11. **un apuro** a predicament
12. **pecas** freckles
13. **incidir** to fall
14. **escuetamente** precisely
15. **a su modo** from his own perspective
16. **apostar** to bet
17. **por cintas magnetofónicas** on tape

Muchas peleas y discusiones caseras[18] se hacían por medio de la IWM mil, pedían al aparato que dijera al contrincante[19] las palabras más soeces[20] y los insultos más viles en el volumen más alto, y cuando querían hacer las paces, las hacían en seguida porque no fueron ellos sino las IWM mil quienes las dijeron.

Los hombres empiezan a sentirse realmente mal. Consultan a sus IWM mil y éstas les dicen que sus organismos no pueden tolerar una sola dosis más de pastillas estimulantes[21] porque han llegado al límite de la tolerancia, y además computa que las posibilidades de suicidio van en aumento y que se hace necesario un cambio de vida.

La gente quiere volver al pasado, pero es demasiado tarde, algunos intentan dejar de lado sus IWM mil pero se sienten indefensos. Entonces consultan a las máquinas si existe algún lugar en el mundo donde no haya nada parecido a las IWM mil, y las máquinas dan las señas y pormenores de un lugar remoto que se llama Takandia. Algunos empiezan a soñar en Takandia. Regalan la IWM mil a los que sólo tienen una IWM cien. Comienzan a realizar una serie de actos extraños: van a los museos, se quedan en las secciones de libros mirando algo que les intriga sobremanera y que quisieran tenerlo entre sus manos: son pequeños y maltratados silabarios[22] en los cuales los niños de las civilizaciones antiguas aprendían lentamente a leer valiéndose de signos,[23] para lo cual debían asistir a un determinado sitio que se llamaba escuela. Los signos se llamaban letras, las letras se dividían en sílabas, y las sílabas estaban hechas de vocales y de consonantes. Cuando las sílabas se juntaban formaban palabras y las palabras eran orales y escritas. . . cuando estas nociones se hacen del dominio general,[24] algunos hombres vuelven a estar muy contentos porque son los primeros conocimientos adquiridos por sí mismos y no a través de la IWM mil.

Muchos salen de los museos a las pocas tiendas de anticuarios que quedan y no paran hasta encontrar silabarios los cuales ruedan de mano en mano, a pesar de que se pagan por ello precios altísimos. Cuando tienen los silabarios se ponen a descifrarlos: aeiou, ma me mi mo mu, pa pe pi po pu. Les resulta fácil y ameno.[25] Cuando saben leer adquieren todos los pocos libros que pueden, son pocos, pero son libros: "Acción de la clorofila sobre las plantas", "Los Miserables" de Víctor Hugo, "Cien recetas de cocina", "Historia de las Cruzadas". . . Se ponen a leer y cuando pueden adquirir conocimientos por sí mismos, empiezan a sentirse mejor. Dejan de tomar pastillas estimulantes. Tratan de comunicar estas nuevas sensaciones a sus semejantes. Algunos los miran con recelo y desconfianza,[26] y los catalogan como locos. Entonces estas pocas personas son las que se apresuran a comprar un pasaje para Takandia.

Después del jet, toman un lento barco, luego una canoa, caminan muchos kilómetros a pie y llegan a Takandia. Allí se ven rodeados de seres horribles, los cuales ni siquiera se

18. **discusiones caseras** domestic arguments
19. **contrincante** opponent
20. **más soeces** dirtiest
21. **pastillas estimulantes** pep pills
22. **maltratados silabarios** damaged spelling books

23. **valiéndose de signos** making use of symbols
24. **se hacen del dominio general** become common knowledge
25. **ameno** pleasant
26. **recelo y desconfianza** suspicion and distrust

ponen un discreto taparrabo,[27] viven en las copas de los árboles, comen carne cruda porque no conocen el fuego, y se pintan el cuerpo con zumos[28] vegetales.

100   Los hombres que han llegado a Takandia se dan cuenta de que por primera vez en sus vidas están entre verdaderos seres humanos y empiezan a sentirse felices. Buscan amigos, gritan como ellos, y empiezan a quitarse la ropa y a dejarla tirada entre las matas.[29] Los habitantes de Takandia se olvidan por unos momentos de los visitantes para pelearse por las ropas que encuentran tiradas. . .

DESPUÉS DE LEER

A. Cuestionario

1. ¿Por qué se cerraron todos los centros de enseñanza hace mucho tiempo?
2. ¿Cómo se explica el título?
3. ¿Cuál es el tamaño de este invento extraordinario?
4. ¿Cuáles son las consecuencias, tanto malas como buenas, de depender exclusivamente de esta máquina?
5. ¿Qué pasa a veces a estas máquinas cuando dos sabios las consultan en busca de información?
6. ¿Por qué se hacían muchas peleas y discusiones caseras por medio de la IWM mil?
7. Cuando la gente quiere volver al pasado, ¿será posible encontrar un lugar donde no haya una IWM mil?
8. ¿Qué serie de actos extraños realizan las gentes antes de marcharse?
9. Describa Ud. cómo son los habitantes de Takandia.
10. ¿Qué efecto tienen los unos en los otros?

B. Dé Ud. ejemplos de los varios recursos (*devices*) que emplea la autora para lograr el mayor efecto de su parodia.

REPASO GRAMATICAL

Repaso de *sino*. Pero is the usual word for *but* (in literary usage, **mas** may be used). However, **sino** is used when the first part of the sentence is negative and the second part contradicts it. In this case, *but* is the equivalent of *but rather* or *but instead*.

Example from the text:

Ya no eran los sabios sino las máquinas quienes trataban de convencerse.	*It was no longer the scholars but the machines that tried to convince each other.*

(First part is negative; second part contradicts it.)

---

27. **taparrabo** loincloth
28. **zumos** juices

29. **dejarla tirada entre las matas** throw them away in the bushes

No es alto, pero juega muy bien al fútbol.   *He isn't tall, but he plays soccer well.*

(First part negative, but second part does not contradict it.)

When the second part of the sentence is a clause, **sino que** is generally used.

Los salvajes no llevan ropa sino que andan desnudos.   *The savages don't wear clothes but go about naked.*

Sino is used for *not only . . . but (also.)*

Va a venir no sólo él, sino (también) toda la familia.   *Not only is he going to come, but (also) the whole family.*

Frequently, in an elliptical construction, **sino** is the equivalent of **más que** (*except, only, but*).

"Un hombre no es sino lo que sabe".   *"A man is only (nothing but) what he knows."*

No quiero sino que me dejes en paz.   *I want nothing except that you leave me alone.*

C. Llene Ud. el espacio en blanco con *pero, sino,* or *sino que.*

1. Las gentes ya no estudian _____ consultan sus máquinas.
2. No asisten a las escuelas _____ saben crear grandes obras de arte.
3. No saben leer o escribir _____ todo el conocimiento está al alcance de la mano.
4. Algunas gentes no buscan datos informativos a la máquina _____ le preguntan cosas sin importancia.
5. Mi amigo ya no le habla a su esposa _____ a su máquina.
6. La exageración es característica de una parodia, _____ lo es también el humor.

D. Traducir

1. Cities are not full of people but of computers (**ordenadores**).
2. Computers are expensive but a necessary expense (**gasto**).
3. It is not only a humorous story but a satire of the computer age.
4. When the people began to feel bad, they consulted their machines, which told them that a change of life was necessary.
5. Where do you think they went? Not to Tahiti but to a remote jungle (**selva**).
6. The "civilized" people don't have their modern conveniences (**comodidades**), but they realize that for the first time in their lives they are among real human beings.
7. I don't rely (**depender de**) on an IWM 1000, but I use an old typewriter in which all human knowledge is enclosed.
8. When we realize that we are but slaves (**esclavos**) of these machines, perhaps we also will begin to learn on our own (**por nuestra cuenta**).

4

Miguel de Unamuno

1864–1936

U namuno was born in the Basque city of Bilbao, but most of his adult life was centered around the University of Salamanca. A man of extraordinary erudition, he was well versed in the classical languages as well as German, English, and Danish. His works include novels, short stories, dramas, essays, and poetry. For many critics, Unamuno is the major Spanish literary figure of the twentieth century.

Unamuno was almost literally torn by the constant battle between faith and reason, but he was unable to live without faith. "My passion," he said, "leads me to affirm [the immortality of my soul] even against reason." The anguish and torment he felt pervades the structure and style of his works and is projected onto his fictional characters. Antithesis, paradox, the coining of words, and inversion are all characteristics of his style.

In *La venda,* Unamuno concentrates on the intense emotional experience, the passion, of his protagonist, María. We enter directly into the plot: contrasts of light and darkness, passion and reason, of María and the other characters. Note his effective use of paradox: María can "see" only when her eyes are blindfolded.

La venda[1]

Y vio de pronto[2] nuestro hombre venir una mujer despavorida[3] como un pájaro heri-
do, tropezando a cada paso, con los grandes ojos preñados[4] de espanto, que parecían
mirar al vacío, y con los brazos extendidos. Se detenía, miraba a todas partes aterrada,[5]
como un náufrago[6] en medio del océano, daba unos pasos y se volvía, tornaba a andar,[7]
desorientada[8] de seguro. Y llorando exclamaba:

—Mi padre, que[9] se muere mi padre.

De pronto se detuvo junto al hombre, le miró de una manera misteriosa, como
quien[10] por primera vez mira, y, sacando el pañuelo, le preguntó:

—¿Lleva usted bastón?[11]

—¿Pues no lo ve usted? —dijo mostrándoselo.

—¡Ah! Es cierto.

—¿Es usted acaso ciega?[12]

—No, no lo soy ahora, por desgracia. Déme el bastón.

Y, diciendo esto, empezó a vendarse los ojos con el pañuelo.

Cuando hubo acabado[13] de vendarse repitió:

—Déme el bastón, por Dios, el bastón, el lazarillo.[14]

Y al decirlo le tocaba. El hombre la detuvo por un brazo.

—Pero ¿qué es lo que va usted a hacer, buena mujer? ¿Qué le pasa?

—Déjeme, que se muere mi padre.

—Pero ¿adónde va usted así?

—Déjeme, déjeme, por Santa Lucía bendita,[15] déjeme; me estorba[16] la vista; no veo
mi camino con ella.

—Debe de ser loca —dijo el hombre por lo bajo[17] a otro a quien[18] había detenido lo
extraño de la escena.

---

1. **venda** bandage; here, blindfold
2. **de pronto** suddenly
3. **despavorida** terrified
4. **preñados** full
5. **aterrar** to terrify
6. **náufrago** shipwrecked person
7. **tornar a + infinitive** to do (something) again
8. **desorientar** to confuse, to lose one's bearings
9. **que** In this elliptical construction a verb, such as *digo,* is understood before *que.*
10. **quien** one who

11. **bastón** cane, walking stick
12. **ciega** blind
13. **hubo acabado** had finished. The past anterior tense is restricted primarily to temporal clauses.
14. **lazarillo** (blind person's) guide
15. **Santa Lucía bendita** blessed St. Lucy, martyr in Syracuse, Italy, who died in 304 A.D. She is the patroness of the eyes.
16. **estorbar** to hinder; to obstruct
17. **por lo bajo** in a low voice
18. **a quien** whom; the subject *lo extraño,* follows the verb.

25   Y ella, que lo oyó:

—No, no estoy loca; pero lo estaré si esto sigue; déjeme, que se muere.

—Es la ciega —dijo la mujer que llegaba.

—¿La ciega? —replicó el hombre del bastón—. Entonces ¿para qué se venda los ojos?

—Para volver a serlo —exclamó ella.

30   Y, tanteando[19] con el bastón el suelo, las paredes de las casas, febril[20] y ansiosa, parecía buscar en el mar de las tinieblas[21] una tabla de que asirse,[22] un resto cualquiera[23] del barco en el que había hasta entonces navegado.

De pronto dio una voz, una voz de alivio,[24] y, como una paloma que, elevándose en los aires, revolotea[25] un momento buscando oriente[26] y luego como una flecha parte, par-

35   tió[27] resuelta, tanteando con su bastón el suelo, la mujer vendada.[28]

Quedáronse en la calle los espectadores de semejante[29] escena, comentándola. La pobre mujer había nacido ciega, y en las tinieblas nutrió de dulce alegría su espíritu[30] y de amores su corazón. Y ciega creció.

Su tacto[31] era, aun entre los ciegos, maravilloso, y era maravillosa la seguridad con que

40   recorría la ciudad toda sin más lazarillo que su palo. Era frecuente que alguno que la conocía le dijese: «Dígame, María, ¿en qué calle estamos?» Y ella respondía sin equivocarse jamás.

Así, ciega, encontró quien de ella se prendase[32] y para mujer la tomara, y se casó ciega, abrazando a su hombre con abrazos que eran una contemplación.[33] Lo único que sentía era tener que separarse de su anciano padre; pero casi todos los días, bastón en mano, iba

45   a tocarle y a oírle y a acariciarle. Y por si acaso le acompañaba su marido, rehusaba[34] su brazo diciéndole con dulzura: «No necesito tus ojos.»

Por entonces[35] se presentó, rodeado de prestigiosa aureola,[36] cierto doctor especialista, que, después de reconocer a la ciega, a la que había visto en la calle, aseguró que le daría la vista. Se difirió[37] la operación hasta que hubiese dado a luz[38] y se hubiese repuesto del

50   parto.[39]

Y un día, más de terrible expectación que de júbilo para la pobre ciega, se obró el por- tento.[40] El doctor y sus compañeros tomaban notas de aquel caso curiosísimo, recogían

---

19. **tantear** to feel one's way; here, to tap
20. **febril** feverish
21. **tinieblas** darkness
22. **de que asirse** to hold on to
23. **un resto cualquiera** any remainder
24. **alivio** relief
25. **revolotear** to flutter
26. **buscando oriente** getting its bearings
27. **partió** Subject comes at the end of the sentence.
28. Note the effect of the splendid image in this paragraph.
29. **semejante** such as
30. **nutrió de. . . espíritu** she nourished her soul with gentle happiness
31. **tacto** (sense of) touch
32. **prendarse de** to take a liking to. (The subjunctives express not a finite action,

but a possible or probable action: who could take a liking to her . . .)
33. **que era una contemplación** Which (referring to the whole idea) was like a revelation
34. **rehusar** to refuse; to reject
35. **por entonces** at about this time
36. **prestigiosa aureola** awesome halo (ironical)
37. **diferir** to postpone.
38. **dar a luz** to give birth
39. **reponerse del parto** to recover from childbirth
40. **se obró el portento** the miracle took place

con ansia datos[41] para la ciencia psicológica, asaeteándola[42] a preguntas. Ella no hacía más que palpar los objetos, aturdida,[43] y llevárselos a los ojos y sufrir, sufrir una extraña opresión de espíritu, un torrente de punzadas,[44] la lenta invasión de un nuevo mundo en sus tinieblas.

—¡Oh! ¿Eras tú? —exclamó al oír junto a sí la voz de su marido.

Y, abrazándole y llorando, cerró los ojos para apoyar en la de él su mejilla.[45]

Y cuando le llevaron al niño y lo tomó en brazos, creyeron que se volvía loca. Ni una voz, ni un gesto; una palidez mortal tan sólo. Frotó luego las tiernas carnecitas[46] del niño contra sus cerrados ojos y quedó postrada, rendida,[47] sin querer ver más.

—¿Cuándo podré ir a ver a mi padre? —preguntó.

—¡Oh! No, todavía no —le dijo el doctor—. No es prudente que usted salga hasta haberse familiarizado algo con el mundo visual.

Y al día siguiente, precisamente al día siguiente de la portentosa cura, cuando empezaba María a gozar de una nueva infancia y a bañarse en la verdura de un nuevo mundo, vino un mensajero torpe,[48] torpísimo, y con los peores rodeos le dijo que su padre, baldado desde hacía[49] algún tiempo, se estaba muriendo de un nuevo ataque.

El golpe fue espantoso. La luz le quemaba el alma, y las tinieblas no le bastaban ya. Se puso como loca, se fue a su cuarto, cogió su crucifijo, cerró los ojos y, palpándolo, rompió a llorar, exclamando:

—Mi vista, mi vista por su vida. ¿Para qué la quiero?

Y, levantándose de pronto, se lanzó a la calle. Iba a ver a su padre, a verle por primera y por última vez acaso.

Entonces fue cuando la encontró el hombre del bastón, perdida en un mundo extraño, sin estrellas por que guiarse,[50] como en sus años de noche se había guiado, casi loca. Y entonces fue cuando, una vez vendados[51] sus ojos, volvió a su mundo, a sus familiares tinieblas, y partió segura, como paloma que a su nido vuelve, a ver a su padre.

Cuando entró en el paterno hogar, se fue derecha,[52] sin bastón, a través de corredores, hasta la estancia en que yacía[53] su padre moribundo y, echándose a sus pies, le rodeó el cuello con sus brazos, le palpó todo, le contempló con sus manos y sólo pudo articular, entre sollozos desgarradores:[54]

—¡Padre, padre, padre!

El pobre anciano, atontado,[55] sin conocimiento[56] casi, miraba con estupor aquella venda y trató de quitársela.

—No, no, no me la quites. . . , no quiero verte; ¡padre, mi padre, el mío, el mío!

41. **datos** data	49. **baldado desde hacía** incapacitated for
42. **asaetear** to attack	50. **por que guiarse** by which to guide herself
43. **aturdida** bewildered	51. **una vez vendados** once (her eyes) were
44. **punzadas** sharp pains	covered
45. **apoyar. . . su mejilla** to rest her cheek on	52. **derecha** straight
his	53. **yacer** to lie
46. **carnecitas** diminutive of *carne,* flesh	54. **sollozos desgarradores** heartrending sobs
47. **postrada, rendida** weak, exhausted	55. **atontar** to stun; to bewilder
48. **torpe** awkward	56. **conocimiento** consciousness

—Pero, hija, hija mía —murmuraba el anciano.

—¿Estás loca? —le dijo su hermano—. Quítatela, María; no hagas comedias,[57] que la cosa va seria. . .

90   —¿Comedias? ¿Comedias? ¿Qué sabéis de eso vosotros?

—Pero ¿es que no quieres ver a tu padre? Por primera, por última vez acaso. . .

—Porque quiero verle. . ., pero a mi padre. . ., al mío. . ., al que[58] nutrió de besos mis tinieblas, porque quiero verle, no me quito de los ojos la venda. . .

Y le contemplaba ansiosa con sus manos, cubriéndole de besos.

95   —Pero, hija, hija mía —repetía como por máquina el viejo.

—Sea usted razonable —insinuó el sacerdote,[59] separándola—, sea usted razonable.

—¿Razonable? ¿Razonable? Mi razón está en las tinieblas, en ellas veo.

—*Et vita erat lux hominum. . . et lux in tenebris lucet. . .*[60] —murmuró el sacerdote como hablando consigo mismo.

100   Entonces se acercó a María su hermano, y de un golpe rápido le arrebató[61] la venda. Todos se alarmaron entonces, porque la pobre mujer miró en torno de sí despavorida, como buscando algo a que asirse. Y, luego de reponerse murmurando «¡qué brutos son los hombres!», cayó de hinojos[62] ante su padre preguntando:

—¿Es éste?

105   —Sí, ése es —dijo el sacerdote señalándoselo—; ya no conoce.

—Tampoco yo conozco.

—Dios es misericordioso,[63] hija mía; ha permitido que pueda usted ver a su padre antes de que se muera. . .

—Sí, cuando ya él no me conoce, por lo visto. . .[64]

110   —La divina misericordia. . .

—Está en la oscuridad —concluyó María, que, sentada sobre sus talones,[65] pálida, con los brazos caídos, miraba, al través de su padre, al vacío.

Levantándose al cabo,[66] se acercó a su padre, y al tocarlo retrocedió aterrada, exclamando:

115   —Frío, frío como la luz, muerto.

Y cayó al suelo, presa de un síncope.[67]

Cuando volvió en sí se abrazó al cadáver y, cubriéndole de besos, repetía:

—¡Padre, padre! ¡No te he visto morir!

—Hay que cerrarle los ojos —dijo a María su hermano.

---

57. **no hagas comedias** stop this nonsense
58. **al que** him who
59. **sacerdote** priest
60. **Et. . . lucet** "and the life was the light of men and the light shineth in darkness." St. John, 1:4,5
61. **arrebatar** to snatch
62. **de hinojos** on her knees
63. **misericordioso** merciful
64. **por lo visto** evidently; as it seems
65. **talón** heel
66. **al cabo** finally
67. **presa de un síncope** in a faint

—Sí, sí, hay que cerrarle los ojos. . . , que no vea ya[68]. . . , que no vea ya. . . ¡Padre,   *120*
padre! Ya está en las tinieblas. . . , en el reino de la misericordia. . .

—Ahora se baña en la luz del Señor —dijo el sacerdote.

—María —le dijo su hermano con voz trémula tocándole[69] en un hombro—, eres
madre; aquí te traen a tu niño, que olvidaste en casa al venirte; viene llorando. . .

—¡Ah! Sí. ¡Angelito! ¡Quiere pecho![70] ¡Que le traigan!   *125*

Y exclamó en seguida:

—¡La venda! ¡La venda! ¡Tráeme pronto la venda; no quiero verle!

—Pero María. . .

—Si no me vendáis los ojos, no le doy de mamar.[71]

—Sé razonable, María. . .   *130*

—Os he dicho ya que mi razón está en las tinieblas. . .

La vendaron, tomó al niño, lo palpó, se descubrió[72] el pecho y, poniéndoselo a él,
le apretaba[73] contra su seno[74] murmurando:

—¡Pobre padre! ¡Pobre padre!

DESPUÉS DE LEER

A. Cuestionario

1. ¿Qué es lo extraño de la mujer que se detuvo junto al hombre?
2. ¿Por qué dice el hombre que ella debe de ser loca?
3. ¿A dónde desea ir la mujer? ¿Por qué?
4. ¿Qué portento se obró un día, el cual cambió su vida?
5. ¿Con qué metáfora describe el autor el estado desorientado de María?
6. ¿Qué otras personas están en casa del padre? ¿Qué insisten en que haga María?
7. Los otros le dicen a María varias veces que sea razonable, pero María se guía por otro concepto. Explique Ud.
8. ¿En qué consiste la paradoja principal del cuento? ¿Le parece a Ud. creíble esta paradoja?

VOCABULARIO

B. Sinónimos. Sustituya Ud. un sinónimo de la siguiente lista por las palabras en negrita.

oscuridad	de pronto	tornar a
al cabo	venir	aterrado
bastón	recorrer	finalmente

68. **que + subjunctive** let him
69. **tocándole** *le* = *her*
70. **quiere pecho** he is hungry
71. **no le doy de mamar** I will not nurse him
72. **descubrir** to uncover
73. **apretar** to squeeze; to press
74. **seno** bosom

1. María dio unos pasos, se detuvo, y **volvió a** andar.
2. El hombre vio venir una mujer **despavorida.**
3. Mi razón está en las **tinieblas.**
4. Levantándose **al fin,** se acercó a su padre.
5. La ciega no puede andar sin **lazarillo.**
6. **De repente** se detuvo junto al hombre.
7. María, aquí te traen a tu niño, **está** llorando.
8. Era maravillosa la seguridad con que **andaba por** la ciudad.

REPASO GRAMATICAL

Pronoun objects. These are regularly placed before the verb and before the helping verb (**haber**) in a compound tense.

> **No lo veo; no lo he visto.**
> **Os he dicho yo que mi razón está en las tinieblas.**

Exceptions: Pronoun objects are *attached* to an infinitive, a present participle, and an *affirmative* command.

> Al tocar**lo,** María retrocedió aterrada.
> cogió un crucifijo y palpándo**lo** . . .
> Déje**me,** que se muere mi padre.

If the infinitive or present participle is dependent on another verb, the pronoun objects may precede that verb.

> No **le** puedo dar el libro, or, No puedo dar**le** el libro.
> **Lo** estoy leyendo, or, Estoy leyéndo**lo.**

When two pronouns are objects of the verb, the indirect precedes the direct. By exception, the reflexive pronoun if used always comes first.

> No, no **me la** quites.
> Dé**melo.**
> No **nos lo** mande.
> **Se me** olvidó la llave. *I forgot my key.* (**la llave** is the subject of the verb: *lit.,* The key forgot itself to me, concerning me.)

When the indirect and direct object pronouns are both in the third person, the indirect (**le, les**) becomes **se.** Thus, I give it to him would be **le lo doy** but becomes **se lo doy.**

El padre trató de quitár**selo.**	*The father tried to remove it from her.*
Se lo pediré a Juan.	*I'll ask John for it.*
No voy a devolvér**selo** a Ud.	*I'm not going to return it to you.*

When a direct object *noun precedes* the verb, the direct object pronoun is also used. It agrees with the object noun (masculine, singular, etc.).

	Estos zapatos los compré en México.	
or,	**Compré estos zapatos en México.**	*I bought these shoes in Mexico.*
	A María la consideran loca.	
or,	**Consideran a María loca.**	*They consider María crazy.*
	El bastón lo rompió su hermano.	
or,	**Su hermano rompió el bastón.**	*Her brother broke the cane.*

C. Sustituya pronombres por los sustantivos complementos (*noun objects*) del verbo en las siguientes frases.

Modelo:

Estoy buscando **a María.**	*I'm looking for María.*
Estoy buscá**ndola.**	*I'm looking for her*
Voy a contarles **la historia** a **mis hijos.**	*I'm going to tell the story to my children.*
Voy a contá**rsela.**	*I'm going to tell it to them.*
or, **Se la** voy a contar.	

1. El hermano le quita **a María la venda.**
2. El hombre me dio **su bastón.**
3. Dígame **la verdad.**
4. Llame usted a **Tomás.**
5. El médico le dio **a María la vista.**
6. Ella llevó los **objetos** a la luz.
7. María, aquí te traen a **tu niño.**
8. Mandé las **flores** a **mi novia.**

D. Lea y conteste siguiendo el modelo:

¿Le di el libro? *Sí, me lo dio usted.*
¿Cuándo se lo di? *Me lo dio ayer.*

1. **¿Le presté el bastón?** _____.
   ¿Cuándo se lo presté? _____.
2. **¿Le vendí las camisas?** _____.
   ¿Cuándo se las vendí? _____.
3. **¿Me prestó Ud. el coche?** (Sí, se lo presté.)
   ¿Cuándo me lo prestó? _____.
4. **¿Me dio usted las órdenes?** _____.
   ¿Cuándo me las dio? _____.
5. **¿Le traje las flores?** _____.
   ¿Cuándo se las traje? _____.

E. Traducir. Traduzca de dos maneras las siguientes frases.

Modelo:

I sold the car yesterday.
Vendí el coche ayer.
El coche lo vendí ayer.

1. María recovered (**recobrar**) her eyesight.
2. I bought the flowers for my wife.
3. Have you tried (**probar**) these eggs yet?
4. María "saw" her father for the last time.
5. She took the cane even though she can see.

F. Traducir

1. I haven't received your letter. Yes, I know, I am sending it to you today.
2. I took her hand and kissed it.
3. My parents love these oranges. Let's send them to them tomorrow.
4. María, I've lost your telephone number. Will you (**Quieres**) send it to me tomorrow?

5

Cristina Peri Rossi 1941–

Writers have a way of upsetting politicians, particularly in dicta-
torships. Cristina Peri Rossi, who was also a teacher of literature and a journalist in her native Uruguay, had to leave in 1972. Since
then she has lived in Barcelona, Spain, where she works as a journalist.
She has written most of her books during her exile.

Some of Peri Rossi's novels, short stories, and poetry have been
translated into other languages. She has received awards for all three
types of writing and a Guggenheim Foundation grant.

There are two persistent themes in Peri Rossi's writings. One is
eroticism and, in particular, a questioning of gender distinctions. The
other theme, understandably, is the oppressiveness of totalitarian
regimes. The latter underlies ***El prócer*** (*The National Hero*), a story
from her collection ***Indicios pánicos*** (*Signs of Panic*), yet it is not an
angry work, as one might expect. Instead, she uses irony, wit, and
imagination to create a different perspective. A statue of a national
hero climbs down from his pedestal to tour the city. He is shocked and
bewildered by the police state that he discovers, yet finds a ray of hope
in his conversation with a liberal-minded young man.

"El prócer"[1]

Era un enorme caballo con un héroe encima. Los visitantes y los numerosos turistas solían detenerse a contemplarlos. La majestuosidad del caballo, su tamaño descomunal,[2] la perfección de sus músculos, el gesto, la cerviz,[3] todo era motivo de admiración en aquella bestia magnífica. Había sido construido por un escultor profesional subvencionado[4] varias veces por el gobierno y que se había especializado en efemérides.[5] El caballo era enorme y casi parecía respirar. Sus magníficas ancas[6] suscitaban siempre el elogio. Los guías hacían reparar al público en la tensión de sus músculos, sus corvas,[7] el cuello, las mandíbulas[8] formidables. El héroe, entre tanto, empequeñecía.[9]

—Estoy harto[10] de estar aquí —le gritó, por fin, una mañana. Miró hacia abajo, hacia el lomo[11] del caballo que lo sostenía y se dio cuenta cuán mínimo, diminuto, disminuido, insignificante había quedado él. Sobre el magnífico animal, verde, él parecía una uva. El caballo no dio señales de oírlo: continuó en su gesto aparatoso,[12] avanzando el codo y el remo,[13] en posición de marcha. El escultor lo había tomado de un libro ilustrado que relataba las hazañas[14] de Julio César, y desde que el caballo se enteró de cuál había sido su modelo, trataba de estar en posición de marcha el mayor tiempo posible.

—Schtttttttttttt —llamó el prócer.

El caballo miró hacia arriba. Arqueó las cejas[15] y elevó los ojos, un puntito negro, muy alto, muy por encima de él parecía moverse. Se lo podía sacudir de encima apenas con uno de esos estremecimientos de piel[16] con los cuales suelen espantarse las moscas[17] y los demás insectos. Estaba ocupado en mantener el remo hacia adelante,[18] sin embargo, porque a las nueve de la mañana vendría una delegación nipona[19] a depositar una ofrenda floral y tomar fotografías. Esto lo enorgullecía[20] mucho. Ya había visto varias ampliaciones,[21] con él en primer plano ancho, hermoso, la plataforma del monumento sobre el césped[22] muy verde, la base rodeada de flores, flores naturales y flores artificiales regaladas

1. **el prócer** hero
2. **descomunal** huge
3. **la cerviz** back of the neck
4. **subvencionado** subsidized
5. **efemérides** anniversaries; diary
6. **anca** haunch
7. **corva** back of the knee
8. **las mandíbulas** jaw bones
9. **empequeñecer** to grow smaller
10. **harto** fed up
11. **el lomo** the back
12. **gesto aparatoso** pompous stance
13. **el codo y el remo** elbow and leg

14. **las hazañas** deeds, exploits
15. **arqueó las cejas** it arched its brows
16. **estremecimientos de piel** movement of its hide
17. **espantarse las moscas** to scare off the flies
18. **mantener el remo hacia adelante** keeping his leg up, pointing forward
19. **nipona** Japanese
20. **enorgullecer** to make proud
21. **ampliaciones** enlargements
22. **el césped** lawn, grass

por los oficiales, los marineros, los ministros, las actrices francesas, los boxeadores   25
norteamericanos, los bailarines checoslovacos, el embajador pakistano, los pianistas rusos,
la misión Por La Paz y La Amistad de los Pueblos, la Cruz Roja, Las Juventudes
Neofascistas, el Mariscal del Aire y del Mar y el Núcleo de los Pieles Rojas Sobrevivientes.

Esta interrupción en el momento justo de adelantar el remo le cayó muy mal.

—Schtttt —insistió el héroe.   30

El caballo al fin se dio por aludido.[23]

—¿Qué desea usted? —interrogó al caudillo con tono imperioso y algo insolente.

—Me gustaría bajar un rato y pasearme por ahí, si fuera posible —contestó con humildad el prócer.

—Haga lo que quiera. Pero le advierto —le reconvino[24] el caballo— que a las nueve   35
de la mañana vendrá la delegación nipona.

—Ya lo sé. Lo he visto en los diarios —dijo el caudillo—. Pero tantas ceremonias me
tienen un poco harto.

El caballo se negó a considerar una respuesta tan poco protocolar.[25]

—Es por los huesos, ¿sabe? —se excusó el héroe—. Me siento un poco duro. Y las   40
fotografías, ya no sé qué gesto poner —continuó.

—La gloria es la gloria —filosofó baratamente el caballo. Estas frases tan sabias las
había aprendido de los discursos oficiales. Año a año los diferentes gobernantes, presidentes, ministros, secretarios, se colocaban delante del monumento y pronunciaban sus
discursos. Con el tiempo, el caballo se los aprendió de memoria, y además, casi todos eran   45
iguales, de manera que eran fáciles de aprender hasta para un caballo.

—¿Cree que si me bajo un rato se notará? —preguntó el héroe.

La pregunta satisfacía la vanidad del caballo.

—De ninguna manera. Yo puedo ocupar el lugar de los dos. Además, en este país,
nadie mira hacia arriba. Todo el mundo anda cabizbajo.[26] Nadie notará la ausencia de un   50
prócer; en todo caso, debe estar lleno de aspirantes a subirse a su lugar.

Alentado,[27] el héroe descendió con disimulo y dejó al caballo solo. Ya en el suelo, lo
primero que hizo fue mirar hacia arriba —cosa que nadie hacía en el país—, y observar el
lugar al que durante tantos años lo habían relegado. Vio que el caballo era enorme, como el
de Troya, pero no estaba seguro si tenía guerreros adentro o no. En todo caso, de una cosa   55
estaba seguro: el caballo estaba rodeado de soldados. Estos, armados hasta los dientes,
formaban dos o tres filas alrededor del monumento, y él se preguntó qué cosa protegerían.
¿Los pobres? ¿El derecho? ¿La sabiduría? Tantos años en el aire lo tenían un poco mareado:
hasta llegó a pensar que lo habían colocado tan lejos del suelo para que no se diera cuenta
de nada de lo que sucedía allá abajo. Quiso acercarse para interrogar a uno de los soldados   60
(¿Cuál es su función? ¿A quién sirve? —le preguntaría) pero no bien avanzó unos metros en

23. **se dio por aludido** realized it was being
    called
24. **reconvenir** to reproach, to reprimand
25. **tan poco protocolar** not according to
    protocol
26. **cabizbajo** crestfallen (with one's head
    down)
27. **alentado** encouraged

esa dirección, los hombres de la primera fila apuntaron[28] todos hacia él y comprendió que lo acribillarían[29] si daba un paso más. Desistió de su idea. Seguramente, con el tiempo, y antes de la noche, averiguaría por qué estaban allí los soldados, en la plaza pública, qué

65 intereses defendían, al servicio de quién estaban. Por unos instantes tuvo nostalgia de su regimiento integrado voluntariamente por civiles que se plegaron a[30] sus ideas y avanzaban con él, peleando hasta con las uñas.[31] En una esquina compró un diario pero su lectura le dio asco.[32] El pensaba que la policía estaba para ayudar a cruzar la calle a los ancianos, pero bien se veía en la foto que traía el diario a un policía apaleando a un estudiante. El estu-

70 diante esgrimía un cartel[33] con una de las frases que él había pronunciado una vez, pero algo había pasado con su frase, que ahora no gustaba; durante años la había oído repetir como un sonsonete[34] en todas las ceremonias oficiales que tenían lugar frente a su monumento, pero ahora se veía que había caído en desuso, en sospecha o algo así. A lo mejor[35] era que pensaban que en realidad él no la había pronunciado, que era falsa, que la había inventado

75 otro y no él. «Fui yo, fui yo, la dije, la repito» tuvo ganas de gritar, pero quién lo iba a oír, mejor no la decía, era seguro que si se ponía a gritar eso en medio de la calle terminaba[36] en la cárcel, como el pobre muchacho de la fotografía. ¿Y qué hacía su retrato, su propio retrato estampado[37] en la puerta de ese ministerio? Eso[38] no estaba dispuesto a permitirlo. Un ministerio acusado de tantas cosas y su retrato, el único legítimo, el único que le hacía

80 justicia colocado en la puerta. . . Esta vez los políticos habían colmado la medida.[39] Estaba dispuesto a que su retrato encabezara las hojas de cuaderno, las tapas de los libros, mejor aún le parecía que apareciera en las casas de los pobres, de los humildes, pero en ese ministerio, no. ¿Ante quién podría protestar? Ahí estaba la dificultad. Era seguro que tendría que presentar la reclamación[40] en papel sellado, con timbres de biblioteca en una de esas enormes

85 y atiborradas[41] oficinas. Luego de algunos años es posible que algún jerarca[42] se ocupara del caso, si él le prometía algún ascenso,[43] pero bien se sabía que él no estaba en condiciones de ofrecer nada a nadie, ni nunca lo había estado en su vida. Dio unos pasos por la calle y se sentó en el cordón de la vereda,[44] desconsolado. Desde arriba, nunca había visto la cantidad de pobres y mendigos que ahora podía encontrar en la calle. ¿Qué había sucedido en todos

90 estos años? ¿Cómo se había llegado a esto? Algo andaba muy mal, pero desde arriba no se veía bien. Por eso es que lo habían subido allí. Para que no se diera cuenta de nada, ni se enterara de cómo eran las cosas, y pudieran seguir pronunciando su nombre en los discursos en vano, ante la complacencia versallesca[45] de los hipócritas extranjeros de turno.

---

28. **apuntar** to aim (their rifles)
29. **acribillar** to riddle
30. **se plegaron a** bent; followed
31. **peleando. . . uñas** fighting even with their fingernails
32. **dar asco** to disgust, make sick
33. **esgrimía un cartel** brandished a sign
34. **sonsonete** song, tune
35. **A lo mejor** probably
36. **terminaba** he would end up
37. **estampado** fixed

38. object of **permitir** he was not inclined to. . .
39. **habían colmado la medida** had gone too far
40. **reclamación** demand, claim
41. **atiborradas** stuffed
42. **jerarca** high official
43. **ascenso** promotion
44. **el cordón de la vereda** the curb by a sidewalk
45. **versallesca** courtly; smug; **de turno** dutifully listening

Caminó unas cuantas cuadras y a lo largo de todas ellas se encontró con varios tanques y vehículos del ejército que patrullaban la ciudad. Esto lo alarmó muchísimo. ¿Es que estaría su país —su propio país, el que había contribuido[46] a forjar— a punto de ser invadido? La idea lo excitó. Sin embargo, se dio cuenta de su error: había leído prolijamente el diario de la mañana y no se hablaba de eso en ninguna parte. Todos los países —por lo menos aquéllos de los que se sabía algo— mantenían buenas relaciones con el suyo; claro que uno explotaba a casi todos los demás, pero esto parecía ser natural y aceptado sin inconvenientes por los otros gobiernos, los gobiernos de los países explotados.

Desconcertado, se sentó en un banco de otra plaza. No le gustaban los tanques, no le gustaba pasearse por la ciudad —una vez que se había animado a descender del monumento— y hallarla así, constantemente vigilada, maniatada,[47] oprimida. ¿Dónde estaba la gente, *su* gente? ¿Es que no habría tenido descendientes?

Al poco tiempo, un muchacho se sentó a su lado. Decidió interrogarlo, le gustaba la gente joven, estaba seguro que ellos sí podrían responder, todas esas preguntas que quería hacer desde que había bajado, descendido de aquel monstruoso caballo.

—¿Para qué están todos esos tanques entre nosotros, joven?— le preguntó al muchacho.

El joven era amable y se veía que había sido recientemente rapado.[48]

—Vigilan el orden[49] —contestó el muchacho.

—¿Qué orden? —interrogó el prócer.

—El orden oficial —contestó rápidamente el otro.

—No entiendo bien,—discúlpeme; el caudillo se sentía un poco avergonzado[50] de su ignorancia— ¿por qué hay que mantener ese orden con los tanques?

—De lo contrario, señor, sería difícilmente aceptado —respondió el muchacho con suma amabilidad.

—¿Y por qué no sería aceptado? El héroe se sintió protagonista de una pieza absurda de Ionesco. En las vacaciones había tenido tiempo de leer a ese autor. Fue en el verano, cuando el gobierno trasladaba[51] sus oficinas y sus ministros hacia el este, y por suerte, a nadie se le ocurría venir a decir discursos delante del monumento. Él había aprovechado el tiempo para leer un poco. Los libros que todavía no habían sido decomisados,[52] que eran muy pocos. La mayoría ya habían sido o estaban a punto de ser censurados.

—Porque es un orden injusto —respondió el joven.

El héroe se sintió confundido.

—Y si es injusto, ¿no sería mejor cambiarlo? Digo, revisarlo un poco, para que dejara de serlo.

—Ja —el joven se había burlado[53] por primera vez—. Usted debe estar loco o vivir en alguna isla feliz.

---

46. the subject of the verb is **he**.
47. **maniatada** manacled
48. **rapado** hair cut close, cropped
49. **Vigilan el orden** they watch over order
50. **avergonzado** embarrassed, ashamed
51. **trasladaba** was transferring
52. **decomisados** confiscated
53. **burlarse (de)** to make fun (of)

130   —Hace un tiempo me fui de la patria y recién he regresado, discúlpeme —se turbó el héroe.

—La injusticia siempre favorece a algunos, eso es —explicó el joven.

El prócer había comprendido para qué estaban los tanques. Decidió cambiar de tema.

—¿A qué se dedica usted? —le preguntó al muchacho.

135   —A nada —fue la respuesta tajante[54] del joven.

—¿Cómo a nada? El héroe volvió a sorprenderse.

—Antes estudiaba —accedió[55] a explicarle—, pero ahora el gobierno ha decidido clausurar[56] indefinidamente los cursos en los colegios, los liceos y las universidades. Sospecha que la educación se opone al orden, por lo cual, nos ha eximido[57] de ella. Por otra

140 parte, para ingresar a la administración sólo será necesario aprobar[58] el examen de integración al régimen. Así se proveerán[59] los puestos públicos; en cuanto a los privados, no hay problemas: jamás emplearán a nadie que no sea de comprobada solidaridad con el sistema.

—¿Qué harán los otros? —preguntó alarmado el héroe.

—Huirán del país o serán reducidos por el hambre. Hasta ahora, este último recurso

145 ha sido de gran utilidad, tan fuerte, quizás, y tan poderoso, como los verdaderos tanques.

El caudillo deseó ayudar al joven; pensó en escribir una recomendación para él, a los efectos[60] de obtenerle algún empleo, pero no lo hizo porque, a esa altura, no estaba muy seguro de que una tarjeta con su nombre no enviara directamente al joven a la cárcel.

—Ya he estado allí —le dijo el joven, que leyó la palabra cárcel en el pensamiento de

150 ese hombre maduro vuelto a su patria—. Por eso me han cortado el pelo —añadió.

—No le entiendo bien. ¿Qué tiene que ver el pelo con la cárcel?

—El cabello largo se opone al régimen, por lo menos eso es lo que piensa el gobierno.

—Toda mi vida usé el cabello largo —protestó el héroe.

—Serían otras épocas —concluyó serenamente el joven.

155   Hubo un largo silencio.

—¿Y ahora qué hará? —interrogó tristemente el viejo.

—Eso no se lo puedo decir a nadie —contestó el joven; se puso de pie, lo saludó con la mano y cruzó la plaza.

Aunque el diálogo lo había llenado de tristeza, la última frase del joven lo animó

160 bastante. Ahora estaba seguro de que había dejado descendientes.

DESPUÉS DE LEER

A. Cuestionario

1. ¿Por qué es la estatua una gran atracción turística?

---

54. **tajante** cutting, sharp
55. **acceder** to agree
56. **clausurar** to close, adjourn
57. **eximir** to exempt; and so it has kept us from it (education)
58. **aprobar** to pass
59. **se proveerán** will be conferred, provided
60. **a los efectos** with the purpose

2. ¿Qué paradoja se destaca (*stands out*) en la descripción de la estatua al principio del cuento?
3. ¿Qué cualidades humanas le ha dado la autora a este caballo?
4. ¿Cómo se explica que el caballo use frases y expresiones sabias cuando habla?
5. ¿Cuál es el significado (*significance*) de la observación del caballo que "nadie mira hacia arriba, todo el mundo anda cabizbajo"?
6. En la foto del diario un policía está apaleando a un estudiante. ¿Por qué?
7. ¿Por qué se opone el estado a la educación (y al cabello largo)?
8. ¿Qué tienen en común el joven y el héroe?
9. A su juicio, ¿por qué le anima al prócer la última frase del joven?
10. ¿Por qué cree Ud. que la autora no vive en su país desde hace muchos años?

B. Discusión (oral o por escrito)

Señale Ud. (*point out*) algunos rasgos (*traces*) típicos de un estado policial en este cuento, y haga una comparación, donde sea posible, con la época actual.

REPASO GRAMATICAL

1. El subjuntivo con *para que*

It is always used in a clause introduced by this and other conjunctions which, by their nature, cannot introduce a fact.

para que	*in order that*
sin que	*without*
con tal (de) que	*provided that*
en caso (de) que	*unless*

Examples from the text:

. . . **lo habían colocado lejos del suelo para que no se diera cuenta de nada.**	*they had placed him far from the ground so that he would not be aware of anything.*
—**Digo, revisarlo un poco, para que dejara de serlo.**	*I mean, change it (the order) a little so that it would cease to be one.*
El héroe bajó del caballo sin que le viese nadie.	*The hero got off the horse without anyone's seeing him (without that no one (anyone) saw him).*

Note that with **sin que** the subject usually follows the verb. If the subject in the clauses is the same, the preposition with the infinitive is used: **para, sin, con tal de, en caso de, a menos de.**

Bajó del caballo sin ver a nadie.	*He got off the horse without seeing anyone.* ("He," the subject of the sentence, is also the person seeing, not someone else as above.)
El joven no será castigado con tal de tener el pelo corto.	*The young man will not be punished provided he has short hair.*

C. En el ejercicio siguiente, dé Ud. una respuesta empleando la conjunción entre paréntesis.

1. (**con tal que**) ¿Piensas asistir a una universidad el año que viene?
2. (**sin que**) ¿Te vieron tus padres cuando tomaste el coche?
3. (**para que**) ¿Por qué hay tantos soldados y tanques en este estado?
4. (**a menos que**) ¿Le gustaría vivir en un estado como éste?
5. (**en caso de que**) ¿Por qué se apresura (*hastens*) el prócer a volver a su puesto sobre el caballo?

2. Indirect questions

All interrogative adjectives and pronouns (like **¿qué? ¿cuál? ¿quién? ¿cómo? ¿dónde? ¿por qué?** etc.) retain the written accent mark when the clause is the object of a verb.

. . . y las fotografías, ya no sé qué gesto poner.	*and the pictures, I don't know what expression to take.*

(An original question would be something like "What expression shall I take?)

. . . para que no se enterara de cómo eran las cosas.	*so that he wouldn't find out how things were like.*

Note: Do not confuse interrogative *whose* with the relative adjective *whose*.

Es la chica cuyo padre me odia.	*She's the girl whose father hates me.*
¿De quién es el padre que me odia?	*Whose father hates me?* (*lit.* Of whom is the father who hates me?)
Es el hombre de cuyo propio país está avergonzado.	*He is the man whose own country he is ashamed of.*
He sabido de quién es el país del que está avergonzado	*I learned whose country he is ashamed of.* (*lit.* I learned of whom is the country of which he is ashamed. Indirect question: **de quién es el país, etc.** is object of verb **he sabido**.)

D. Haga un repaso de las siguientes expresiones y luego traduzca las frases que siguen.

darse cuenta de	*to realize*
enterarse de	*to find out about*
tener ganas de	*to feel like, to want to do*
dejar de + inf.	*to stop, cease to*
burlarse de	*to make fun of*

1. I don't know why the young man made fun of me, unless he didn't realize that I am only a statue.
2. The young man knows that the soldiers are there in order that the people bow (**someterse**) to the established order.
3. When the hero found out under what kind of state the people were living, he felt like protesting.
4. Unless the state pays attention to human rights (**derechos**), the young man will never cease to fight on behalf of (for) the downtrodden (**los oprimidos**).

6

Mercedes Abad 1961–

Mercedes Abad is one of the most talented young writers to appear in Spain since the rebirth of democracy in the late 1970s. A journalist in Barcelona, she has published a novel, three books of short stories, and many pieces of literary criticism. The first of her story collections won the *Sonrisa Vertical* award for erotic fiction. She wrote it, she says, not only to win the prize but to spite her overbearingly strict mother.

In ancient Greek drama, character flaws lead to tragic endings. In Abad's writings, they often lead to absurd and even grotesque situations which, through humor and irony, may even be viewed as the opposite of tragic endings.

No one will deny that the fourteen tales from *Felicidades conyugales* (*Conjugal Happiness*) reflect a skeptical view of happiness. In *Una bonita combinación* she describes a "perfect" marriage, a model for all young couples. But when the husband turns out to be less than perfect, the marriage is threatened. In order to preserve both the marriage and its image, the wife comes up with an unconventional solution.

Una bonita combinación

Después de veinte largos años de matrimonio ininterrumpido, Louise y Albert Cromdale eran más felices que nunca. Extraordinariamente felices. E infinitamente más felices que cualquiera de las parejas casadas a las que frecuentaban. Tanto es así que habían dado origen a una nueva y curiosa tradición: cuando una joven pareja contraía matrimonio, era
5 frecuente que, durante la ceremonia religiosa y a guisa de[1] bendición, exigieran[2] que el sacerdote les deseara una felicidad tan intensa y duradera como la que unía a Louise y Albert Cromdale.

En el círculo de sus amistades se comentaba este hecho como algo sorprendente, de naturaleza casi mágica. A todos se les antojaba[3] incomprensible e inverosímil[4] hallarlos
10 cada día un poco más felices, más sonrientes y más unidos. Algunos habían llegado incluso[5] a sospechar que acaso tanta felicidad no fuera sino mero artificio. Otros, llevados por su envidia y su mala fe, habíanse formulado secretamente el deseo de que aquel matrimonio se hiciera añicos[6] de la manera más dolorosa posible para ambos cónyuges.[7] Los más ingenuos les pedían constantemente la fórmula de aquella felicidad indestructible, y
15 tan bien invertida que sus rentas[8] no dejaban de trazar una curva ascendente. En semejantes casos, Louise y Albert Cromdale se encogían de hombros[9] con una sonrisa de infinita modestia pintada en los labios, tersos aún[10] los de Louise, sumamente apetecibles también los de Albert. Y ninguno de los dos añadía explicación alguna a aquel mudo comentario.

20 Lo cierto es que no había fórmulas ni fingimientos.[11] Louise y Albert Cromdale poseían la infrecuente virtud de entenderse a la perfección, como dos piezas amorosamente fabricadas para encajar[12] sin esfuerzos. No sólo sus virtudes convivían armónicamente, sino que sus defectos parecían necesitarse mutuamente. Ya desde los albores[13] de su matrimonio, ambos habían tenido inmejorables oportunidades para mostrar su inagotable[14] capacidad de com-
25 prensión. Cuando Louise, una mujer harto[15] enigmática, exigió que le fuera concedida una habitación privada a la que sólo ella tuviera acceso, un lugar donde poder retirarse cuando apeteciera[16] de soledad, Albert no hizo objeción alguna a lo que se le antojó un deseo más

1. **a guisa de** by way of
2. **exigir** to ask
3. **A todos se les antojaba** they all thought it
4. **inverosímil** improbable
5. **incluso** even
6. **se hiciera añicos** (the marriage) would be shattered
7. **cónyuges** spouses
8. **invertida. . . rentas** so well invested that their income

9. **se encogían de hombros** shrugged
10. **tersos aún** still smooth
11. **fingimientos** pretenses
12. **encajar** to fit
13. **los albores** beginnings
14. **inagotable** inexhaustible
15. **harto** very
16. **apeteciera** she longed for

que razonable. Respetaba gustoso los secretos de su mujer y jamás inquiría acerca de la naturaleza de los mismos. También Louise tuvo una acertada actuación[17] cuando, muy poco después de la boda, advirtió que en la mirada de Albert habían empezado a formarse sombras que la empañaban[18] con un halo de tristeza. Interrogado por su esposa acerca de las causas de su congoja,[19] Albert no tuvo reparo alguno en[20] confesarle —ni un solo momento dejó Louise de manifestar una infinita comprensión— su relación amorosa con una joven que había huido del hogar paterno en Manchester, y había llegado a Londres sola, sin dinero, sin trabajo y sin un solo amigo en quien confiar. Al principio, explicó Albert, ambos se habían enamorado perdidamente, pero ahora los sentimientos de Albert hacia la muchacha se habían apagado y ella no parecía dispuesta a aceptarlo. Lo agobiaba[21] con mil y una súplicas y, si él hacía la menor insinuación acerca de un posible abandono, el sincero dolor de la muchacha lo disuadía de sus propósitos. Albert era un hombre extraordinariamente sensible al sufrimiento ajeno,[22] y aquella situación lo apesadumbraba[23] hasta el punto de no poder apartarla de su mente. Louise, que conocía perfectamente la naturaleza delicada y depresiva[24] de su marido decidió hacerse cargo personalmente de aquel problema, tan desagradable para Albert. Ella era mucho más fuerte, más resuelta y eficiente en algunas cuestiones, de modo que informó a Albert de sus intenciones; en adelante, él quedaba aliviado de toda responsabilidad en tan enojoso[25] episodio. Albert agradeció con notable pasión la providencial intervención de su esposa y se felicitó por haberse casado con una mujer dotada de semejantes aptitudes prácticas.

El enojoso episodio de la muchacha de Manchester se repetiría en el futuro con muchísimas otras muchachas, en su mayoría escapadas de sus hogares, solas y desamparadas. Compadecido[26] —Albert Cromdale solía confundir la compasión con el amor—, el marido de Louise se entregó a un sinfín de relaciones amorosas —cuyo número exacto se desconoce— al término de las cuales, la colaboración de su esposa resultaba siempre de incalculable valor. Cuando se hartaba de sus amantes, Albert no tenía más que notificárselo con aire contrito a su mujer; siempre comprensiva,[27] discreta y eficiente, Louise invitaba a las muchachas a su casa para tomar el té y charlar amigablemente con ellas. Nadie presenció jamás aquellas conversaciones tras las cuales ninguna de las muchachas —el poder de persuasión de Louise era infalible— volvía a incomodar[28] a Albert Cromdale con el desagradable espectáculo de sus ruegos y lamentos. Huelga[29] decir que Albert desconocía el método empleado por Louise pero, sea como fuere,[30] contaba con su aprobación incondicional.

17. **tuvo una acertada actuación** acted wisely
18. **empañaban** clouded
19. **congoja** distress, anguish
20. **no tuvo reparo alguno en** had no hesitation
21. **Lo agobiaba** she burdened him
22. **ajeno** someone else's
23. **apesadumbraba** grieved
24. **depresiva** depressing (i.e., given to depression)
25. **enojoso** annoying
26. **Compadecido** feeling sorry for her
27. **comprensiva** understanding
28. **incomodar** to inconvenience; annoy
29. **Huelga (holgar)** it's needless
30. **sea como fuere** whatever it was

Sólo Louise Cromdale conocía el precio que pagaba a cambio de la inestimable felicidad de su esposo, precio que de ninguna manera juzgaba excesivo. Sólo Louise Cromdale sabía lo que encerraban las paredes, silenciosas y cómplices, de su habitación privada. Ella era la única que visitaba los cadáveres pulcramente[31] embalsamados de aquellas muchachas antaño[32] desgraciadas a las que[33] ella, en su infinita generosidad y gracias a un cursillo[34] de taxidermia por correspondencia, había proporcionado el eterno descanso.

Cuando alguno de sus amigos mas ingenuos pedía a Louise y Albert Cromdale la fórmula secreta de su indestructible felicidad, éstos se encogían de hombros con una sonrisa de infinita modestia pintada en los labios.

DESPUÉS DE LEER

A. Cuestionario

1. ¿De qué fama gozan Louise y Albert?
2. ¿Qué prueba extraordinaria hay del impacto de esta fama en las jóvenes parejas?
3. Dé un ejemplo de la envidia de algunos hacia el feliz matrimonio.
4. ¿Qué le confiesa Albert a su esposa, lo cual debe enfurecerla?
5. ¿Cómo se explica que Albert se enamora de las jóvenes?
6. ¿Cómo va Louise a solucionar el problema de su marido?
7. ¿Por qué método ha podido silenciar Louise a las muchachas?
8. Al final sabemos el secreto de la habitación. Explíquelo.
9. El cuento se acaba con las mismas palabras que están escritas cerca del principio. ¿Le parece que esta sonrisa expresa más que la modestia?
10. ¿Es inesperado el final? ¿Lo encuentra Ud. macabro? ¿Humorístico? ¿Otra reacción?

B. Comprensión. Corrija Ud. las oraciones que son falsas.

1. El tema del cuento es la felicidad fantástica de esta pareja.
2. En realidad su felicidad no es sino artificio.
3. Este matrimonio nunca hace nada en secreto.
4. Louise espera la oportunidad de envenenar (*to poison*) a su marido por su infidelidad.
5. La primera amante de Albert es una muchacha sola y sin amigos.
6. Esta muchacha se da cuenta de su error y le deja plantado (*jilts him*).
7. Albert era un hombre extraordinariamente sensible al sufrimiento de otros.
8. Louise es una mujer débil que teme confrontar un problema grave.
9. Las amantes de Albert dejan de incomodarle por la persuasión de Louise.
10. En realidad Louise se libra de las muchachas por un método infalible y duradero.

---

31. **pulcramente** neatly
32. **antaño** long ago, formerly
33. **a las que** whom (object of *proporcionar*, to furnish)
34. **cursillo** short course

REPASO GRAMATICAL

Un repaso breve de los pronombres relativos

A relative pronoun (*who, which, whom,* etc.) is used to join (relate) the subordinate clause it introduces to a preceding noun or pronoun to which it refers.

1. Que is the most frequently used relative pronoun. It is used as a subject or object of a verb and refers to both persons and things. Unlike popular English usage, the preposition cannot remain removed from the relative pronoun.

Louise es la mujer que ayuda a su esposo.	*Louise is the woman who helps her husband.*
¿De qué estás hablando?	*What are you talking about?*

2. Quien (quienes) refers only to persons.

Es una mujer en quien tengo confianza.	*She is a woman whom I trust.*

When **quien** is the direct object of a verb, it must be preceded by the personal **a; que** does not require the **a.**

Son dos casados a quienes (que) todos admiran.	*It's a married couple whom everyone admires.*

3. El que, la que, los que, las que

El que, etc. means *he who, the one who, she who, those who.*

Dé el dinero al que (a la que) está sentado (a).	*Give the money to the one who is seated.*
Los que no creen que son felices están locos.	*Those who don't believe they are happy are crazy.*

4. El cual, la cual, los cuales, las cuales

El cual, and **el que** are substituted for **quien** and **que** in order to avoid ambiguity.

La esposa de Albert, la cual (la que) es sumamente feliz, tiene una habitación secreta.	*Albert's wife, who is extremely happy, has a secret room.*

El cual and **el que,** referring to persons and things, are required instead of **que** or **quien** after long (two or more syllables) prepositions.

Una hora pasó, durante la cual (la que) fumó cuatro cigarillos.	*An hour went by, during which he smoked four cigarettes.*

However, the short prepositions **por, sin,** and **tras** are also followed by the long forms (normally **el cual**) and not **que** to refer to things.

Se me olvidaron las llaves sin las cuales estoy perdido.	*I forgot my keys without which I'm lost.*

5. Lo que and lo cual

Both **lo que** and **lo cual** may be used as the equivalent of *which*, when referring back to a whole idea, and not to a specific noun.

Salió sin su abrigo, lo que (lo cual) me preocupa.   *She left without her coat, which worries me.*

However, **lo que** (and not **lo cual**) is the equivalent of the English relative pronoun *what = that which.*

Lo que dices me sorprende.   *What you say surprises me.*
No sé lo que Louise hace en su habitación.   *I don't know what Louise does in her room.*

6. Cuyo (cuya, cuyos, cuyas)

The relative possessive adjective **cuyo**, *whose*, precedes the noun it modifies and agrees with it in gender and number (masculine or feminine, singular or plural). Do not confuse it with **¿de quién?** meaning *whose* in a direct or indirect question.

Me casé con una chica cuyos padres me odian.   *I married a girl whose parents hate me.*

¿De quién son estas joyas?   *Whose jewels are these?*
Me preguntó de quién son estas joyas.   *He asked me whose jewels these are.*

C. En el ejercicio siguiente, una Ud. las dos frases con un pronombre relativo.

Ejemplos:

Éste es el traje. Lo voy a comprar.
Éste es el traje que voy a comprar.
Viven en una casa grande. Detrás de ella está el mar.
Viven en una casa grande detrás de la cual está el mar.

1. Es el médico. Lo necesito.
2. He perdido mis gafas. No puedo leer sin ellas.
3. Es el hermano de mi madre. Aquél viene a vernos hoy.
4. Albert se enamora de muchachas jóvenes y solas. Esto no le gusta a Louise.
5. Tenemos una buena enciclopedia. Estoy perdido sin ella.
6. Ésta es mi novia. Hablo de ella día y noche.
7. Mi profesora de historia es mi favorita. Su esposo, sin embargo, no es muy simpático.
8. Louise y Albert gozan de una felicidad extraordinaria. Yo tengo envidia de esta felicidad.
9. Es lástima que las paredes no hablen. Hay cosas raras que suceden detrás de ellas.
10. La felicidad de Albert es lo más importante para Louise. Ella daría su vida por su felicidad.

D. Traducir. Traduzca los pronombres relativos entre paréntesis.

1. (What) —————— Louise propone es imposible.
2. La muchacha (whom) —————— ves es la amante de Albert.
3. La joven pareja desea una felicidad como (that) —————— une a Louise y Albert.
4. La gramática (that) —————— estudio es difícil.
5. La habitación, (without which) —————— no habría solución, sirve bien a Louise.
6. ¿Serán castigados (those who) —————— cometen asesinatos?
7. Albert se entregó a un sinfín (*endless number*) de relaciones amorosas, al término de (which) —————— la colaboración de Louise resultaba de gran valor.
8. Cuando Louise pidió una habitación particular, Albert no hizo objeción a (what) —————— pareció ser un deseo razonable.
9. Los envidiosos de su felicidad, (who) —————— existen aquí y en todas partes, les desean mala suerte.
10. Louise y Albert, para (whom) —————— la felicidad es importante, han ganado la admiración de los demás.

7

Enrique Buenaventura

1925–

Born in Cali, Colombia, Enrique Buenaventura began acting and directing while in his early teens. He has since become an internationally renowned director and playwright. In 1963, after living and writing in many countries, he returned to Colombia to found the *Teatro Experimental de Cali*. In that same year he won the UNESCO prize for Latin American theater for his play *La tragedia del rey Kristophe*.

Buenaventura helped create a more socially engaged theater that utilized song, dance, and satire. It addresses farmers, workers, students, and middle-class audiences alike. He has a gift for natural, colloquial language, and his tone is often ironic and satirical. His dramatic purpose, like that of Spanish theater in the seventeenth century, is to **enseñar entreteniendo**—to entertain while teaching a moral or political message.

La maestra is a one-act play from Buenaventura's collection *Los papeles del infierno* (*The Papers of Hell*). The subject is the undeclared civil war, known as *la violencia,* that plagued Colombia between 1948 and 1965. In this work, written in 1968, violence affects not only the protagonist but the peasants.

La maestra

Personajes:

LA MAESTRA
JUANA PASAMBÚ
PEDRO PASAMBÚ
TOBÍAS EL TUERTO
LA VIEJA ASUNCIÓN
SARGENTO
EL VIEJO (*padre de* LA MAESTRA)

En primer plano[1] una mujer joven, sentada en un banco. Detrás de ella o a un lado van ocurriendo algunas escenas. No debe haber[2] ninguna relación directa entre ella y los personajes de esas escenas. Ella no los ve y ellos no la ven.

LA MAESTRA   Estoy muerta. Nací aquí, en este pueblo. En la casita de barro[3] rojo con techo de paja que está al borde del camino, frente a la escuela. El camino es un río lento de barro rojo en el invierno y un remolino de polvo[4] rojo en el verano. Cuando vienen las lluvias uno pierde las alpargatas[5] en el barro y los caballos y las mulas se embarran las barrigas, las enjalmas,[6] y *5* hasta las caras y los sombreros de los jinetes son salpicados por el barro. Cuando llegan los meses de sol, el polvo rojo cubre todo el pueblo. Las alpargatas suben[7] llenas de polvo rojo y los pies y las piernas y las patas de los caballos y las crines,[8] y las enjalmas y las caras sudorosas y los sombreros, todo se impregna de polvo rojo. Nací de ese barro y de ese polvo *10* rojo y ahora he vuelto a ellos. Aquí, en el pequeño cementerio que vigila[9] el pueblo desde lo alto, sembrado de hortensias, geranios, lirios y espeso pasto.[10] Es un sitio tranquilo y perfumado. El olor acre del barro rojo se mezcla con el aroma dulce del pasto yaraguá[11] y hasta llega, de tarde, el olor del monte, un olor fuerte que se despeña[12] pueblo abajo. *15*

---

1. **En primer plano** foreground, front (of the stage)
2. **No debe haber** there shouldn't be
3. **barro** clay, mud
4. **remolino de polvo** a whirlwind of red dust
5. **alpargatas** sandals
6. **se embarran. . . las enjalmas** get their bellies and saddles covered with mud

7. **suben** go up the road
8. **las crines** the manes
9. **vigilar** to watch over
10. **sembrado de. . . pasto** surrounded by hydrangeas, geraniums, lilies, and thick grass
11. **pasto yaraguá** coarse grass
12. **se despeña** rushes down (upon the town)

Pausa.

Me trajeron al anochecer.

Cortejo[13] mudo, al fondo, con un ataúd.[14]

Venía Juana Pasambú, mi tía.

JUANA PASAMBÚ   ¿Por qué no quisiste comer?

LA MAESTRA   Yo no quise comer. ¿Para qué comer? Ya no tenía sentido comer. Se come para vivir. Ya no tenía sentido vivir.

Pausa.

Venía Pedro Pasambú, mi tío.

PEDRO PASAMBÚ   Te gustaban los bananos manzanos y las mazorcas asadas y untadas de sal y de manteca.[15]

LA MAESTRA   Me gustaban los bananos manzanos y las mazorcas, y sin embargo, no los quise comer. Apreté los dientes.

Pausa.

Estaba Tobías el Tuerto,[16] que hace años fue corregidor.

TOBÍAS EL TUERTO   Te traje agua de la vertiente,[17] de la que tomabas cuando eras niña en un vaso hecho con hoja de rascadera[18] y no quisiste beber.

LA MAESTRA   No quise beber. Apreté los labios. ¿Fue maldad? Dios me perdone, pero llegué a pensar que la vertiente debía secarse. ¿Para qué seguía brotando[19] agua de la vertiente? Me preguntaba. ¿Para qué?

Pausa.

Estaba la Vieja Asunción, la partera[20] que me trajo al mundo.

---

13. **cortejo** procession
14. **ataúd** coffin
15. **Te gustaban los bananos. . . manteca.**
    You liked bananas and corn on the cob
    smeared with salt and butter
16. **tuerto** one-eyed
17. **la vertiente** the spring
18. **hoja de rascadera** leaves
19. **brotar** to gush
20. **la partera** midwife

LA VIEJA ASUNCIÓN   Ay, mujer. Ay, niña. Yo, que la traje a este mundo. Ay, niña. ¿Por   *35*
qué no recibió nada de mis manos? ¿Por qué escupió el caldo[21]
que le di? ¿Por qué mis manos, que curaron a tantos, no pudieron
curar sus carnes heridas? Mientras estuvieron aquí los asesinos. . .

Los acompañantes del cortejo miran en derredor con terror. LA VIEJA *sigue su planto*[22]
mudo mientras habla LA MAESTRA.

LA MAESTRA   Tienen miedo. Desde hace tiempo el miedo llegó a este pueblo y se
quedó suspendido sobre él como un inmenso nubarrón de tor-   *40*
menta.[23] El aire huele a miedo,[24] las voces se disuelven en la saliva
amarga del miedo y las gentes se las tragan.[25] Un día se desgarró[26]
el nubarrón y el rayo cayó sobre nosotros.

El cortejo desaparece, se oye un violento redoble de tambor,[27] *en la oscuridad. Al*
volver la luz, allí donde estaba el cortejo, está un campesino viejo arrodillado y con
las manos atadas a la espalda. Frente a él, un SARGENTO *de policía.*

SARGENTO   (*mirando una lista*) ¿Vos respondés al nombre de Peregrino
Pasambú?   *45*

EL VIEJO *asiente.*

Entonces vos sos el jefe político aquí.

EL VIEJO *niega.*

LA MAESTRA   Mi padre había sido dos veces corregidor. Pero entendía tan poco
de política, que no se había dado cuenta que la situación había
cambiado.

SARGENTO   Con la política conseguiste esta tierra. ¿Cierto?   *50*

LA MAESTRA   No era cierto. Mi padre fue fundador del pueblo. Y como fundador le correspondió su casa a la orilla del camino y su finca. Él
le puso nombre al pueblo. Lo llamó: "La Esperanza".

SARGENTO   ¿No hablás, no decís nada?

LA MAESTRA   Mi padre hablaba muy poco. Casi nada.   *55*

---

21. **escupió el caldo** spit out the broth
22. **planto** lament
23. **nubarrón de tormenta** a great storm
    cloud

24. **huele a miedo** reeks of fear
25. **se las tragan** (the people) swallow it
26. **se desgarró** the cloud ripped open
27. **redoble de tambor** roll of drums

SARGENTO	Mal repartida[28] está esta tierra. Se va a repartir de nuevo. Va a tener dueños legítimos, con títulos y todo.
LA MAESTRA	Cuando mi padre llegó aquí, todo era selva.
SARGENTO	Y también las posiciones están mal repartidas. Tu hija es la maestra de escuela, ¿no?
LA MAESTRA	No era ninguna posición. Raras veces me pagaron el sueldo. Pero me gustaba ser maestra. Mi madre fue la primera maestra que tuvo el pueblo. Ella me enseñó y cuando ella murió yo pasé a ser la maestra.
SARGENTO	Quién sabe lo que enseña esa maestra.
LA MAESTRA	Enseñaba a leer y escribir y enseñaba el catecismo y el amor a la patria y a la bandera. Cuando me negué a comer y a beber, pensé en los niños. Eran pocos, es cierto, pero ¿quién les iba a enseñar? También pensé: ¿Para qué han de aprender a leer y escribir? Ya no tenía sentido leer y escribir. ¿Para qué han de aprender el catecismo? ¿Para qué han de aprender el amor a la patria y a la bandera? Ya no tiene sentido la patria, ni la bandera. Fue mal pensado, tal vez, pero eso fue lo que pensé.
SARGENTO	¿Por qué no hablás? No es una cosa mía. Yo no tengo nada que ver, no tengo la culpa.

Grita.

¿Ves esta lista? Aquí están todos los caciques y gamonales[29] del gobierno anterior. Hay orden de quitarlos de enmedio[30] para organizar las elecciones.

Desaparecen el SARGENTO *y* EL VIEJO.

LA MAESTRA	Y así fue. Lo pusieron contra la tapia de barro, detrás de la casa. El Sargento dio la orden y los soldados dispararon. Luego el Sargento y los soldados entraron en mi pieza y, uno tras otro, me violaron. Después no volví a comer ni a beber y me fui muriendo poco a poco.

Pausa.

Ya pronto lloverá[31] y el polvo rojo se volverá barro. El camino será un río lento de barro rojo y volverán a subir las alpargatas y los pies cubiertos de barro y los caballos y las mulas con las barrigas llenas de barro y hasta las caras y los sombreros irán, camino arriba, salpicados de barro.

---

28. **repartir** to distribute, to divide
29. **caciques y gamonales** (political) bosses and wealthy landowners
30. **quitarlos de enmedio** get rid of them
31. **lloverá, etc.** compare with the first speech of the teacher

DESPUÉS DE LEER

A. Cuestionario

1. Después de leer el primer discurso, ¿qué opinión formó Ud. tanto de este lugar como de la mujer?
2. ¿Dónde está la maestra mientras nos habla?
3. En el monólogo de la maestra, ¿qué detalle se destaca (*stands out*) más que cualquier otro?
4. ¿Con quiénes "habla" la maestra? ¿Son sus padres o sus hermanos?
5. ¿Tuvo usted una idea de la razón por la cual ella dejó de comer?
6. Desde hace tiempo la gente vive bajo un inmenso nubarrón. ¿Qué es este nubarrón?
7. Describa Ud. lo que está pasando en la segunda parte.
8. ¿Cuál parece ser el mayor crimen del padre, según el sargento?
9. ¿En qué consiste el puesto de maestra en este pueblo?
10. ¿Cree Ud. que la maestra tuvo suficiente razón para querer morirse así? ¿Debió de seguir viviendo?

B. Análisis

1. Ofrezca Ud. algunas observaciones acerca del carácter de la maestra.
2. ¿Con qué motivo político ha escrito Buenaventura esta pieza?

C. Comprensión. Corrija Ud. las frases falsas.

1. Le gusta a la gente pasearse por las calles en el verano.
2. La maestra nació en una casita pobre.
3. Ella dice que "nací de ese barro y de ese polvo", pero no piensa en volver allí.
4. La maestra ha dejado de comer y beber.
5. No quiso comer desde la muerte de su madre.
6. Los habitantes tienen miedo porque hay una epidemia de pulmonía (*pneumonia*) en su pueblo.
7. La escena con el padre y el sargento tiene lugar en un campo de concentración.
8. El padre había sido corregidor aunque sabía poco de política.
9. El sueldo que recibía la maestra la ofendía mucho.
10. La maestra guarda su optimismo y su esperanza aun en la muerte.

REPASO GRAMATICAL

La preposición *a*. Two uses of *a* that can present a bit of confusion are the following:

1. **a** corresponds to the English *of, for,* or *toward,* to express a subjective or emotional attitude towards an object.

Examples from the text:

El aire huele a miedo.   *The air smells of fear. (not **de**)*
¿Tienes afición a la literatura?   *Are you fond of literature?*

2. After verbs that denote separation or removal, **a** is used, and not **de** (which would indicate possession).

Robaron al padre su honor.   *They stole their father's honor.*
Compré el coche a mi tío.   *I bought the car from my uncle.*

D. Conteste en español.

1. ¿Tienes miedo a las abejas?
2. ¿Pidió prestado (*did you borrow*) el dinero a su padre?
3. ¿Qué olores encontraría Ud. en una tienda de ultramarinos (*grocery store*)?
4. ¿A quién pides dinero para comprar libros?
5. ¿Qué sabor (*taste*) predomina en el agua del mar?

E. Traducir. Traduzca Ud. las siguientes frases.

1. They have come to take the child from her.
2. He showed his hatred of foreigners.
3. There was a terrible smell of coffee in my drink.
4. Her love for the theater helped her select her career.
5. We try to remove the odor of mustiness (**humedad**) from our basement (**sótano**).

8

Julio Cortázar 1914–1984

*T*he Argentinean writer Julio Cortázar is one of the most innovative and talented South American writers. He was born in Brussels—his father was in Argentina's diplomatic service—and spent much of his life in Paris, where he worked part of every year for UNESCO translating texts from French and English into Spanish.

Cortázar was attracted to the literature of the fantastic and the absurd early in his career. At the same time, however, he was preoccupied with the anguish and the moral dilemmas of the contemporary world. His stories reflect all of society's levels and settings, and his characters are well drawn. But he is perhaps best known for his approach to the structure of the novel. In 1963 he published *Rayuela* (*Hopscotch*), which opened up new ways of thinking about the structure of fiction by making the reader jump from one part of the novel to another.

The story *Continuidad de los parques* is an excellent example of his structural games. It might well have been called *Continuity of Worlds,* for it gradually brings together two fictional worlds even as you, the reader, supply yet another simply through the act of reading.

Continuidad de los parques

Había empezado a leer la novela unos días antes. La abandonó por negocios urgentes, volvió a abrirla cuando regresaba en tren a la finca;[1] se dejaba interesar lentamente por la trama,[2] por el dibujo de los personajes. Esa tarde, después de escribir una carta a su apoderado[3] y discutir con el mayordomo una cuestión de aparcerías,[4] volvió al libro en la tranquilidad del estudio que miraba hacia el parque de los robles.[5] Arrellanado[6] en su sillón favorito, de espaldas a la puerta que lo hubiera molestado como una irritante posibilidad de intrusiones,[7] dejó que su mano izquierda acariciara una y otra vez el terciopelo[8] verde y se puso a leer los últimos capítulos. Su memoria retenía sin esfuerzo los nombres y las imágenes de los protagonistas; la ilusión novelesca[9] lo ganó casi en seguida. Gozaba del placer casi perverso de irse desgajando[10] línea a línea de lo que lo rodeaba, y sentir a la vez que su cabeza descansaba cómodamente en el terciopelo del alto respaldo, que los cigarrillos seguían al alcance de la mano, que más allá de los ventanales danzaba el aire del atardecer bajo los robles. Palabra a palabra, absorbido por la sórdida disyuntiva[11] de los héroes, dejándose ir hacia las imágenes que se concertaban[12] y adquirían color y movimiento, fue testigo[13] del último encuentro en la cabaña del monte. Primero entraba la mujer, recelosa;[14] ahora llegaba el amante, lastimada la cara por el chicotazo de una rama.[15] Admirablemente restañaba[16] ella la sangre con sus besos, pero él rechazaba las caricias, no había venido para repetir las ceremonias de una pasión secreta, protegida por un mundo de hojas secas y senderos[17] furtivos. El puñal se entibiaba[18] contra su pecho, y debajo latía la libertad agazapada.[19] Un diálogo anhelante[20] corría por las páginas como un arroyo[21] de serpientes, y se sentía que todo estaba decidido desde siempre. Hasta esas caricias que enredaban[22] el cuerpo del amante como queriendo retenerlo y disuadirlo, dibujaban[23]

1. **la finca** his estate
2. **la trama** plot
3. **apoderado** lawyer
4. **el mayordomo. . . aparcerías** the manager (of his estate) . . . joint ownership.
5. **los robles** oak trees
6. **arrellanado** sprawled
7. **de espaldas. . . posibilidad de intrusiones** with his back to the door that might have disturbed him with annoying interruptions
8. **terciopelo** velvet
9. **la ilusión novelesca** the novel's story
10. **irse desgajando** gradually disengaging himself
11. **disyuntiva** dilemma
12. **se concertaban** were in harmony
13. **testigo** witness
14. **recelosa** apprehensive,
15. **lastimada. . . de una rama** his face cut by the backlash of a branch
16. **restañar** to staunch
17. **senderos** paths
18. **El puñal se entibiaba** the dagger warmed itself
19. **latía la libertad agazapada** beat their forthcoming liberty
20. **anhelante** panting, lustful
21. **un arroyo** a stream
22. **enredaban** entwined
23. **dibujaban** outlined, portrayed

abominablemente la figura de otro cuerpo que era necesario destruir. Nada había sido olvidado: coartadas, azares,[24] posibles errores. A partir de esa hora cada instante tenía su empleo minuciosamente atribuido.[25] El doble repaso despiadado[26] se interrumpía apenas para que una mano acariciara una mejilla. Empezaba a anochecer.

Sin mirarse ya, atados rígidamente a la tarea que los esperaba, se separaron en la puerta de la cabaña. Ella debía seguir por la senda que iba al norte. Desde la senda opuesta él se volvió un instante para verla correr con el pelo suelto. Corrió a su vez, parapetándose en los árboles y los setos,[27] hasta distinguir en la bruma malva del crepúsculo[28] la alameda[29] que llevaba a la casa. Los perros no debían ladrar, y no ladraron. El mayordomo no estaría a esa hora, y no estaba. Subió los tres peldaños del porche y entró. Desde la sangre galopando en sus oídos le llegaban las palabras de la mujer: primero una sala azul, después una galería,[30] una escalera alfombrada. En lo alto, dos puertas. Nadie en la primera habitación, nadie en la segunda. La puerta del salón, y entonces el puñal en la mano, la luz de los ventanales, el alto respaldo de un sillón de terciopelo verde, la cabeza del hombre en el sillón leyendo una novela.

DESPUÉS DE LEER

A. Cuestionario

1. ¿Tiene lugar más de un asesinato? ¿O a lo mejor (*possibly*) ningún asesinato? Explique Ud.
2. ¿Es posible que todo sea un sueño?
3. ¿Cree Ud. que es importante la discusión con el mayordomo al principio del cuento?
4. ¿Qué indicaciones hay que el asesinato ha sido bien planeado?
5. ¿Cuál fue el papel principal de la mujer en esta conjuración (*conspiracy*)?
6. ¿Cómo explica Ud. que la mujer conoce a fondo esta finca?
7. Explique por qué "los perros no debían ladrar y no ladraron".
8. ¿Cuál habrá sido el motivo para el asesinato?
9. ¿Logra (*to succeed*) Cortázar crear suspense en el final?
10. ¿Le parece real o irreal el cuento, o las dos cosas?

B. Comprensión. Corrija las oraciones falsas.

1. El hombre dejó sus negocios urgentes para terminar su novela.
2. Le ofrece a su mayordomo la oportunidad de hacerse copropietario de la finca.
3. El ambiente en la finca es propicio (*favorable*) a leer una buena novela.

24. **coartadas, azares** alibis, unforseen hazards
25. **empleo. . . atribuido** its use carefully assigned
26. **el doble repaso despiadado** the cold-blooded double review (of the details)
27. **parapetándose. . . los setos** crouching among the hedges
28. **bruma malva del crepúsculo** yellowish fog of dusk
29. **la alameda** the avenue of trees
30. **galería** hall

4. El hombre presenció (*witnessed*) la reunión de los amantes en la cabaña.
5. La mujer no se deja amar por el amante.
6. Ella va adelante porque lleva el puñal.
7. El amante conoce bien la casa por ser el primo del dueño.
8. Es posible que el dueño fuese asesinado por el mayordomo.

REPASO GRAMATICAL

El infinitivo. It is used with verbs that express *cause* (**hacer,** *to cause, to have* something done), and *will* (**mandar,** *to order,* **permitir, prohibir, dejar,** and others). The translation is often equivalent to a passive in English, when a person is not the object of the verb. The infinitive usually follows the verb directly.

Hace construir una casa.	*He has a house built.* (*lit.* he makes, causes, to build a house, i.e., a house to be built.)
Mandó limpiar la cárcel.	*He ordered the jail (to be) cleaned.*
Hace hacer los trajes en Londres.	*He has his suits made in London.* (He makes (**causes**) to make (**be made**), etc.)

The equivalent to the English passive is seen also when the verbs are reflexive.

Se dejaba interesar por la trama.	*He let himself get (be) interested by the plot.*
Se hizo temer.	*He made himself (to be) feared.*
Se hizo acortar la falda.	*She had her skirt shortened.* (The reflexive **se** indicates that it is her skirt.)

The position of pronoun objects in this construction follows the normal pattern.

La hice construir.	*I had it built.*
Le hizo acortar la falda.	*She had her (a seamstress) shorten the skirt.* (**Le** is indirect object; the direct object is **la falda**).
Se la hizo acortar.	*She had her shorten it.* (**la** = **la falda**)

C. Traducir. Traduzca las oraciones siguiendo el modelo.

Modelo:

Hice que María barriese el cuarto.	*I had Mary sweep the room.*
a. Lo hice barrer.	*I had it swept.*
b. Se lo hice barrer.	*I had her sweep it.*

1. Mandó a los soldados que evacuasen la ciudad.
   a. He ordered it evacuated.
   b. He ordered them to evacuate it.
2. Hace que los alumnos traduzcan los ensayos.
   a. He has them translated.
   b. He has them translate them.

3. No permite que su hija use la máquina.
   a. He doesn't allow it to be used.
   b. He doesn't allow her to use it.

D. Traducir. Traduzca Ud. las siguientes frases.

1. The man didn't hear anything because he had let himself become engrossed (**absorber**) in the novel.
2. The lovers saw themselves obliged to separate near the house.
3. He ordered the cabin left without a trace (**huella**) of their presence.
4. I think that the woman had the owner killed because she is his wife.
5. It is easy to let oneself be confused (**confundir**) by this kind of doubling (**doblar**) which occurs several times in Cortázar's works.

9

Jorge Luis Borges 1899–1986

Although he never wrote a novel, Jorge Luis Borges is probably the most influential writer of the Spanish-speaking world. He was born in Argentina and lived there until the age of fourteen, when his family moved to Switzerland. There he received a French education that complemented the English training he had received earlier from his British grandmother. Upon returning to Buenos Aires in 1921, he became the leader of the vanguard poets of that city. Gradually moving into prose with essays, translations, and stories, he won Argentina's highest literary prize and high regard throughout the world.

The suspense and unexpected endings in Borges's stories suggest the art of Kafka and Poe. His stories are usually a marvelous combination of fantasy and metaphysical themes. *El fin,* however, is different from most of his work. Borges was not above parodying popular art forms; he had already done so with the detective genre. He probably had an American western movie in mind as he describes the lone horseman crossing the plain to meet his foe. In this case, however, the men are not gunfighters but knife fighters, which is far more typical of rural Argentina. As a counterpoint to the bloody fight, a lone, inert man is the sole witness to "the end."

El fin

Recabarren, tendido, entreabrió los ojos y vio el oblicuo cielo raso de junco.[1] De la otra pieza le llegaba un rasgueo[2] de guitarra, una suerte de pobrísimo laberinto que se enredaba y desataba[3] infinitamente... Recobró poco a poco la realidad, las cosas cotidianas[4] que ya no cambiaría nunca por otras. Miró sin lástima su gran cuerpo inútil, el poncho de lana[5] ordinaria que le envolvía las piernas. Afuera, más allá de los barrotes[6] de la ventana, se dilataban la llanura y la tarde;[7] había dormido, pero aún quedaba mucha luz en el cielo. Con el brazo izquierdo tanteó, hasta dar con un cencerro[8] de bronce que había al pie del catre.[9] Una o dos veces lo agitó; del otro lado de la puerta seguían llegándole los modestos acordes.[10] El ejecutor era un negro que había aparecido una noche con pretensiones de cantor[11] y que había desafiado a otro forastero[12] a una larga payada de contrapunto.[13] Vencido, seguía frecuentando la pulpería,[14] como a la espera de alguien. Se pasaba las horas con la guitarra, pero no había vuelto a cantar; acaso la derrota lo había amargado.[15] La gente ya se había acostumbrado a ese hombre inofensivo. Recabarren, patrón de la pulpería, no olvidaría ese contrapunto; al día siguiente, al acomodar unos tercios de yerba,[16] se le había muerto bruscamente el lado derecho y había perdido el habla. A fuerza de apiadarnos de las desdichas[17] de los héroes de las novelas concluimos apiadándonos con exceso de las desdichas propias,[18] no así el sufrido[19] Recabarren, que aceptó la parálisis como antes había aceptado el rigor y las soledades de América. Habituado a vivir en el presente, como los animales, ahora miraba el cielo y pensaba que el cerco rojo de la luna era señal de lluvia.

Un chico de rasgos aindiados[20] (hijo suyo, tal vez) entreabrió la puerta. Recabarren le preguntó con los ojos si había algún parroquiano.[21] El chico, taciturno, le dijo por señas que no; el negro no contaba. El hombre postrado[22] se quedó solo; su mano izquierda jugó un rato con el cencerro, como si ejerciera un poder.

25   La llanura, bajo el último sol, era casi abstracta, como vista en un sueño. Un punto se agitó en el horizonte y creció hasta ser un jinete, que venía, o parecía venir, a la casa. Recabarren vio el chambergo,[23] el largo poncho oscuro, el caballo moro,[24] pero no la cara del hombre, que, por fin, sujetó el galope[25] y vino acercándose al trotecito. A unas doscientas varas dobló.[26] Recabarren no lo vio más, pero lo oyó chistar, apearse, atar el

30   caballo al palenque[27] y entrar con paso firme en la pulpería.

Sin alzar los ojos del instrumento, donde parecía buscar algo, el negro dijo con dulzura:

—Ya sabía yo, señor, que podía contar con usted.

El otro, con voz áspera, replicó:

—Y yo con vos, moreno. Una porción de días te hice esperar, pero aquí he venido.

35   Hubo un silencio. Al fin, el negro respondió:

—Me estoy acostumbrando a esperar. He esperado siete años.

El otro explicó sin apuro:[28]

—Más de siete años pasé yo sin ver a mis hijos. Los encontré ese día y no quise mostrarme como un hombre que anda a las puñaladas.[29]

40   —Ya me hice cargo[30] —dijo el negro—. Espero que los dejó con salud.

El forastero, que se había sentado en el mostrador, se rió de buena gana.[31] Pidió una caña y la paladeó[32] sin concluirla.

—Les di buenos consejos —declaró—, que nunca están de más[33] y no cuestan nada. Les dije, entre otras cosas, que el hombre no debe derramar la sangre del hombre.

45   Un lento acorde precedió la respuesta del negro:

—Hizo bien. Así no se parecerán a nosotros.

—Por lo menos a mí —dijo el forastero y añadió como si pensara en voz alta—: Mi destino ha querido que yo matara y ahora, otra vez, me pone el cuchillo en la mano.

El negro, como si no lo oyera, observó:

50   —Con el otoño se van acortando[34] los días.

—Con la luz que queda me basta —replicó el otro, poniéndose de pie.

Se cuadró[35] ante el negro y le dijo como cansado:

—Dejá en paz la guitarra, que hoy te espera otra clase de contrapunto.

Los dos se encaminaron a la puerta. El negro, al salir, murmuró:

55   —Tal vez en éste me vaya tan mal[36] como en el primero.

---

22. **postrado** prostrate
23. **el chambergo** broad-brimmed hat
24. **moro** dapple grey
25. **sujetó el galope** slowed down his gallop
26. **A unas doscientas. . . dobló** At about two hundred yards he turned.
27. **chistar, apearse. . . palenque** to speak, to dismount . . . hitching post
28. **sin apuro** without haste
29. **anda a las puñaladas** who is a knife-fighter

30. **ya me hice cargo** I already realized that
31. **de buena gana** readily
32. **una caña y la paladeó** a mug of beer and sipped it
33. **nunca están de más** they are never superfluous
34. **se van acortando** are getting shorter
35. **cuadrarse** to stand squarely
36. **en éste me vaya tan mal** I'll do as poorly in this one as . . .

El otro contestó con seriedad:

—En el primero no te fue mal. Lo que pasó es que andabas ganoso de llegar al segundo.

Se alejaron un trecho[37] de las casas, caminando a la par. Un lugar de la llanura era igual a otro y la luna resplandecía. De pronto se miraron, se detuvieron y el forastero se quitó las espuelas.[38] Ya estaban con el poncho en el antebrazo, cuando el negro dijo:

—Una cosa quiero pedirle antes que nos trabemos.[39] Que en este encuentro ponga todo su coraje y toda su maña,[40] como en aquel otro de hace siete años, cuando mató a mi hermano.

Acaso por primera vez en su diálogo, Martín Fierro oyó el odio. Su sangre lo sintió como un acicate.[41] Se entreveraron y el acero filoso rayó[42] y marcó la cara del negro.

Hay una hora de la tarde en que la llanura está por decir[43] algo, nunca lo dice o tal vez lo dice infinitamente y no lo entendemos, o lo entendemos pero es intraducible[44] como una música. . . Desde su catre, Racabarren vio el fin. Una embestida[45] y el negro reculó, perdió pie, amagó un hachazo a la cara y se tendió en una puñalada[46] profunda, que penetró en el vientre. Después vino otra que el pulpero no alcanzó a precisar y Fierro no se levantó. Inmóvil, el negro parecía vigilar su agonía laboriosa.[47] Limpió el facón ensangrentado[48] en el pasto[49] y volvió a las casas con lentitud, sin mirar para atrás. Cumplida su tarea de justiciero,[50] ahora era nadie. Mejor dicho era el otro: no tenía destino sobre la tierra y había matado a un hombre.

DESPUÉS DE LEER

A. Cuestionario

1. ¿Quién es el hombre que se ve al principio del cuento?
2. ¿Cómo se explica que su cuerpo está inútil?
3. Explique Ud. la presencia cotidiana del negro en la pulpería.
4. ¿Qué percibe Recabarren a lo lejos en la llanura?
5. ¿A dónde se dirige este forastero? ¿Por qué?
6. ¿Qué quiere decir el negro cuando dice: —yo sabía, señor, que podía contar con usted?
7. ¿Cuál es el consejo principal que el jinete les dio a sus hijos?
8. ¿Tiene muchas ganas el jinete de luchar con el negro? Explique Ud.

37. **se alejaron un trecho** they moved off a distance
38. **espuelas** spurs
39. **trabar** to begin, join in (a fight)
40. **su coraje y su maña** your courage and your skill
41. **un acicate** a spur, or any sharp, pointed instrument
42. **Se entreveraron. . . rayó** they clashed and the sharp blade swiped
43. **por decir** about to say
44. **intraducible** untranslatable
45. **embestida** attack, charge
46. **amagó un hachazo. . . una puñalada** he feigned a slash and reached out with a deep knife thrust
47. **vigilar su agonía laboriosa** to watch his difficult death throes
48. **el facón ensangrentado** blood-stained knife
49. **el pasto** rough grass
50. **cumplida. . . justiciero** having fulfilled his mission of justice

9. Antes de que empiecen el combate, el negro quiere pedirle algo al forastero. ¿Qué es?
10. Explique Ud. el pensamiento del negro: "cumplida su tarea de justiciero". . . Es decir, ¿qué ha sido su tarea?

VOCABULARIO

B. De la siguiente lista, llene Ud. los espacios en blanco de las oraciones con la selección apropiada.

el cuchillo	la guitarra
derramar	el habla
patrón	siete años
la llanura	el vientre
forastero	un jinete

1. Recabarren era _____ de la pulpería.
2. Los modestos acordes de _____ le llegaban a Recabarren del otro lado de la puerta.
3. El negro había desafiado (*challenged*) a otro _____ a una payada de contrapunto.
4. Recabarren había perdido _____ como consecuencia de la parálisis.
5. Él vio un punto agitarse en el horizonte de _____.
6. Este punto creció hasta ser _____.
7. El negro le dice al forastero que ha esperado _____.
8. El forastero aconsejó a sus hijos que el hombre no debe _____ la sangre del hombre.
9. El forastero lamenta que el destino ahora le pone otra vez _____ en la mano.
10. El negro se tendió en una puñalada, que penetró en _____ del jinete.

REPASO GRAMATICAL

The definite article is often used instead of the possessive adjective with a noun that represents a part of the body or an article of clothing, when this noun is the object of a verb or preposition, and when the identity of the possessor is clearly understood.

Examples:

Me lavo las manos.   *I wash my hands.* (The reflexive pronoun, first person here, clearly refers to *my* hands.)

Se puso los zapatos.   *He put on his shoes* (**se** refers back to *his own* and not someone else's shoes.)

Although the reflexive pronoun is used in this construction to refer back to the subject, it is frequently omitted, especially when the possessor is obvious, as in the following:

Abrí los ojos.	*I opened my eyes.*
Metió la mano en el bolsillo.	*He put his hand in his pocket.*

When the object refers to someone other than the subject, the proper indirect object pronoun is used.

Le lavo (a ella) las manos.	*I wash her hands (the hands to her).*
No les veo las caras.	*I don't see their faces.*
A Recabarren se le había muerto el lado derecho.	*Recabarren's right side had "died" (become paralyzed). (The right side to Recabarren had died.)*

C. Traducir.

1. He closes his eyes while he plays the guitar.
2. Don't leave your gloves on the table.
3. I kiss your hand, Madam.
4. We hid (**esconder**) their hats behind the chairs.
5. The horseman attacked (**atacar**) first, but the black man plunged (**hundir**) his knife into his belly.

Diminutives

The most frequently seen and heard is -**ito** (and its variants -**cito**, -**ecito**). In addition to smallness of size, it is used to express endearment or affection without necessarily connoting size. Observe the spelling changes.

silla - **sillita**	*a little chair*
casa - **casita**	*a nice little house*
tigre - **tigrecito**	*a small tiger*
hombre - **hombrecito**	*a (nice) small man*
nuevo - **nuevecito**	*nice and new*

-**illo** (-**cillo**, -**ecillo**) also indicates smallness of size. It is often interchangeable with -**ito**.

cigarro - **cigarillo**	*cigarette*
campana - **campanilla**	*little ball, handbell*
casa - **casilla**	*a little house*
chico - **chiquillo** (**chiquito**)	*a darling little boy*

However, -**illo** is often slightly less affectionate than -**ito**, indicating a light, careless feeling about persons and things. It may also be used sarcastically.

El picarillo huyó riendo.	*The young rascal ran off laughing.*
en cierto lugarcillo de la Mancha	*in a certain little village of La Mancha*
un autorcillo	*a would-be author*

D. Cambie Ud. los sustantivos en negrita a la forma diminutiva.

1. El jinete sujetó el galope y se acercó al **trote**.
2. De la otra **pieza** (*room*) le llegaba un rasgueo de guitarra.
3. La pobre familia ha perdido a su **hija**.
4. Recabarren miró su **cuerpo** inútil.
5. ¿Tienes un **gato** o un **pájaro** en casa?
6. Tengo muchas **flores** en mi jardín.

E. Traducir. Traduzca Ud., empleando el diminutivo de los sustantivos en negrita.

1. Recabarren tried to rub (*frotar*) his right **arm**.
2. Recabarren saw the stranger but he couldn't see his **face**.
3. He asked his son with his **eyes** if there was anyone in the store (*pulpería*).
4. The stranger took out his **knife** and put it into his **hand**.
5. Then he took off his **spurs** (*espuelas*) and placed his **poncho** on his arm.

10

Gregorio López y Fuentes 1897–1967

As a boy, Gregorio López y Fuentes got to know the country people who came into his father's grocery store in a village in the state of Vera Cruz. As a young man, he came to know them even better when he fought in the Mexican Revolution of 1914. As a result, he often wrote about the social and human problems of rural people in novels like *El indio* (1935), the first book to be awarded Mexico's National Prize for Literature. It is a moving account of the exploitation of the Indian by the white man after the Revolution. He also wrote frequently of the revolution. *Tierra,* one of his best-known works, is a fictionalized account of the revolutionary leader Emiliano Zapata and his followers.

The novels and stories of Gregorio López y Fuentes present a faithful panorama of twentieth-century Mexico. His knowledge of the lives and customs of the Indians and peasants is clearly seen in the story *Una carta a Dios,* which is without question one of the most widely read and admired short stories in the Spanish language. Its popularity is due to its humor and irony, and to the excellent portrayal of a humble peasant whose great faith is pitted against nature itself.

Una carta a Dios

La casa —única en todo el valle— estaba subida en uno de esos cerros truncados[1] que, a manera de pirámides rudimentarias, dejaron algunas tribus[2] al continuar sus peregrinaciones. . . Entre las matas del maíz, el frijol[3] con su florecilla morada,[4] promesa inequívoca de una buena cosecha.

Lo único que estaba haciendo falta a[5] la tierra era una lluvia, cuando menos un fuerte aguacero,[6] de esos que forman charcos entre los surcos.[7] Dudar de que llovería hubiera sido lo mismo que dejar de creer en la experiencia de quienes,[8] por tradición, enseñaron a sembrar[9] en determinado día del año.

Durante la mañana, Lencho —conocedor del campo, apegado a[10] las viejas costumbres y creyente a puño cerrado[11]— no había hecho más que examinar el cielo por el rumbo del [12] noreste.

—Ahora sí que se viene el agua,[13] vieja.

Y la vieja, que preparaba la comida, le respondió:

—Dios lo quiera.

Los muchachos más grandes limpiaban de hierba la siembra,[14] mientras que los más pequeños correteaban cerca de la casa, hasta que la mujer les gritó a todos:

—Vengan que les voy a dar en la boca[15]. . .

Fue en el curso de la comida cuando, como lo había asegurado Lencho, comenzaron a caer gruesas gotas de lluvia.

Por el noreste se veían avanzar grandes montañas de nubes. El aire olía a jarro nuevo.[16]

—Hagan de cuenta,[17] muchachos —exclamaba el hombre mientras sentía la fruición de mojarse[18] con el pretexto de recoger algunos enseres[19] olvidados sobre una cerca de piedra[20]—, que no son gotas de agua las que están cayendo: son monedas nuevas: las gotas grandes son de a diez[21] y las gotas chicas son de a cinco. . .

1. **subida. . . cerros truncados** built on one of those low hills
2. **tribus** tribes, subject of **dejaron**
3. **matas. . . el frijol** stalks of corn, the bean
4. **morada** purple
5. **hacer falta a** to be lacking, to need
6. **fuerte aguacero** a heavy shower
7. **charcos entre los surcos** puddles in the ruts
8. **quienes** those who
9. **enseñaron a sembrar** always seeded
10. **apegado a** fond of, attached to
11. **creyente a puño cerrado** a firm believer
12. **por el rumbo del** in the direction of
13. **Ahora. . . agua** Now it's really going to rain
14. **limpiaban de hierba la siembra** were weeding out the sown field
15. **dar en la boca** to feed
16. **olía a jarro nuevo** smelled of fresh clay
17. **Hagan de cuenta** Just imagine
18. **la fruición de mojarse** the enjoyment of getting wet
19. **enseres** implements
20. **cerca de piedra** stone fence
21. **son de a diez** are ten-centavo coins

66

Y dejaba pasear sus ojos satisfechos por la milpa a punto de jilotear,[22] adornada con las hileras frondosas del frijol,[23] y entonces toda ella cubierta por la transparente cortina de la lluvia. Pero, de pronto, comenzó a soplar un fuerte viento y con las gotas de agua comenzaron a caer granizos tan grandes como bellotas.[24] Ésos sí que parecían monedas de plata nueva. Los muchachos, exponiéndose a la lluvía, correteaban y recogían las perlas heladas de mayor tamaño.

—Esto sí que está muy mal —exclamaba mortificado el hombre—; ojalá que pase pronto. . .

No pasó pronto. Durante una hora, el granizo apedreó[25] la casa, la huerta, el monte, y todo el valle. El campo estaba tan blanco que parecía una salina.[26] Los árboles, deshojados. El maíz, hecho pedazos. El frijol, sin una flor. Lencho, con el alma llena de tribulaciones. Pasada la tormenta, en medio de los surcos, decía a sus hijos:

—Más hubiera dejado una nube de langosta[27]. . . El granizo no ha dejado nada: ni una sola mata de maíz dará una mazorca, ni una mata de frijol dará una vaina[28] . . .

La noche fue de lamentaciones:

—¡Todo nuestro trabajo, perdido!

—¡Y ni a quién acudir![29]

—Este año pasaremos hambre. . .

Pero muy en el fondo espiritual de cuantos convivían[30] bajo aquella casa solitaria en mitad del valle, había una esperanza: la ayuda de Dios.

—No te mortifiques tanto, aunque el mal es muy grande. ¡Recuerda que nadie se muere de hambre!

—Eso dicen: nadie se muere de hambre. . .

Y mientras llegaba el amanecer, Lencho pensó mucho en lo que había visto en la iglesia del pueblo los domingos: un triángulo y dentro del triángulo un ojo, un ojo que parecía muy grande, un ojo que, según le habían explicado, lo mira todo, hasta lo que está en el fondo de las conciencias.

Lencho era hombre rudo[31] y él mismo solía decir que el campo embrutece,[32] pero no lo era tanto que no supiera escribir.[33] Ya con la luz del día y aprovechando la circunstancia de que era domingo, después de haberse afirmado en su idea de que sí hay quien vele por todos,[34] se puso a escribir una carta que él mismo llevaría al pueblo para echarla al correo.

Era nada menos que una carta a Dios.

---

22. **milpa. . . jilotear** cornfield ready to yield
23. **hileras. . . frijol** leafy rows of beans
24. **granizos. . . bellotas** hailstones . . . acorns
25. **apedrear** to stone
26. **salina** salt marsh
27. **Más. . . una nube de langosta** a cloud of locusts would have left more
28. **ni. . . vaina** we won't get a single ear of corn or a single pod
29. **¡Y ni a quién acudir!** And no one to turn to!
30. **muy en el fondo. . . convivían** deep inside those who lived together
31. **rudo** coarse, uneducated
32. **embrutecer** to make dull, brutish
33. **no lo era tanto. . . escribir** but he wasn't so (dull) that he could not write
34. **sí hay quien vele por todos** there is indeed someone who watches over us all

"Dios —escribió—, si no me ayudas pasaré hambre con todos los míos, durante este año: necesito cien pesos para volver a sembrar y vivir mientras viene la otra cosecha, pues
60   el granizo. . ."

Rotuló el sobre[35] "A Dios", metió el pliego[36] y, aún preocupado, se dirigió al pueblo. Ya en la oficina de correos, le puso un timbre a la carta y echó ésta en el buzón.

Un empleado, que era cartero y todo en la oficina de correos, llegó riendo con toda la boca[37] ante su jefe: le mostraba nada menos que la carta dirigida a Dios. Nunca en su
65   existencia de repartidor[38] había conocido ese domicilio. El jefe de la oficina —gordo y bonachón[39]— también se puso a reír, pero bien pronto se le plegó el entrecejo[40] y, mientras daba golpecitos en su mesa con la carta, comentaba:

—¡La fe! ¡Quién tuviera[41] la fe de quien escribió esta carta! ¡Creer como él cree! ¡Esperar con la confianza con que él sabe esperar! ¡Sostener correspondencia[42] con Dios!
70   Y, para no defraudar aquel tesoro de fe, descubierto a través de una carta que no podía ser entregada, el jefe postal concibió una idea: contestar la carta. Pero una vez abierta, se vio que contestar necesitaba algo más que buena voluntad, tinta y papel. No por ello se dio por vencido:[43] exigió a su empleado una dádiva,[44] él puso parte de su sueldo y a varias personas les pidió su óbolo[45] "para una obra piadosa".

75   Fue imposible para él reunir los cien pesos solicitados por Lencho, y se conformó con[46] enviar al campesino cuando menos lo que había reunido: algo más que la mitad. Puso los billetes en un sobre dirigido a Lencho y con ellos un pliego que no tenía más que una palabra, a manera de firma: DIOS.

Al siguiente domingo Lencho llegó a preguntar, más temprano que de costumbre, si
80   había alguna carta para él. Fue el mismo repartidor quien le hizo entrega de[47] la carta, mientras que el jefe, con la alegría de quien ha hecho una buena acción, espiaba a través de un vidrio raspado,[48] desde su despacho.[49]

Lencho no mostró la menor sorpresa al ver los billetes —tanta era su seguridad—, pero hizo un gesto de cólera al contar el dinero. . . ¡Dios no podía haberse equivocado, ni negar
85   lo que se le había pedido!

Inmediatamente, Lencho se acercó a la ventanilla para pedir papel y tinta. En la mesa destinada al público, se puso a escribir, arrugando mucho la frente[50] a causa del esfuerzo que hacía para dar forma legible a sus ideas. Al terminar, fue a pedir un timbre el cual mojó con la lengua y luego aseguró de un puñetazo.[51]

---

35. **rotuló el sobre** he addressed the envelope
36. **pliego** sheet of paper
37. **riendo. . . boca** laughing as hard as he could
38. **repartidor** sorter, distributor
39. **gordo y bonachón** fat and good-natured
40. **se le plegó el entrecejo** wrinkled his brow, frowned
41. **¡Quién tuviera. . .!** Would that I had
42. **¡Sostener correspondencia. . .!** to correspond with

43. **No por ello. . . vencido** He didn't give up because of that
44. **exigió. . . dádiva** he demanded . . . gift
45. **óbolo** contribution
46. **se conformó con** he resigned himself to
47. **le hizo entrega de** delivered to him
48. **vidrio raspado** scratched glass
49. **despacho** office
50. **arrugando. . . frente** frowning
51. **aseguró de un puñetazo** he made it stick with a blow of his fist

En cuanto la carta cayó al buzón, el jefe de correos fue a recogerla. Decía: *90*

"Dios: Del dinero que te pedí, sólo llegaron a mis manos sesenta pesos. Mándame el resto, que me hace mucha falta; pero no me lo mandes por conducto de la oficina de correos,[52] porque los empleados son muy ladrones.[53] Lencho."

DESPUÉS DE LEER

A. Cuestionario

1. ¿Cómo se ganaba Lencho la vida? ¿Recibe un sueldo que le permita vivir bien?
2. ¿Qué tipo de hombre era Lencho?
3. ¿Se preocupa él por la falta de agua? ¿Por qué?
4. ¿Por qué la lluvia deja de ser una bendición para convertirse en una maldición?
5. ¿Por qué no pierden la esperanza?
6. ¿A dónde se dirige Lencho el domingo después de la misa? ¿Para qué?
7. ¿Qué escribe Lencho en su carta?
8. ¿Qué idea concibe el jefe de la oficina de correos? ¿Por qué?
9. ¿Qué se necesitaba para cumplir con la petición de Lencho?
10. ¿Se alegra Lencho al abrir la "respuesta de Dios"?
11. ¿En qué consiste la ironía de la respuesta de Lencho?
12. ¿Le parece a Ud. extraordinaria la fe de este campesino?

VOCABULARIO

B. Reemplace las palabras en negrita con un equivalente apropiado de la siguiente lista.

cesar	ojalá
quien	todos los que
necesitar	considerarse
empezar	de nuevo

1. Lo que **hacía falta** a la tierra era una lluvia.
2. Se suele decir que **el que** vive en el campo es rudo.
3. Es imposible creer que Lencho **dejará de** tener fe en Dios.
4. En la mesa, Lencho **se puso** a escribir.
5. La fe de **cuantos** convivían bajo aquella casa era extraordinaria.
6. **¡Quién** tuviera (*I wish I had*) la fe de aquel hombre!
7. Al ver el revólver, **se dio por** muerto.
8. Lencho necesita cien pesos para **volver a** sembrar.

---

52. **por conducto. . . correos** through the mail

53. **muy ladrones** a bunch of thieves

REPASO GRAMATICAL

1. The neuter article **lo** is very frequently used with an adjective and a past participle to form a noun. Note the various ways of translating this construction.

From the text:

lo único que. . .   *the only thing that . . .*
lo mismo que. . .   *the same (thing) as . . .*

Other examples:

Devuelva lo robado.   *Return what was stolen.*
Lo mío es mío.   *What's mine is mine.*
No podemos hacer lo imposible.   *We can't do the impossible.*
Lo extraño es que no estudia mucho. *The strange thing is that he doesn't study much.*

C. Traducir. Traduzca Ud. las palabras entre paréntesis.

1. (*The difficult thing*) es tener fe.
2. Esa fue (*the best part*) del viaje.
3. (*What is learned*) no se olvida.
4. Es (*the only thing*) que sé.
5. Durmieron (*the little bit*) que les quedaba de la noche.
6. Esa no tiene nada que ver con (*what occured*).
7. (*The boring* (aburrido) *thing*) de la clase son los exámenes.
8. La respuesta de Dios es (*the strangest thing: raro*) para Lencho.

D. Analice Ud. las siguientes expresiones y luego traduzca las frases.

echar (al correo)	*to mail*
oler a	*to smell of, like*
pasar hambre	*to go hungry*
pensar en	*to think of (about)*
ni	*not even*
al + infinitive	*on (doing, etc.)*
cuando menos	*at least*
lo que	*what, that which*

1. The sad thing is that they will go hungry this year.
2. The post office smelled of paper and ink.
3. They laughed, but they sent Lencho at least what they had accumulated (**reunir**).
4. The funniest (**divertido**) thing was the letter Lencho mailed in the village.
5. All farmers suffer the same thing as Lencho.
6. Lencho thought a lot about what he had seen in the church.
7. Upon seeing only sixty pesos, Lencho considered himself cheated (**defraudado**).

11

Luisa Valenzuela 1938–

Born in Buenos Aires, Luisa Valenzuela has traveled extensively and has taught and lectured at universities throughout the Western Hemisphere. At the age of twenty she moved to Paris, where she wrote her first novel. For nearly two decades she lived in exile in New York City, but she now lives in Buenos Aires. A prolific and entertaining writer, Valenzuela may be the most translated female author in Latin America.

Valenzuela's many short stories and half-dozen novels reflect a violent break with tradition, and she frequently satirizes the taboos of social institutions. Despite the humor and the playful style, her works often focus on the political realities of authoritarian power, among them the infamous disappearances, persecution, torture, and murder that were carried out by the police and army in her native land during the period known as **la guerra sucia.**

La historia de papito is one such story. In it, she shows that one of the most frightening consequences of sustained oppression is its psychological effect on individuals, who are reduced to a state of debasement. As the police lay siege to papito, he becomes **"poca cosa."** When they are finished, he is even less.

La historia de papito*

Una pared delgada nos ha separado siempre, por fin sonó la hora de que la pared nos una.[1]

En el ascensor no solía dar un cinco[2] por él, ni en el largo pasillo hasta llegar a nuestras respectivas puertas. Él era esmirriado,[3] cargaba toda la trivialidad de la estación Retiro[4] hasta dentro de la casa: un humo de tren que empañaba[5] los espejos de la entrada, algunos gritos pegados al oído[6] que lo hacían sordo a mis palabras corteses: lindo día, ¿no? O bien: parece que tendremos lluvia. O: este ascensor, cada día más asmático[7]. . .

Pocas veces él contestaba sí, no, indiscriminadamente, y yo sólo podía barajar[8] los monosílabos y ubicarlos[9] donde más me gustara. De él prefería esa libertad[10] que me daba para organizar nuestros humildes diálogos según mi propia lógica.

(Otra cosa de él no podía gustarme hasta esta noche: sus espaldas caídas,[11] su cara, gris sin cara,[12] sus trajes arrugados, su juventud tan poco transparente.[13]) (Esta noche, sin embargo, hubiera debido estirar[14] una mano a través de la pared y obligarlo de una vez por todas[15] a aceptar nuestro encuentro.)

Al fin y al cabo fue culpa de él el estruendo[16] que acabó con mi sueño. Y yo —Julio— creí que era a mi puerta que llamaban y daban de patadas[17] y que abrí hijo e'puta me estaba destinado.[18] Qué tengo yo que ver con policías, me dije medio dormido palpándome de armas a lo largo y lo ancho del piyama.[19]

---

*papito—"daddy," "darling" or some other term of endearment
1. **sonó la hora. . . una** the time has come for the wall to unite (*unir*) us
2. **no solía dar un cinco** I never paid much attention to him
3. **esmirriado** self-absorbed
4. **cargaba. . . Retiro** he carried all the trivialities of the daily commute on the train home
5. **humo. . . empañaba** smoke that steamed up
6. **gritos pegados al oído** shouts that stuck in his ears
7. **asmático** rickety
8. **barajar** to shuffle
9. **ubicarlos** place them
10. **De él prefería esa libertad** I liked the freedom he gave me
11. **sus espaldas caídas** his hunched shoulders
12. **sin cara** barely translucent
13. **tan poco transparente** his waning youth
14. **hubiera debido estirar** I should have stretched out
15. **una vez por todas** once and for all
16. **estruendo** uproar
17. **daban de patadas** were kicking
18. **y que abrí hijo. . . destinado** and that (the threat) "open up, you so-and-so (vulgar)" was addressed to me
19. **palpándome. . . piyama** searching my pajamas for a weapon

Tiramos la puerta abajo, gritaban. Entrégate que tenemos rodeada la manzana.[20] Y mi
puerta impávida[21] y supe que era al lado[22] y él tan borradito,[23] tan poquita cosa, ofre-
ciéndome de golpe asistir a su instante de gloria y rebeldía.[24]

No pude abrir mi puerta para verles la cara a los azules dopados[25] por el odio. El odio de
los que se creen justos es algo que está un paso más allá de la cordura y prefiere ignorarlo.[26]

Me quedé por lo tanto con él de su lado del pasillo[27] y pegué la oreja al tabique para
saber si podía acompañarlo y no sé si me alegré al enterarme de que ya estaba acompaña-
do. La voz de la mujer tenía el timbre agudo de la histeria:

—Entrégate. Qué va a ser de mí. Entrégate.

Y él, tan poquita cosa hasta entonces, ahora agrandado:[28]

—No, no me entrego nada.

—Sí, entrégate. Van a tirar la puerta abajo y me van a matar a mí. Nos van a matar a
los dos.

—Vamos a joderlos.[29] Nos matamos nosotros antes. Vení, mátate conmigo.

—Estás loco, papito, no digas eso. Yo fui buena con vos. Sé bueno ahora conmigo,
papito.

Empiezo a toser porque también a mi departamento están entrando los gases
lacrimógenos.[30] Corro a abrir la ventana aunque quisiera seguir con la oreja pegada al
tabique y quedarme con vos, papito.

Abro la ventana. Es verdad que estás rodeado, papito: montones de policías y un carro
de asalto. Todo para vos y vos tan solo.

—Hay una mujer conmigo, déjenla salir —grita papito—. Déjenla salir o empiezo a
tirar. Estoy armado —grita papito—.

Bang, grita el revólver de papito para probar que está armado.

Y los canas:[31]

—Que salga la mujer. Haga salir a la mujer.

Crash, pum, sale la mujer.

No le dice chau[32] papito, ni buena suerte, ni nada. Hay un ninaderío[33] ahí dentro,
chez papito. . . Hasta yo lo oigo y eso que suelo ser muy duro de oídos para lo que no
resuene.[34] Oigo el ninaderío que no incluye la respiración de papito, el terror de papito,

20. **entrégate. . . manzana** give yourself up; we have the block surrounded
21. **impávida** unscathed
22. **supe que era al lado** I knew then that he was next door
23. **borradito** forgettable
24. **asistir. . . rebeldía** offering me a chance to witness his moment of glory and rebellion
25. **azules dopados** the cops' faces, drugged with hatred
26. **la cordura y prefiere ignorarlo** (a step beyond) reason, and it's better not to confront it
27. **me quedé. . . pasillo** so I stayed there (next to his apartment)
28. **agrandado** now gaining in stature
29. **vamos a joderlos** (vulgar) to hell with them
30. **gases lacrimógenos** tear gas
31. **los canas** cops
32. **chau** (i.e., *ciao*, Ital.), so long, goodbye
33. **ninaderío** a deafening nothingness
34. **eso que suelo. . . resuene** though I find it hard to hear

nada. El terror de papito debe de ser inconmensurable[35] y no me llega en efluvios, qué raro,[36] como me llegan los gases que lo estarán ahogando.

Entréguese, gritan, patean, aúllan[37] de furia. Entréguese. Contamos hasta tres y echamos la puerta abajo y entramos tirando.

Hasta tres, me digo, que poco recuento[38] para la vida de un hombre. Padre, Hijo y Espíritusanto son tres y qué puede hacer papito con una trinidad tan sólo para él y en la que se le va la vida.[39]

Uno, gritan los de afuera creyéndose magnánimos. Fuerza, papito, y él debe de estar corriendo en redondo por un departamento tan chico como el mío y en cada ventana se debe de topar con[40] el ojo invisible de una mira telescópica.

Yo no enciendo las luces por si acaso.[41] Pongo la cara contra la pared y ya estoy con vos, papito, dentro de tu pellejo.[42] Dos, le gritan, me gritan,[43] y él contesta: no insistan, si tratan de entrar me mato.

Yo casi no oí el tres. El tiro lo tapó todo[44] y las corridas[45] con pies de asombro y la puerta volteada[46] y el silencio.

Un suicida ahí no más,[47] papito, ¿qué me queda ahora a mí al alcance de la mano? Me queda sentarme en el piso con la cabeza sobre mis propias rodillas sin consuelo y esperar que el olor a pólvora se disipe y que tu dedo se afloje en el gatillo.[48]

Tan solo, papito, y conmigo tan cerca.

Después de las carreras, una paz de suceso irremediable.[49] Abrí mi puerta para asomar la nariz, la cabeza, todo el cuerpo, y pude escurrirme[50] al departamento de al lado sin que nadie lo note.

Papito poca cosa era un harapo[51] tirado sobre el piso. Lo movieron un poco con el pie, lo cargaron sobre unas angarillas,[52] lo taparon con una manta sucia y se fueron con él camino de la morgue.

Quedó un charco[53] de sangre que había sido papito. Una mancha sublime del color de la vida.

Mi vecino era grande en esa mancha, era importante. Me agaché y le dije:

—Gríteme su nombre y no se inquiete. Puedo conseguirle un buen abogado.

Y no obtuve respuesta, como siempre.

---

35. **inconmensurable** immeasurable
36. **en efluvios, qué raro** in waves, how strange
37. **patean, aúllan** they kick, howl
38. **que poco recuento** not much of a countdown
39. **en la que se le va la vida** in which his life is ticking away
40. **topar con** to run into, come across
41. **por si acaso** just in case
42. **pellejo** skin
43. **le gritan, me gritan** they shout at him and at me (I feel as if they were shouting at me)
44. **lo tapó todo** obliterated everything
45. **las corridas** running
46. **volteada** splintered
47. **ahí no más** right there
48. **tu dedo se afloje en el gatillo** for your finger to loosen on the trigger
49. **una paz de suceso irremediable** the calm that follows an irremediable act
50. **pude escurrirme** I managed to sneak into
51. **Papito. . . harapo** Little-nothing papito was a rag
52. **sobre unas angarillas** on a stretcher
53. **charco** pool

DESPUÉS DE LEER

A. Cuestionario

1. ¿Cree Ud. que la "pared" (en la primera frase) puede tener un significado simbólico?
2. Según el narrador, ¿cómo es papito?
3. ¿Qué sucedió aquella noche que hizo que el narrador no pudiera dormirse?
4. ¿Por qué piensa Ud. que papito, "tan poquita cosa", fue el blanco (*target*) de este ataque?
5. ¿Qué ironía hay en que (*the fact that*) la casa esté rodeada de "montones de policías"?
6. ¿Cómo sirve de contraste la compañera de papito?
7. ¿Siente el narrador algún arrepentimiento (*regret, remorse*) por lo que ha sucedido?
8. Escoja algunos actos o palabras qua capten bien el ambiente de terror.
9. ¿Por qué es "sublime" la mancha de sangre?
10. ¿Qué piensa Ud. de las últimas palabras del narrador dirigidas a papito?

VOCABULARIO

You are already aware of the considerable number of Spanish and English words that resemble each other in form and meaning (cognates): **tragedia, fantasía, minoría,** etc. However, be careful of those that do not have similar meanings: in the story, **suceso** does not mean *success*.

B. Traducir. Traduzca Ud. las palabras en negrita, usando un diccionario cuando sea necesario.

1. Ese autor ha tenido mucho **éxito.**
2. ¿No deseas **quitarte** el sombrero?
3. No puedo **soportar** los bigotes.
4. Su madre habla varios **idiomas.**
5. Es el **único** amigo que tengo.
6. Te veré en la **librería.**
7. Vivimos en una casa **particular.**
8. Su amiga acaba de morirse. ¡Qué **desgracia!**
9. ¿Quieres **probarte** este traje?
10. Escribió una **apología** del cristianismo.

C. Exprese lo opuesto de las siguientes frases.

1. El narrador solía cenar de vez en cuando con papito.
2. Esa noche el narrador estiró una mano a través de la pared para ayudar a su amigo.
3. Sabiendo que los dos hombres son amigos, los policías echaron abajo la puerta del narrador.
4. La amiga de papito desafía a los "azules".
5. Cuando los policías llegan a "tres", papito sale corriendo.

REPASO GRAMATICAL

El pretérito de los verbos *poder, querer, saber, conocer*

With certain verbs that express a mental state rather than an action, like these verbs and others, the preterite produces a difference in meaning from the imperfect tense. Study the examples:

Sabía que estaba enamorada de él.	*I knew that she was in love with him.*
Supe que estaba enamorada de él.	*I found out (learned) that she was in love with him.*
¿Conocía Ud. a mi padre?	*Did you know my father?*
¿Conoció Ud. a mi padre?	*Did you meet my father?*
Quería hacer un viaje.	*She wanted to take a trip.*
Quiso hacer un viaje.	*She tried to take a trip.*
No quería robar la joya.	*He didn't want to steal the jewel.*
No quiso robar la joya.	*He refused to steal the jewel.*
Podía hacerlo.	*He was able to do it.*
Pudo hacerlo.	*He succeeded in doing it.*
No pudo hacerlo.	*He failed to do it.*
Tenía dos coches.	*She had (in her possession) two cars.*
Tuvo dos coches para su cumpleaños.	*She had (got) two cars for her birthday.*
Había mucha gente en el teatro.	*There were many people in the theater.*
Hubo una reunión ayer.	*There was (took place) a meeting yesterday.*

D. Traducir. Distinga entre el pretérito y el imperfecto.

1. The narrator saw (learned) that they did not come for him.
2. He tried to open his door but could not.
3. When I was young I was able to sleep twelve hours every night.
4. She wanted papito to surrender (**entregarse,** subjunctive), but he refused.
5. He hardly (**apenas**) knew papito, but he never met his girlfriend.
6. There was a loud noise (**estruendo**) with the third shot (**tiro**).
7. I knew that papito couldn't survive (**sobrevivir**).
8. In the end, the police could not capture (**capturar**) papito alive.

E. Traducir. Traduzca Ud. los verbos entre paréntesis, distinguiendo entre el pretérito y el imperfecto.

1. Le pedí que me acompañase, pero (*he refused.*)
2. ¿Cuándo (*did you learn*) que papito fue asesinado?
3. El joven (*tried*) besarla, pero (*he didn't succeed*).
4. (*We wanted*) asistir al baile.
5. Pensaba llamarla por teléfono, pero (*I didn't know*) su número.

6. Sí, (*we met*) hace muchos años.
7. El vecino quiso ayudar a papito, pero (*he couldn't*).
8. (*I wanted*) ver a mi novia todas las semanas, pero (*I couldn't*) porque trabajaba cada noche.
9. Papito (*got*) tres balas en el estómago.
10. Mi amigo me dijo que anoche (*there was*) un asesinato en su condominio.

12

Miguel Delibes 1920–

At the age of only twenty-eight, and with his first novel, Miguel Delibes won Spain's important *Premio Nadal*. ***La sombra del ciprés es alargada*** (*The Shadow of the Cypress Has Grown Longer,* 1947) established his reputation; with each succeeding work, he has proved himself to be one of the most prolific and outstanding men of twentieth-century Spanish letters. In addition to being awarded other coveted literary prizes, Delibes was elected to the Spanish Academy of Letters in 1975.

At first it seemed that Delibes would follow the path of **tremendismo,** a dark and powerful form of realism that was the predominant trend in Spain in the postwar period. But in his third novel, *El camino* (1950), he revealed a new side of himself, fresh and natural and full of gentle humor and human tenderness. By the time he wrote *Cinco horas con Mario* (*Five Hours with Mario,* 1966), a novel that is almost entirely in the form of an interior monologue, his skill and originality were well established.

Delibes's style is simple and direct, but it is not without poetry. You will discover his skill as a narrator in this intensely human, moving, and sensitive story. Loneliness is never harder to bear than "on a night like this."

En una noche así

Yo no sé qué puede hacer un hombre recién salido de la cárcel, en una fría noche de Navidad y con dos duros en el bolsillo. Casi lo mejor si, como en mi caso, se encuentra solo, es ponerse a silbar[1] una banal canción infantil y sentarse al relente[2] del parque a observar cómo pasa la gente y los preparativos de la felicidad de la gente. Porque lo peor no es el estar solo, ni el hiriente frío de la Nochebuena,[3] ni el terminar de salir de la cárcel, sino el encon- *5* trarse uno a los treinta años con el hombro izquierdo molido por el reuma,[4] el hígado trastornado,[5] la boca sin una pieza[6] y hecho una dolorosa y total porquería.[7] Y también es mala la soledad, y la conciencia de la felicidad aleteando[8] en torno pero sin decidirse a entrar en uno. Todo eso es malo como es malo el sentimiento de todo ello y como es absurda y torpe[9] la pretensión de reformarse uno de cabo a rabo[10] en una noche como ésta con el *10* hombro izquierdo molido por el reuma y con un par de duros en el bolsillo.

La noche está fría, cargada de nubes grises, que amenazan nieve. Es decir, puede nevar o no nevar, pero que nieve o no nieve no remediará mi reuma, ni mi boca desdentada,[11] ni el horroroso vacío de mi estómago. Por eso fui a donde había música y me encontré a un hombre con la cara envuelta en una hermosa bufanda,[12] pero con un traje raído,[13] *15* cayéndosele a pedazos.[14] Estaba sentado en la acera, ante un café brillantemente ilumi- nado y tenía entre las piernas, en el suelo, una boina negra, cargada de monedas de poco valor. Me aproximé a él y me detuve a su lado sin decir palabra, porque el hombre inter- pretaba en ese momento en su acordeón "El Danubio Azul", y hubiera sido un pecado interrumpirle. Además, yo tenía la sensación de que tocaba para mí, y me emocionaba el *20* que[15] un menesteroso[16] tocase para otro menesteroso en una noche como ésa. Y al con- cluir la hermosa pieza le dije:

—¿Cómo te llamas?

Él me miró con las pupilas semiocultas entre los párpados,[17] como un perro implo- rando para que no le den puntapiés.[18] Yo le dije de nuevo: *25*

—¿Cómo te llamas?

---

1. **silbar** to whistle
2. **al relente** in the dampness
3. **hiriente. . . Nochebuena** biting cold of Christmas Eve
4. **el hombro. . . el reuma** his left shoulder consumed by rheumatism
5. **hígado trastornado** liver in bad shape
6. **pieza** (here) tooth
7. **hecho. . . porquería** having become a complete and pitiful mess
8. **aletear** to flutter
9. **torpe** stupid

10. **de cabo a rabo** from head to foot
11. **desdentada** toothless
12. **bufanda** scarf
13. **raído** threadbare
14. **caerse a pedazos** to fall to pieces
15. **el que** the fact that, (with the verb in the subjunctive; keep on the lookout for this throughout the story)
16. **menesteroso** needy person
17. **párpados** eyelids
18. **puntapiés** kicks

Él se incorporó y me dijo:

—Llámame Nicolás.

Recogió la gorra,[19] guardó las monedas en el bolsillo y me dijo:

30 —¿Te parece que vayamos andando?[20]

Y yo sentía que nos necesitábamos el uno al otro, porque en una noche como ésa un hombre necesita de otro hombre y todos[21] del calor de la compañía. Y le dije:

—¿Tienes familia?

Me miró sin decir nada. Yo insistí y dije:

35 —¿Tienes familia?

Él dijo, al fin:

—No te entiendo. Habla más claro.

Yo entendía que ya estaba lo suficientemente claro, pero le dije:

—¿Estás solo?

40 Y él me dijo:

—Ahora estoy contigo.

—¿Sabes tocar andando? —le dije yo.

—Sé —me dijo.

Y le pedí que tocara "Esta noche es Nochebuena" mientras caminábamos, y los esca-
45 sos transeúntes rezagados,[22] nos miraban con un poco de recelo[23] y yo, mientras Nicolás tocaba, me acordaba de mi hijo muerto y de la Chelo y de dónde andaría la Chelo y de dónde andaría mi hijo muerto. Y cuando concluyó Nicolás, le dije:

—¿Quieres tocar ahora "Quisiera ser tan alto como la Luna, ay, ay"?

Yo hubiera deseado que Nicolás tocase de una manera continua, sin necesidad de que yo
50 se lo pidiera, todas las piezas que despertaban en mí un eco lejano, o un devoto recuerdo, pero Nicolás se interrumpía a cada pieza y yo había de[24] rogarle qua tocara otra cosa en su acordeón, y para pedírselo había de volver de mi recuerdo a mi triste realidad actual, y cada incorporación al pasado me costaba un estremecimiento[25] y un gran dolor.

Y así andando, salimos de los barrios céntricos y nos hallamos más a gusto en pleno
55 foco[26] de artesanos y menestrales.[27] Y hacía tanto frío que hasta el resuello del acordeón se congelaba[28] en el aire como un girón[29] de niebla blanquecina. Entonces le dije a Nicolás:

—Vamos ahí dentro. Hará menos frío.

Y entramos en una taberna destartalada,[30] sin público, con una larga mesa de tablas
60 de pino sin cepillar[31] y unos bancos tan largos, como la mesa. Hacía bueno allí y Nicolás se

19. **Recogió la gorra** He picked up his cap
20. **¿Te. . . andando?** What do you say we take a walk?
21. **todos** todos necesitan
22. **transeúntes rezagados** lagging pedestrians
23. **recelo** misgiving, suspicion
24. **yo había de** Note this strong use of **haber de,** having the force of **tener que.**
25. **estremecimiento** trembling
26. **foco** core, center
27. **menestrales** workmen
28. **resuello. . . se congelaba** breathing . . . froze
29. **girón** strip
30. **destartalada** shabby-looking
31. **tablas de pino sin cepillar** rough pine boards

recogió[32] la bufanda. Vi entonces que tenía media cara sin forma, con la mandíbula inferior quebrantada[33] y la piel arrugada y recogida[34] en una pavorosa cicatriz.[35] Tampoco tenía ojo en ese lado. Él me vio mirarle y me dijo:

—Me quemé.

Salió el tabernero, que era un hombre enorme, con el cogote recto y casi pelado[36] y un cuello ancho, como de toro. Tenía facciones abultadas[37] y la camisa recogida por encima de los codos. Parecía uno de esos tipos envidiables, que no tienen frío nunca.

—Iba a cerrar —dijo.

Y yo dije:

—Cierra. Estaremos mejor solos.

Él me miró y, luego, miró a Nicolás. Vacilaba. Yo dije:

—Cierra ya. Mi amigo hará música y beberemos. Es Nochebuena.

Dijo Nicolás:

—Tres vasos.

El hombrón,[38] sin decir nada, trancó[39] la puerta, alineó tres vasos en el húmedo mostrador de zinc y los llenó de vino. Apuré[40] el mío y dije:

—Nicolás, toca "Mambrú se fue a la guerra", ¿quieres?

El tabernero hizo un gesto patético. Nicolás se detuvo. Dijo el tabernero:

—No; tocará antes "La última noche que pasé contigo". Fue el último tango que bailé con ella.

Se le ensombreció la mirada de un modo extraño. Y mientras Nicolás tocaba, le dije:

—¿Qué?[41]

Dijo él:

—Murió. Va para tres años.[42]

Llenó los vasos de nuevo y bebimos, y los volvió a llenar y volvimos a beber, y los llenó otra vez y otra vez bebimos; después, sin que yo dijera nada, Nicolás empezó a tocar "Mambrú se fue a la guerra", con mucho sentimiento. Noté que me apretaba la garganta[43] y dije:

—Mi chico cantaba esto cada día.

El tabernero llenó otra vez los vasos y dijo, sorprendido:

—¿Tienes un hijo que sabe cantar?

Yo dije:

—Le tuve.

Él dijo:

32. **se recogió** removed
33. **mandíbula. . . quebrantada** a broken lower jaw
34. **arrugada y recogida** shriveled and drawn
35. **cicatriz** scar
36. **cogote. . . pelado** back of the neck straight and almost bare
37. **facciones abultadas** massive features
38. **hombrón** husky fellow
39. **trancar** to bar, to bolt
40. **apurar** to finish
41. **¿Qué?** What happened (to her)?
42. **Va para tres años** It's almost three years ago
43. **me apretaba la garganta** my throat tightened

95   —También mi mujer quería un hijo y se me fue sin conseguirlo. Ella era una flor, ¿sabes? Yo no fui bueno con ella y se murió ¿Por qué será que mueren siempre los mejores?

Nicolás dejó de tocar. Dijo:

—No sé de qué estáis hablando. Cuando la churrera[44] me abrasó[45] la cara la gente bailaba "La morena de mi copla". Es de lo único que me acuerdo.

100   Bebió otro vaso y tanteó[46] en el acordeón "La morena de mi copla". Luego lo tocó ya formalmente.[47] Volvió a llenar los vasos el tabernero y se acodó en el mostrador. La humedad y el frío del zinc no parecían transmitirse a sus antebrazos desnudos, sólidos como troncos. Yo le miraba a él, y miraba a Nicolás, y miraba al resto del recinto despoblado[48] y entreveía en todo ello un íntimo e inexplicable latido[49] familiar. A Nicolás

105 le brillaba el ojo solitario con unos fulgores extraños. El tabernero dulcificó[50] su dura mirada, y después de beber, dijo:

—Entonces ella no me hacía ni fu ni fa.[51] Parecía como si las cosas pudieran ser de otra manera, y a veces yo la quería y otras veces la maltrataba, pero nunca me parecía que fuera ella nada extraordinario. Y luego, al perderla, me dije: "Ella era una flor". Pero ya la cosa no

110 tenía remedio[52] y a ella la enterraron y el hijo que quería no vino nunca. Así son las cosas.

En tanto duró su discurso, yo me bebí un par de copas; por supuesto, con la mayor inocencia. Yo no buscaba en una noche como ésta la embriaguez,[53] sino la sana y caliente alegría de Dios y un amplio y firme propósito de enmienda. Y la música que Nicolás arrancaba del acordeón estimulaba mis rectos[54] impulsos y me empujaba a amarle a él, a

115 amar al tabernero y a amar a mi hijo muerto y a perdonar a la Chelo su desvío.[55] Y dije:

—Cuando el chico cayó enfermo, yo dije a la Chelo que avisara al médico y ella me dijo que un médico costaba diez duros. Y yo dije: "¿Es dinero eso?" Y ella dijo: "Yo no sé si será dinero o no, pero yo no lo tengo". Y yo dije, entonces: "Yo tampoco lo tengo, pero eso no quiere decir que diez duros sean dinero".

120   Nicolás me taladraba[56] con su ojo único, enloquecido por el vino. Había dejado de tocar y el acordeón pendía desmayado[57] de su cuello, sobre el vientre, como algo frustrado o prematuramente muerto. El instrumento tenía mugre[58] en las orejas y en las notas y en los intersticios del fuelle;[59] pero sonaba bien, y lo demás no importaba. Y cuando Nicolás apuró otra copa, le bendije interiormente, porque se me hacía[60] que bebía músi-

125 ca y experiencia y disposición para la música. Le dije:

—Toca "Silencio en la noche", si no estás cansado.

---

44. **churrera** woman who makes and sells **churros,** a foodstuff like fritters or crullers
45. **abrasar** to burn
46. **tantear** to try out, to test
47. **formalmente** seriously
48. **recinto despoblado** deserted room
49. **latido** beat
50. **dulcificar** to soften
51. **no hacer(le) ni fu ni fa** to not matter (to him) one way or the other

52. **la cosa. . . remedio** But it was now too late
53. **embriaguez** drunkenness
54. **rectos** noble, honest
55. **desvío** running away
56. **taladrar** to drill, to pierce
57. **desmayado** lifeless
58. **mugre** dirt
59. **intersticios del fuelle** creases of the bellows
60. **se me hacía** I imagined

Pero Nicolás no me hizo caso; quizás no me entendía. Su único ojo adquirió de pronto una expresión ausente. Dijo Nicolás:

—¿Por qué he tenido yo en la vida una suerte tan perra?[61] Un día yo vi en el escaparate[62] de una administración de loterías[63] el número 21 y me dije: "Voy a comprarle,[64] alguna vez ha de tocar el número 21". Pero en ese momento pasó un vecino y me dijo: "¿Qué miras en ese número, Nicolás? La lotería no cae en los números bajos". Y yo pensé: "Tiene razón; nunca cae la lotería en los números bajos". Y no compré el número 21 y compré el 47.234.

Nicolás se detuvo y suspiró. El tabernero miraba a Nicolás con atención concentrada. Dijo:

—¿Cayó, por casualidad, el gordo[65] en el número 21?

A Nicolás le brillaba, como de fiebre, el ojo solitario. Se aclaró la voz con un carraspeo[66] y dijo:

—No sé; pero en el 47.234 no me tocó ni el reintegro.[67] Fue una cochina[68] suerte la mía.

Hubo un silencio y los tres bebimos para olvidar la negra suerte de Nicolás. Después bebimos otra copa para librarnos, en el futuro, de la suerte perra. Entre los tres iba cuajando[69] un casi visible sentimiento de solidaridad. Bruscamente, el tabernero nos volvió la espalda y buscó un nuevo frasco en la estantería.[70] Entonces noté yo debilidad en las rodillas, y dije:

—Estoy cansado; vamos a sentarnos.

Y nos sentamos, Nicolás y yo en el mismo banco y el tabernero, con la mesa por medio, frente a nosotros; y apenas sentados, el tabernero dijo:

—Yo no sé qué tenía aquella chica que las demás no tienen. Era rubia, de ojos azules y, a su tiempo, se movía bien. Era una flor. Ella me decía: "Pepe, tienes que vender la taberna y dedicarte a un oficio más bonito". Y yo le decía: "Sí, encanto".[71] Y ella me decía: "Si tenemos un hijo, quiero que tenga los ojos azules como yo". Y yo le decía: "Sí, encanto". Y ella decía. . .

Balbucí yo:[72]

—Mi chico también tenía los ojos azules y yo quería que fuese boxeador. Pero la Chelo se plantó[73] y me dijo que si el chico era boxeador ella se iba. Y yo le dije: "Para entonces ya serás vieja; nadie te querrá". Y ella se echó a llorar. También lloraba cuando el chico se puso malito y yo, aunque no lloraba, sentía un gran dolor aquí. Y la Chelo me echaba en cara el que yo no llorase,[74] pero yo creo que el no llorar deja el sentimiento dentro y eso es peor. Y cuando llamamos al médico, la Chelo volvió a llorar porque no teníamos los

61. **perra** hard, bitter
62. **escaparate** (display) window
63. **administración de loterías** place where lottery tickets are sold
64. **comprarle** Note the pronoun *le* instead of *lo*
65. **el gordo** first prize
66. **carraspeo** hoarse grunt
67. **el reintegro** what I paid for it
68. **cochina** filthy
69. **cuajar** to take shape
70. **estantería** shelf
71. **encanto** delight; (translate) darling
72. **balbucir** to stammer
73. **se plantó** balked
74. **me echaba. . . llorase** reproached me for not crying

diez duros y yo le pregunté: "¿Es dinero eso?" El chico no tenía los ojos azules por
entonces, sino pálidos y del color del agua. El médico, al verlo, frunció el morro[75] y dijo:
"Hay que operar en seguida". Y yo dije: "Opere". La Chelo me llevó a un rincón y me
dijo: "¿Quién va a pagar todo esto? ¿Estás loco?" Yo me enfadé: "¿Quién ha de pagarlo?
165   Yo mismo", dije. Y trajeron una ambulancia y aquella noche yo no me fui a echar la partida,[76] sino que me quedé junto a mi hijo, velándole. Y la Chelo lloraba en un rincón, sin
dejarlo un momento.

Hice un alto[77] y bebí un vaso. Fuera sonaban las campanas anunciando la misa del
Gallo.[78] Tenían un tañido[79] lejano y opaco aquella noche y Nicolás se incorporó y dijo:
170   —Hay nieve cerca.
Se aproximó a la ventana, abrió el cuarterón,[80] lo volvió a cerrar y me enfocó su ojo
triunfante:
—Está nevando ya —dijo—. No me he equivocado.
Y permanecimos callados un rato, como si quisiésemos escuchar desde nuestro encierro
175   el blando posarse de los copos[81] sobre las calles y los tejados. Nicolás volvió a sentarse y el
tabernero dijo destemplado:[82]
—¡Haz música!
Nicolás ladeó la cabeza y abrió el fuelle del acordeón en abanico.[83] Comenzó a tocar
"Adiós, muchachos, compañeros de mi vida". El tabernero dijo:
180   —Si ella no se hubiera emperrado[84] en pasar aquel día con su madre, aún estaría aquí,
a mi lado. Pero así son las cosas. Nadie sabe lo que está por pasar. También si no hubiera
tabernas el chofer estaría sereno[85] y no hubiera ocurrido lo que ocurrió. Pero el chofer tenía
que estar borracho y ella tenía que ver a su madre y los dos tenían que coincidir en la
esquina precisamente, y nada más. Hay cosas que están escritas y nadie puede alterarlas.
185   Nicolás interrumpió la pieza. El tabernero le miró airado[86] y dijo:
—¿Quieres tocar de una vez?[87]
—Un momento —dijo Nicolás—. El que yo no comprara el décimo[88] de lotería con
el número 21 aquella tarde fue sólo culpa mía y no puede hablarse de mala suerte. Ésta es
la verdad. Y si la churrera me quemó, es porque yo me puse debajo de la sartén.[89] Bueno.
190   Pero ella estaba encima y lo que ella decía es que lo mismo que me quemó, pudo ella coger
una pulmonía[90] con el aire del acordeón. Bueno. Todo son pamplinas[91] y ganas de
enredar[92] las cosas. Yo le dije: "Nadie ha pescado una pulmonía con el aire de un acordeón,

75. **frunció el morro** pursed his lips
76. **echar la partida** to play (e.g., cards)
77. **hacer un alto** to stop
78. **misa del Gallo** midnight Mass
79. **tañido** sound, tone
80. **cuarterón** shutter
81. **posarse de los copos** landing of the flakes
82. **destemplado** irritably
83. **el fuelle. . . abanico** the bellow into a fan
84. **emperrarse** to be obstinate, to insist

85. **sereno** sober
86. **airado** angrily
87. **de una vez** once and for all
88. **décimo** tenth part of a lottery ticket
89. **sartén** frying pan
90. **lo mismo que. . . pulmonía** just as she
burned me, she could have caught
pneumonia
91. **pamplinas** nonsense
92. **enredar** to complicate matters

que yo sepa". Y ella me dijo: "Nadie abrasa a otro con el aceite de freír los churros". Yo me enfadé y dije: "¡Caracoles, usted a mí![93]" Y la churrerra dijo: "También pude yo pescar una pulmonía con el aire del acordeón".

A Nicolás le brillaba el ojo como si fuese a llorar. Al tabernero parecía fastidiarle el desahogo[94] de Nicolás.

—Toca; hoy es Nochebuena —dijo.

Nicolás sujetó entre sus dedos el instrumento. Preguntó:

—¿Qué toco?

El tabernero entornó[95] los ojos, poseído de una acuciante[96] y turbadora nostalgia:

—Toca de nuevo "La última noche que pasé contigo", si no te importa.

Escuchó en silencio los primeros compases[97] como aprobando. Luego dijo:

—Cuando bailábamos, ella me cogía a mí por la cintura en vez de ponerme la mano en el hombro. Creo que no alcanzaba a mi hombro porque ella era pequeñita y por eso me agarraba por la cintura. Pero eso no nos perjudicaba[98] y ella y yo ganamos un concurso de tangos. Ella bailaba con mucho sentimiento el tango. Un jurado[99] le dijo: "Chica, hablas con los pies". Y ella vino a mí a que la besara en los labios porque habíamos ganado el concurso de tangos y porque para ella el bailar bien el tango era lo primero y más importante en la vida después de tener un hijo.

Nicolás pareció despertar de un sueño.

—¿Es que no tienes hijos? —preguntó.

El tabernero arrugó la frente.

—He dicho que no. Iba a tener uno cuando ella murió. Para esos asuntos iba a casa de su madre. Yo aún no lo sabía.

Yo bebí otro vaso antes de hablar. Tenía tan presente a mi hijo muerto que se me hacía que el mundo no había rodado desde entonces. Apenas advertí la ronquera[100] de mi voz cuando dije:

—Mi hijo murió aquella noche y la Chelo se marchó de mi lado sin despedirse. Yo no sé qué temería la condenada[101] puesto que el chico ya no podía ser boxeador. Pero se fue y no he sabido de ella desde entonces.

El acordeón de Nicolás llenaba la estancia de acentos modulados como caricias. Tal vez por ello el tabernero, Nicolás y un servidor[102] nos remontábamos[103] en el aire con sus notas, añorando[104] las caricias que perdimos. Sí, quizá fuera por ello, por el acordeón; tal vez por la fuerza evocadora de una noche como ésta. El tabernero tenía ahora los codos incrustados en las rodillas y la mirada perdida bajo la mesa de enfrente.

Nicolás dejó de tocar. Dijo:

93. **¡Caracoles, usted a mí!** Darn it! Enough of that!
94. **desahogo** relief, unburdening
95. **entornar** to half-close
96. **acuciante** sharp
97. **compases** (singular **compás**) measures (music)
98. **perjudicar** to hurt
99. **jurado** judge (contest)
100. **ronquera** hoarseness
101. **la condenada** that wretched woman
102. **un servidor** yours truly (I)
103. **remontarse** rise up, to soar
104. **añorar** to long for

—Tengo la boca seca.

Y bebió dos nuevos vasos de vino. Luego apoyó el acordeón en el borde de la mesa para
230 que su cuello descansara de la tirantez[105] del instrumento. Le miré de refilón[106] y vi que
tenía un salpullido[107] en la parte posterior del pescuezo.[108] Pregunté:

—¿No duele eso?

Pero Nicolás no me hizo caso. Nicolás sólo obedecía los mandatos imperativos.[109] Ni
me miró esta vez, siquiera. Dijo:

235 —Mi cochina suerte llegó hasta eso. Una zarrapastrosa[110] me abrasó la cara y no saqué
ni cinco[111] por ello. Los vecinos me dijeron que tenía derecho a una indemnización, pero
yo no tenía cuartos[112] para llevar el asunto por la tremenda.[113] Me quedé sin media cara
y ¡santas pascuas![114]

Yo volví a acordarme de mi hijo muerto y de la Chelo y pedí a Nicolás que interpre-
240 tase "Al corro claro". Después bebí un trago para entonarme[115] y dije:

—En el reposo de estos meses he reflexionado y ya sé por qué la Chelo se fue de mi
lado. Ella tenía miedo de la factura[116] del médico y me dejó plantado[117] como una guarra.[118] La Chelo no me quería a mí. Me aguantó[119] por el chico; si no, se hubiera marchado antes. Y por eso me dejó colgado con la cuenta del médico y el dolor de mi
245 hijo muerto. Luego, todo lo demás. Para tapar[120] un agujero tuve que abrir otro agujero
y me atraparon. Ésa fue mi equivocación: robar en vez de trabajar. Por eso no volveré a
hacerlo. . .

Me apretaba el dolor en el hombro izquierdo y sentía un raro desahogo hablando. Por
eso bebí un vaso y agregué:

250 —Además. . .

El tabernero me dirigió sus ojos turbios[121] y cansados, como los de un buey.

—¿Es que hay más? —dijo irritado.

—Hay —dije yo—. En la cárcel me hizo sufrir mucho el reuma y para curarlo me
quitaron los dientes y me quitaron las muelas y me quitaron las anginas,[122] pero el reuma
255 seguía. Y cuando ya no quedaba nada por quitarme me dijeron: "El 313 tome salicilato".[123]

—¡Ah! —dijo Nicolás.

Yo agregué:

—El 313 era yo anteayer.

---

105. **tirantez** strain
106. **de refilón** askance
107. **salpullido** rash
108. **pescuezo** neck
109. **mandatos imperativos** necessary orders
110. **zarrapastrosa** shabby woman
111. **ni cinco** even a penny
112. **cuartos** money
113. **por la tremenda** to the bitter end
114. **¡santas pascuas!** That's it! I give up!
115. **entonarse** to get up courage

116. **factura** bill
117. **plantado** jilted, thrown aside
118. **guarra** pig
119. **me aguantó** she put up with me
120. **tapar** to cover up
121. **turbios** blurry
122. **anginas** tonsils
123. **tome salicilato** Have (no. 313) take salycilate (a salt used in treating rheumatism)

Y después nos quedamos todos callados. De la calle ascendía un alegre repiqueteo de   *260*
panderetas[124] y yo pensé en mi hijo muerto, pero no dije nada. Luego vibraron al uní-
sono las campanas de muchas torres, y yo pensé: "¡Caramba, es Nochebuena; hay que ale-
grarse!". Y bebí un vaso.

Nicolás se había derrumbado de bruces[125] sobre la mesa y se quedó dormido. Su respiración era irregular, salpicada de fallos y silbidos;[126] peor que la del acordeón.   *265*

DESPUÉS DE LEER

A. Cuestionario

1. ¿Por qué es más intensa la soledad del narrador esa noche?
2. ¿Qué tiempo hace?
3. ¿Dónde encuentra a Nicolás? ¿Qué hacía éste?
4. ¿Por qué se van juntos el narrador y Nicolás?
5. ¿Cómo es el rostro de Nicolás? ¿Qué le pasó?
6. ¿Por qué se entristece el tabernero al oír "La última noche que pasé contigo"?
7. ¿Sobre qué riñeron el narrador y la Chelo?
8. ¿A qué se refiere Nicolás cuando dice: "Fue una cochina suerte la mía"?
9. ¿Qué despierta entre ellos un sentimiento de solidaridad?
10. ¿Cómo se murió la esposa del tabernero? ¿Con qué actitud aceptó aquella muerte?
11. ¿Por qué fue encarcelado el narrador?
12. ¿Con qué nota se termina la historia ¿Esperanza? ¿Resignación? ¿Pesimismo? ¿Otra?

B. Comprensión. Complete Ud. los espacios en blanco con una expresión apropiada de la lista siguiente, según el cuento.

volver a	sino
hacer caso	dejar plantado
ponerse	hacer un alto
dejar de	estar por
lo mejor	

1. Pedí a Nicolás que tocara otra canción, pero no me _____.
2. Llenó los vasos de nuevo y bebimos, y él los _____ llenar.
3. Nadie sabe lo que _____ pasar. Hay cosas qua nadie puede alterar.
4. Nicolás _____ tocar porque tenía sed.
5. _____ en una noche así es buscar otro menesteroso y olvidar su tristeza.
6. No me molesta el frío de la Nochebuena, _____ el encontrarme solo y malo.
7. Cuando el chico _____ malo, yo dije a la Chelo que avisara al médico.

---

124. **repiqueteo de panderetas** sound of tambourines
125. **derrumbarse de bruces** to fall face downward
126. **fallos y silbidos** wheezes and whistlings

8. El narrador _____ en su relato y bebió otro vaso. Y después se quedaron todos callados.

9. La Chelo me _____ porque tenía miedo de la factura del médico.

REPASO GRAMATICAL

Algunos usos de *ser* y *estar*

The basic difference between these two verbs is that **ser** denotes the essential nature or characteristic of the subject, that is, what a person or thing really is, while **estar** describes the state or condition of the subject.

1. With adjectives:

Juan es alto.	*Juan is tall (i.e., a tall person).*
La casa es grande.	*The house is big.*
Es malo.	*He is bad (i.e., a bad person).*
Tomás es un borracho.	*Tomás is a drunk (i.e., a drunkard).*
Tomás está borracho.	*Tomás is drunk (the state he is in).*
Es pálida.	*She is pale (a pale girl).*
Está pálida.	*She is pale (condition).*

2. **Estar** is also used to indicate a personal reaction on the part of the subject. It denotes what the subject *looks like, seems, tastes, feels*.

¡Qué bonita estás!	*How pretty you look (are)!*
Esta sopa está muy buena.	*This soup tastes very good.*

3. The adjectives **joven, viejo, rico, pobre** are normally used with **ser**, unless one expresses a subjective reaction:

El tabernero es joven.	*The tavern keeper is young.*
El tabernero está joven.	*The tavern keeper is (seems, looks) young.*

4. Other uses of **ser.**

With predicate nouns and pronouns (after the verb *to be*).

Mi padre es profesor.	*My father is a teacher.*
Soy yo.	*It is I.*

To indicate origin, destination, or material.

Esta música es para ti.	*This music is for you.*
Nuestra casa es de ladrillo.	*Our house is (made) of brick.*

To state possession.

El acordeón es de Nicolás.	*The accordion is Nicolás's.*

To express a time of day.

> **Es la una.**
> **Son las tres y media.**

5. Other uses of **estar.**

To indicate location and position.

Los tres hombres están en la taberna.	*The three men are in the tavern.*
Su hijo está en el cuerpo diplomático.	*His son is in the Diplomatic Corps.*

However, a sentence that involves location will take **ser** when the place mentioned functions as a predicate noun, or when **ser** means to *take place.*

La escena (de la comedia) es en Sevilla.	*The scene is in Sevilla (i.e., Sevilla is the place where the scene occurs).*
¿Dónde es la conferencia?	*Where **is the lecture** (where is it taking place)?*

With a past participle to describe a resultant state or condition.

La ventana está cerrada.	*The window is closed (someone closed the window and now its state is a closed one).*
El libro está escrito en español.	*The book is written in Spanish.*

6. estar por	*to be for (in favor of) something*
estar contra	*to be against something*
estar para	*to be about to*
No están por el castigo corporal.	*They are not for corporal punishment.*
Estaba para dar a luz cuando se murió.	*She was about to give birth when she died.*

C. Llene Ud. los espacios en blanco con la forma apropiada de **ser** o **estar.** Muchas frases han sido sacadas del cuento.

1. Lo peor es el _____ solo en una noche así.
2. La noche _____ fría, cargada de nubes grises.
3. Nicolás _____ sentado en la acera.
4. _____ para tocar su acordeón cuando me acerqué a él.
5. —Habla más claro —dijo Nicolás. Yo entendía que ya _____ lo suficientemente claro, pero le dije. . .
6. —Ella _____ una flor, ¿sabes? Yo, no _____ bueno con ella.
7. La tiza (*chalk*) _____ en la mesa, pero no la veo: el profesor debe de _____ equivocado.
8. Mi hija _____ muy guapa ayer en su nuevo vestido.
9. Yo quería que mi hijo _____ boxeador.

10. Si no hubiera tabernas, el chofer _____ sereno (sober).
11. El tabernero _____ para llorar pero siguió hablando.
12. La mayor parte del cuento _____ en la taberna.

D. Conteste Ud. a las preguntas, usando **ser** o **estar** en su respuesta.

1. ¿Cómo gana la vida el hombre cuya esposa murió en un accidente?
2. ¿Quieres describir (usando "fresca" y "pura") el agua de su embalse (*reservoir*)?
3. ¿Consideró Ud. aburrido el último libro que ha leído? ¿Dónde tuvo lugar la acción?
4. Al salir del cine, ¿observó los faroles encendidos?
5. ¿Cómo describiría Ud. la pizza que se sirve en su cafetería?

E. Traducir

1. The three men are not married; two lost their wives and Nicolás is single (**soltero**).
2. It was midnight and the night was cold, so they drank until they were drunk.
3. The narrator is still young, but he is also old after three years in prison. Naturally he is pale.
4. Nicolás is a musician (**músico**), and he is grateful (**agradecido**) to be with the two men.
5. Although they are not drunkards, they are about to get drunk (**emborracharse**).
6. Here is the lecture hall where we are to (**hemos de**) meet (**reunir**) every Tuesday.
7. These men are not bad, but they are lonely tonight and are searching (**en busca de**) for companionship (**camaradería**).

13

Jacinto Benavente y Martínez 1866–1954

Although he is little known outside of Spain today, Benavente was considered a leading dramatist in the early part of the twentieth century. So much so that he was awarded the Nobel Prize for Literature in 1922.

Benavente's contribution lay in breaking with the rhetoric and melodrama of the plays of the romantic movement and moving Spanish theater toward reality and social criticism. While of unequal merit and generally lacking in great dramatic conflict, his works stand out for their skillful technique, brilliant dialogue, and social satire. His shafts are usually directed at the upper class and reveal their prejudices, hypocrisy, and materialism.

Early in his career, Benavente delighted in imagination and fancy, and it is in this period that *El criado de don Juan* was written. Don Juan, along with Don Quijote, is Spain's most universal fictional character. The legend occurs in early folk ballads, but the first full dramatic treatment of the theme was Tirso de Molina's play *El burlador de Sevilla* (*The Deceiver of Seville*) of 1630. In the many versions that have followed, in innumerable European dramas, novels, operas, and poems, Don Juan is irresistible to women; with an utter disregard for morality and decency, he seduces thousands of them. Benavente's **Don Juan** gives an ironic twist to the deceiver of Seville.

El criado de don Juan

Personajes

LA DUQUESA ISABELA
CELIA
DON JUAN TENORIO
LEONELO
FABIO

En Italia.— Siglo XV

ACTO ÚNICO

Cuadro[1] primero

Calle. A un lado, la fachada de un palacio señorial

Escena única

FABIO y LEONELO. Fabio se pasea por delante del palacio, embozado[2] hasta los ojos en una capa roja.

LEONELO   (*Saliendo.*) ¡Señor! ¡Don Juan!

FABIO   No es don Juan.

5   LEONELO   ¡Fabio!

FABIO   A tiempo llegas. Desde esta mañana sin probar bocado[3]. . . ¿Cómo tardaste tanto?

LEONELO   Media ciudad he corrido[4] trayendo y llevando cartas. . . ¿Pero don Juan?

FABIO   La ciudad toda, que[5] no media, correrá de seguro[6] llevando y trayendo su
10   persona. ¡En mal hora[7] entramos a su servicio!

---

1. **cuadro** part
2. **embozado** wrapped up
3. **probar bocado** a bite to eat
4. **media ciudad he corrido** I've covered half the city
5. **que** omit, or translate *and*
6. **correrá de seguro** he must surely be traversing
7. **en mal hora** it was our bad luck (to enter . . .)

LEONELO   ¿Y qué haces aquí disfrazado de esa suerte?[8]

FABIO   Representar lo mejor que puedo a nuestro don Juan, suspirando ante las rejas[9] de la duquesa Isabela.

LEONELO   Nuestro don Juan está loco de vanidad. La duquesa Isabela es una dama virtuosa, y no cederá por más que[10] él se obstine.   *15*

FABIO   Ha jurado no apartarse ni de día ni de noche de este sitio, hasta que ella consienta en oírle. . . , y ya ves cómo cumple su juramento. . .[11]

LEONELO   ¡Con una farsa indigna de un caballero ! Mucho es que[12] los servidores de la Duquesa no te han echado a palos[13] de la calle.

FABIO   No tardarán en ello. Por eso te aguardaba impaciente. Don Juan ha ordena-   *20*
do que apenas llegaras ocupases mi puesto[14]. . . , el suyo quiero decir. Demos la vuelta a[15] la esquina por si nos observan desde el palacio, y tomarás la capa y demás señales,[16] que han de presentarse[17] hasta la hora de la paliza prometida. . . como al[18] propio don Juan. . .

LEONELO   ¡Dura servidumbre!   *25*

FABIO   ¡Dura como la necesidad! De tal madre, tal hija.[19] (*Salen.*)

Cuadro segundo
Sala en el palacio de la duquesa Isabela

Escena primera
LA DUQUESA y CELIA

CELIA   (*Mirando por una ventana.*) ¡Es increíble, señora! Dos días con dos noches lleva[20] ese caballero delante de nuestras ventanas.

DUQUESA   ¡Necio alarde![21] Si a tales medios debe su fama de seductor, a costa de mujeres bien fáciles habrá sido lograda:[22] ¿Y ése es don Juan, el que cuenta sus con-   *30*
quistas amorosas por los días del año? Allá, en su tierra, en esa España feroz,

8. **disfrazado de esa suerte** disguised like that
9. **suspirando. . . rejas** sighing in front of the iron grillwork (such as around windows and balconies)
10. **no cederá por más que** she won't give in no matter how much
11. **cumple su juramento** he keeps his oath
12. **mucho es que** it's a wonder that
13. **no te han echado a palos** they haven't kicked you away
14. **apenas llegaras. . . mi puesto** as soon as you arrived you should take my place
15. **demos la vuelta a** let's take a walk around
16. **demás señales** the other disguises
17. **han de presentarse** that are to be worn
18. **como al** as if we were
19. **De tal madre, tal hija** There's no escaping it
20. **lleva** has been
21. **¡Necio alarde!** stupid display
22. **habrá sido lograda** must have been won

de moros,[23] de judíos y de fanáticos cristianos, de sangre impura, abrasada[24] por tentaciones infernales, entre devociones supersticiosas y severidad hipócrita podrá parecer[25] terrible como demonio tentador. Las italianas no tememos al diablo. Los príncipes de la Iglesia romana nos envían de continuo indulgencias rimadas[26] en dulces sonetos a lo Petrarca.[27]

CELIA   Pero confesad que el caballero es obstinado. . . y fuerte.

DUQUESA   Es preciso terminar de una vez. No quiero ser fábula[28] de la ciudad. Lleva recado[29] a ese caballero de que[30] las puertas de mi palacio y de mi estancia[31] están francas para él. Aquí le aguardo, sola. . . La duquesa Isabela no ha nacido para figurar como un número en la lista de don Juan.

CELIA   Señora, ved. . .

DUQUESA   Conduce a don Juan hasta aquí. No tardes. (*Sale Celia.*)

Escena II

LA DUQUESA y, después, LEONELO. La Duquesa se sienta y espera con altivez la entrada de don Juan

LEONELO   ¡Señora!

DUQUESA   ¿Quién? ¿No es don Juan?. . . ¿No erais vos[32] el que rondaba mi palacio?

LEONELO   Sí, yo era.

DUQUESA   Dos días con dos noches.

LEONELO   Algunas horas del día y algunas de la noche. . .

DUQUESA   ¡Ah! ¡Extremada burla! ¿Sois uno de los rufianes[33] que acompañan a don Juan?

LEONELO   Soy criado suyo, señora. Le sirvo a mi pesar.[34]

DUQUESA   Mal empleáis vuestra juventud.

23. **moros** Moors (Moslem people of mixed Arab and Berber descent).
24. **abrasada** burned
25. **podrá parecer** he may seem
26. **indulgencias rimadas** rhymed indulgences (in the Roman Catholic church, a remission of sins)
27. **a lo Petrarca** in the style of Petrarch (Italian lyric poet of fourteenth century)
28. **fábula** talk
29. **Lleva recado** take a message
30. **de que** stating that
31. **estancia** my rooms, my quarters
32. **vos** you. This form was widely used in old Spanish.
33. **rufianes** scoundrels
34. **a mi pesar** against my wishes

LEONELO   ¡Dichosos los que pueden seguir en la vida la senda[35] de sus sueños!

DUQUESA   Camino muy bajo habéis emprendido.[36] Salid.

LEONELO   ¿Sin mensaje alguno de vuestra parte para don Juan?   *55*

DUQUESA   ¡Insolente!

LEONELO   Supuesto que le habéis llamado. . .

DUQUESA   Sí; le llamé para que, por vez primera en su vida, se hallara frente a frente de una mujer honrada, para que nunca pudiera decir que una dama como yo no tuvo más defensa contra él que evitar su vista.   *60*

LEONELO   Así como a vos ahora, oí a muchas mujeres responder a don Juan, y muchas le desafiaron[37] como vos, y muchas como vos le recibieron altivas. . .

DUQUESA   ¿Y don Juan no escarmienta?[38]

LEONELO   ¡Y no escarmientan las mujeres! La muerte, el remordimiento,[39] la desolación, son horribles y no pueden enamorarnos: pero les[40] precede un mensajero seductor,[41] hermoso, juvenil. . ., el peligro, eterno enamorador de las mujeres. . . evitad el peligro, creedme; no oigáis a don Juan.   *65*

DUQUESA   Me confundís con el vulgo[42] de las mujeres. No en vano andáis al servicio de ese caballero de fortuna. . .

LEONELO   No en vano llevo mi alma entristecida por tantas almas de nobles criaturas amantes de don Juan. ¡Cuánto lloré por ellas! Mi corazón fue recogiendo[43] los amores destrozados en su locura por mi señor, y en mis sueños terminaron felices tantos amores de muerte y de llanto. . .[44] ¡Un solo amor de don Juan hubiera sido[45] la eterna ventura de mi vida! . . . ¡Todo mi amor inmenso no hubiera bastado a consolar a una sola de sus enamoradas! ¡Riquísimo caudal[46] de amor derrochado[47] por don Juan junto a mí, pobre mendigo de amor! . . .   *70*   *75*

DUQUESA   ¿Sois poeta? Sólo un poeta se acomoda a vivir como vos, con el pensamiento y la conciencia en desacuerdo.

---

35. **senda** path
36. **emprender** to undertake
37. **desafiar** to defy, to challenge
38. **no escarmienta** doesn't he ever learn?
39. **el remordimiento** remorse
40. **les** them (referring to the nouns just mentioned)
41. **seductor** seducer (i.e., don Juan)
42. **el vulgo. . .** common, ordinary women
43. **recoger** to pick up
44. **llanto** weeping, sorrow
45. **hubiera sido** habría sido
46. **caudal** abundance, treasure
47. **derrochar** to waste; to squander

80   LEONELO   Sabéis de los poetas, señora; no sabéis de los necesitados. . .

    DUQUESA   Sé. . . que no me pesa[48] del engaño de don Juan. . . al oíros. . . Ya me interesa saber de vuestra vida. . . Decidme qué os trajo a tan dura necesidad. . . No habrá peligro en escucharos como en escuchar a don Juan. . . , aunque seáis mensajero suyo, como vos decís que el peligro es mensajero de
85   la muerte. . . Hablad sin temor.

    LEONELO   ¡Señora!

Escena III
DICHOS y DON JUAN; con la espada desenvainada,[49] entra con violencia

    DUQUESA   ¿Cómo llegáis hasta mí de esa manera? ¿Y mi gente? . . . ¡Hola!

    DON JUAN   Perdonad. Pero comprenderéis que no he de permitir que mi criado me sustituya tanto tiempo. . .

90   DUQUESA   ¡Con ventaja!

    DON JUAN   No podéis apreciarla todavía.

    DUQUESA   ¡Oh! ¡Basta ya! . . . (*A Leonelo.*) ¿No dices[50] que la necesidad te llevó al indigno oficio de servir a este hombre? ¿Te pesa la servidumbre? ¿Ves cómo insultan a una dama en tu presencia y eres bien nacido? Ya eres libre. . . y
95   rico. . .

    DON JUAN   ¿Le tomáis a vuestro servicio?

    DUQUESA   Quiero humillaros cuanto pueda. . .[51] (*A Leonelo.*) Mi amor es imposible para don Juan; mi amor es tuyo si sabes merecerlo. . .

    LEONELO   ¡Vuestro amor!

100   DON JUAN   A mí te iguala. Eres noble por él. . .[52]

    LEONELO   ¡Señora!

    DUQUESA   ¡Fuera la espada? Mi amor es tuyo. . . lucha sin miedo. (*Don Juan y Leonelo combaten. Cae muerto Leonelo.*)

---

48. **no me pesa** I'm not concerned about
49. **desenvainada** drawn
50. **dices** Note the change to the familiar form, second person singular.

51. **cuanto pueda** as much as I can
52. **por él** because of it (*amor*)

LEONELO	¡Ay de mí!
DUQUESA	¡Dios mío!

105

DON JUAN	¡Noble señora! Ved lo que cuesta una porfía. . .⁵³
DUQUESA	¡Muerto! Por mí. . . ¡Favor! . . .⁵⁴ ¡Dejadme salir! Tengo miedo, mucho miedo. . .
DON JUAN	Estáis conmigo. . .
DUQUESA	Se agolpa⁵⁵ la gente ante las ventanas. . . ¡Una muerte en mi casa!

110

DON JUAN	¡No tembléis! Pasaron, oyeron ruido y se detuvieron. . . A mi cargo corre⁵⁶ sacar de aquí el cadáver sin que nadie sospeche. . .
DUQUESA	¡Oh! Sí, salvad mi honor. . . ¡Si supieran! . . .
DON JUAN	No saldré de aquí sin dejaros tranquila. . .
DUQUESA	¡Oh! No puedo miraros. . . , me dais espanto. . . ¡Dejadme salir!

115

DON JUAN	No, aquí, a mi lado. . . Yo también tengo miedo de no veros. . . , por vos he dado muerte a un desdichado. . . No me dejéis, o saldré de aquí para siempre, y suceda lo que suceda⁵⁷. . . , vos explicareis como podáis el lance.⁵⁸
DUQUESA	¡Oh, no me dejéis! Pero lejos de mí, no habléis, no os acerquéis a mí. . . (*Queda en el mayor abatimiento.*)⁵⁹

120

DON JUAN	(*Contemplándola. Aparte.*) ¡Es mía! ¡Una más! . . . (*Contemplando el cadáver de Leonelo.*) ¡Pobre Leonelo!

FIN DE EL CRIADO DE DON JUAN

DESPUÉS DE LEER

A. Cuestionario

1. ¿Dónde y en qué época tiene lugar la comedia (play)?
2. ¿Por qué se pasea Fabio por delante del palacio?

---

53. **porfía** your obstinacy
54. **¡Favor!** Help!
55. **agolparse** to crowd
56. **a mi cargo corre** I'll take it upon myself

57. **suceda lo que suceda** come what may
58. **el lance** what has happened here
59. **abatimiento** depression

3. ¿Cómo caracterizaría usted a la Duquesa?
4. ¿Teme la Duquesa a don Juan? ¿Por qué?
5. ¿Ha habido otras mujeres que desafiaron a don Juan? ¿Con qué resultado?
6. ¿Por qué se interesa ella en Leonelo?
7. ¿Qué motivo hace que la Duquesa ofrezca su amor a Leonelo?
8. ¿Por qué tiene miedo ella después de la muerte de Leonelo?
9. ¿De qué se jacta (*boasts*) don Juan al final? ¿Qué piensa usted de esta "conquista"?
10. ¿Es don Juan capaz de ser contrito, como, por ejemplo, tras la muerte de Leonelo?

B. Comprensión. Indique cuáles de las siguientes frases son falsas y corríjalas.

1. Don Juan no se aparta ni de día ni de noche de delante del palacio.
2. Les gusta a los criados ayudar a su amo en sus conquistas.
3. La Duquesa es una mujer orgullosa que desprecia a don Juan.
4. La Duquesa no hace caso a los consejos de Leonelo.
5. Ella se interesa en Leonelo porque es un rufián sin alma.
6. Don Juan queda en el mayor abatimiento (*dejection*) cuando la Duquesa ofrece su amor a Leonelo.
7. Don Juan no ha entrado en el palacio a matar a Leonelo.
8. Don Juan no se preocupa por la moral de sus acciones.

C. Discusión. A su juicio, ¿es don Juan un héroe (o quizás, un antihéroe)?

REPASO GRAMATICAL

The subjunctive is used frequently in this sketch, to express purpose, an order or request, permission, uncertainty, an act that hasn't happened yet, with **sin que,** among other uses. Some of these uses are treated more fully in other selections.

D. Repaso del subjuntivo. Escoja usted el verbo apropiado de las posibilidades entre paréntesis. Las frases están sacadas del texto. Cuidado: todas no exigen el subjuntivo.

1. Le llamé para que (**se hallara, se hallaría, se halle**) frente a frente de una mujer honrada.
2. Decidme qué os (**trajese, trajo**) a tan dura necesidad.
3. Ha jurado no apartarse de este sitio hasta que ella (**consentirá, consienta, consiente**) en oírle.
4. Sacaré de aquí el cadáver sin que nadie (**sospeche, sospecha, sospechar**).
5. Las italianas no (**tememos, temamos**) al diablo.
6. Don Juan ha ordenado que apenas llegaras (**ocupes, ocuparás, ocupases**) mi puesto.
7. No volveré nunca, suceda lo que (**sucederá, suceda, sucede**).

8. No saldré de aquí sin (**dejaros, os deje, os deja**) tranquila.
9. No he de permitir que mi criado me (**sustituye, sustituya**) tanto tiempo.
10. No habrá peligro en escucharos. . . , aunque (**sois, seáis**) mensajero suyo.

Probability and conjecture. You will find in the sentences below examples of the use of the future and conditional tenses to express probability or conjecture. To express such an action in the present, use the future of the verb.

Examples:

Leonelo sufrirá siendo criado de don Juan.   *Leonelo must be suffering (probably is suffering) being Don Juan's servant.*

o, **Leonelo debe de sufrir siendo. . .**

Note that **deber (de)** + infinitive expresses the same idea.

Habrá centenares de víctimas de don Juan.   *There must be hundreds of*
Deben (de) haber centenares de víctimas de don Juan.   *victims of Don Juan.*

To express probability in past time, use the conditional or future perfect tenses.

Examples:

Pintarían la casa recientemente.   *They must have painted the*
Habrán pintado la casa recientemente.   *house recently.*
Llevaría don Juan dos días delante del palacio.   *Don Juan must have spent*
Habrá llevado don Juan dos días. . .   *two days in front of the palace.*

E. Traducir

1. He must be crazy to serve a master like Don Juan, but the latter (**éste**) orders him to do these things.
2. Don Juan never stops pursuing (**perseguir**) a woman until she yields (**ceder**) to his promises.
3. The Duchess says that he must have won his reputation (**fama**) as the great seducer at the cost of (**a costa de**) easy women.
4. Poor Leonelo died in order that the Duchess not become (**hacerse**) another victim.
5. Don Juan got rid of (**librarse de**) the body without anyone's knowing what happened.
6. You probably think that it is impossible that a man can be as cruel as Don Juan.

14

Marina Mayoral 1942–

Marina Mayoral is a native of Galicia, a region in the northwest corner of Spain, and all of her novels take place there. Like two of Galicia's great writers of the past, Rosalía de Castro and Emilia Pardo Bazán, she reveals a true love of her native land.

Mayoral received a doctorate in Romance Philology at the Universidad Complutense de Madrid, and she has taught Spanish literature there since 1978. She also spent a year as a visiting professor at the University of Pennsylvania. Her first novel appeared in 1979, and that and her next two works won literary prizes. She is considered one of the most promising of the younger writers.

One of Mayoral's strengths is the richness of her characterizations. Her novels are populated with people who span a wide range of social classes, ages, and occupations, from doctors and lawyers to boxers, artists, and detectives.

Ensayo de comedia, from Mayoral's collection of stories of the same name, has a cosmopolitan setting. The narrator is a middle-aged actress who imagines how her life might be written as a three-act play. With her customary humor, the author has cleverly turned the imagined play into a short story with a perfect dramatic structure.

Ensayo de comedia[1]

Desde que el coronel inglés me miró sonriendo y dijo: "hace cinco años", estoy pensando que esto no es un drama, como creía, sino una comedia, a pesar de que Eduardo ya no estará conmigo y a pesar también de esta cara envejecida que me mira desde el espejo.

No sé cómo explicarlo. Supongo que muchos pensarán: "las actrices siempre haciendo teatro,[2]" pero no es eso, aunque a veces es difícil separar el teatro y la vida. Cuando él dijo   5
aquello yo sentí que era la frase final de la obra y, si se hubieran oído aplausos[3], creo que no me hubiera sorprendido. Era un final y al mismo tiempo un comienzo, como en las buenas obras de teatro en las que, al caer el telón, los personajes siguen viviendo aunque nosotros no sepamos qué ha sido de ellos.

Me gustaría que alguien lo escribiera, lo de estos cinco años. Podría ser un éxito, a la   10
gente le gusta que las historias acaben bien o, al menos, con esperanza. Naturalmente yo sería la protagonista, de eso no hay duda y a Eduardo, por más que en la vida haya representado el papel de galán,[4] le correspondería un papel secundario, tendría que salir poco. Eso es algo que los de fuera[5] no podrán entender, como lo de los ascensores,[6] que son lo peor de la casa, la desesperación de los vecinos, porque tardan siglos y se quedan parados   15
con la gente encerrada dentro y, sin embargo, en la obra serían uno de los decorados[7] más importantes, lo mismo que las terrazas, otro de los fallos[8] de la casa. O sea,[9] que lo que es malo para la vida es bueno para el teatro y lo que es un final es un comienzo de otra cosa, aunque tampoco se puede decir que siempre sea así. Pero si estoy haciendo el esfuerzo de explicarlo y poner en orden lo que he vivido en estos últimos cinco años no es para hacer   20
teatro, sino para entender este papel que me ha tocado vivir,[10] igual que intento comprender a Blanche du Bois o a Antígona cuando José Luis me pasa los papeles.[11]

Ya he dicho que los ascensores son lo peor de la casa, junto con las terrazas. Juraría que el arquitecto planeó estos pisos como dúplex y después, probablemente a causa del precio, los dividió con un artístico tabique.[12] Así se explica que las terracitas de los dormi-   25
torios[13] estén separadas sólo por una estrecha vidriera[14] y, sobre todo, que, desde ellas,

---

1. **Ensayo de comedia** play rehearsal.
   Comedia may mean "play" or "comedy."
2. **haciendo teatro** acting
3. **si se hubieran oído aplausos** if applause had broken out
4. **por más que. . . galán** no matter how much in life he has played the role of lover
5. **los de fuera** outsiders, non-theater people
6. **lo de los ascensores** that matter of the elevators
7. **los decorados** the décor: the props
8. **fallos** weak points; faults
9. **o sea** or else; or perhaps
10. **este papel. . . vivir** this role that has been my lot to live
11. **los papeles** the scripts
12. **tabique** partition, wall
13. **dormitorios** bedrooms
14. **estrecha vidriera** thin glass partition

cada uno de nosotros (el coronel y yo) disfrutemos[15] de una espléndida vista panorámica sobre la terraza del salón del otro. En esa terraza de abajo es donde yo tomo el sol de dos a tres de la tarde, desde el otoño al verano. Hacerlo desnuda es un viejo hábito que no
30   estoy dispuesta a cambiar, aunque hace ya muchos años que actúo muy[16] vestida.

En cuanto al coronel inglés, ni es coronel ni es inglés. Cuando lo vimos por primera vez Edu[17] dijo: "parece un coronel inglés". Tiene el pelo blanco, muy corto y brillante y un gran bigote también blanco. Se le nota que ha sido rubio. Los ojos, claros; la piel, tostada y el cuerpo musculoso y fuerte. Puede tener unos sesenta años, pero muy bien lle-
35   vados.[18] Después supimos que es escritor y yo incluso me compré una novela suya de la que hablaban en el periódico, Es una novela de espionaje[19] muy complicada, que no entendí muy bien porque tengo poco tiempo para leer y al ser de mucho enredo[20] me perdía, pero me pareció que estaba bien escrita. Como la novela pasaba en Londres y él tiene ese aspecto, pues seguimos llamándolo "el coronel inglés", aunque ya sabíamos que
40   no era inglés ni coronel sino escritor.

En el primer acto tendría que situarse[21] la escena en que Eduardo y yo nos quedamos encerrados en el ascensor. Edu tenía entonces veinticuatro años y aquél era su primer papel importante, quiero decir el que yo le había dado en *Bodas de sangre*.[22] Era un poco demasiado joven para el papel y, además, José Luis decía que no daba el tipo,[23] quería a
45   alguien más agresivo y agitanado[24] y Edu siempre ha tenido un aspecto soñador y román- tico. Yo insistí y José Luis transigió[25] por complacerme, pero le tuvo siempre un poco enfilado.[26] Se empeñó en que le echaba demasiado realismo a las escenas de amor,[27] pero la verdad es que hasta entonces no había habido nada entre nosotros. Yo me daba cuenta de que le gustaba,[28] pero veinte años, veintiuno, son muchos años de diferencia y yo no
50   quería enredarme[29] con un chico tan joven, ésa es una historia que siempre sale mal. Aquella noche venía a casa a tomar algo después de la función y nos quedamos encerra- dos a la altura de mi piso.[30] Pasaba tiempo y tiempo y no aparecía nadie y yo empecé a ponerme histérica porque me parecía que se acababa el aire. Edu me abrazó para tran- quilizarme y también me besó; era la primera vez. A ratos nos besábamos y a ratos
55   aporreábamos[31] la puerta. Así se pasó más de media hora. Fue el coronel inglés quien oyó nuestros golpes. No se inquieten —dijo—. Ahora mismo los saco de ahí. Oímos unos rui- dos metálicos, el ascensor subió un poco y al fin pudimos abrir la puerta. El coronel inglés

15. **disfrutar** to enjoy
16. **actuar** to act, to perform
17. **Edu** abbreviation of Eduardo
18. **llevados** carried
19. **novela de espionaje** spy novel
20. **al ser de mucho enredo** because it had a complicated plot
21. **tendría que situarse** (the setting in which. . .) would have to be arranged
22. *Bodas de sangre* by García Lorca, one of the great Spanish tragedies of the twenti- eth century
23. **no daba el tipo** he didn't fit the part
24. **agitanado** gypsy-like
25. **transigir** to agree
26. **le tuvo. . . enfilado** he always had it in for him a little
27. **se empeñó en. . . escenas de amor** he insisted that I was not romantic enough in the love scenes
28. **le gustaba** he liked me
29. **enredarme** to get involved
30. **encerrados. . . piso** shut in (the elevator) near my floor
31. **aporrear** to beat, bang

estaba encaramado[32] a una escalera con una bata de seda,[33] una especie de destornillador o punzón[34] en la mano y una pipa entre los dientes. Aquello podría ser el final del acto primero: él en lo alto de la escalera, con un gesto entre curioso y divertido, Edu atónito mirándolo como si fuera Dios Padre y yo un poco avergonzada,[35] porque el coronel me miraba los botones desabrochados[36] de la blusa y también miraba a Edu y veintiún años son muchos años y eran las dos de la madrugada.

Las escenas de la terraza servirían para destacar su caballerosidad[37] y la índole especial de nuestras relaciones de vecindad.[38] Cuando vi el camión de las mudanzas, me eché a temblar: una familia con niños, por ejemplo, o alguna vieja chismosa[39] podía haber sido horrible. Afortunadamente, llegó él solo. Lo vi una mañana al levantarme. Regaba las plantas de la terraza de su salón y al oír las puertas correderas[40] de mi dormitorio levantó la cabeza y me hizo un gesto de saludo. Al día siguiente se invirtieron los papeles, yo tomaba el sol —desnuda, como ya he dicho— en mi terraza y oí que se abrían las puertas de su dormitorio. Casi inmediatamente volvieron a cerrarse y así han seguido, de dos a tres de la tarde, durante estos cinco años. Creo que es un gesto al antiguo estilo, muy de caballero, aunque yo también he tenido gestos así con él, quiero decir de ese buen estilo, un poco demodé, que ya no es frecuente encontrar, ni en las relaciones de vecinos ni en las otras. Por ejemplo: nunca lo miro cuando está escribiendo, a pesar de que siento curiosidad y me gustaría hacerlo. Cuando yo me levanto él está escribiendo en su terraza, sentado de cara a la sierra, con un montón de folios sobre la mesa sujetos por un cenicero[41] y con varias plumas y bolígrafos al lado. Nunca se vuelve al oír que yo abro las puertas, pero tampoco escribe, se queda quieto fumando la pipa y mirando a lo lejos. Supongo que le molesta que lo miren, a algunas personas les pasa y, aunque es algo que me cuesta entender, lo respeto, por eso bajo enseguida al salón y hago ruido —arrastro una silla o coloco la tumbona[42]— para que él sepa que no estoy observándolo.

Todo esto sería el segundo acto y es difícil de contar porque no hubo ningún suceso destacado, sólo esos pequeños gestos cotidianos y lo que yo llamo los ruidos involuntarios. Los dos somos discretos y silenciosos, pero en este dúplex vergonzante[43] es difícil no saber de la vida del otro. Yo oigo entre sueños su despertador muy temprano, hacia las siete y enseguida la ducha. Poco después de la una, cuando ya me estoy levantando, él deja de escribir y sale a hacer deporte: footing, tenis y natación; veo la ropa colgada en la terraza de la cocina. Por la tarde coincidimos muchas veces en el ascensor o en la escalera cuando estas dichosas máquinas no funcionan. Yo voy al teatro y él al periódico, eso me lo ha dicho

32. **encaramado** standing (on)
33. **una bata de seda** a silk robe
34. **destornillador o punzón** screwdriver or pick
35. **avergonzada** embarrassed
36. **desabrochados** my unbuttoned blouse
37. **destacar su caballerosidad** to bring out (the colonel's) gentlemanliness
38. **la índole. . . de vecindad** the special kind of relationship as neighbors
39. **chismosa** gossipy
40. **correderas** sliding
41. **sujetos por un cenicero** held down by an ashtray
42. **colocar la tumbona** to move the sofa
43. **vergonzante** disgraceful

el conserje.[44] Nunca lo he visto con una mujer, pero hay que tener en cuenta que yo, excepto los lunes, vuelvo a casa a las dos de la madrugada y a esa hora él está durmiendo plácidamente. Algunas noches lo oigo roncar.[45] Yo, por mi parte, procuro no hacer ruido y cuando empecé con Edu pensé incluso en cambiar el dormitorio a otra habitación, pero, la verdad, nunca creí que lo de Edu fuera a durar[46] tanto, y un día por otro lo fui dejando. . .

El tercer acto es cuando aparece María Jesús. Yo, al comienzo, no le di importancia, no más que a cualquier otra de las que aparecieron en estos cinco años. Es joven, guapa, con ganas de destacar; ni mejor ni peor que todas las demás. Yo soy Susana Alba, la mejor, en esto no vamos a andar con subterfugios.[47] Soy la mejor actriz y seguiré siéndolo aún muchos años. He trabajado con los mejores directores de Europa, he tenido premios en los Festivales de todo el mundo. Tengo cincuenta años. . . De pronto un día lo notas. Es algo estúpido, tienes sólo un día más que ayer que te sentías llena de vida, que sentías que ese chico de veintinueve años te quiere, está enamorado de ti. Y de pronto te sientes vieja, te miras en el espejo y te ves vieja; un rostro que no reconoces, que no es el tuyo. Te apartas horrorizada, buscas una sombra cómplice[48] para echar desde allí una nueva ojeada[49] al espejo, y en la penumbra[50] sí, te encuentras otra vez, eres Susana Alba: el perfil griego, los ojos rasgados, la boca sensible[51]. . . Te acercas y desde la sombra va surgiendo otra vez una mujer que no quieres reconocer, una cara pálida y cansada, con la piel surcada[52] de finas arrugas, con bolsas bajo los ojos; la cara de una vieja. Piensas que tendrás que acostumbrarte a esa imagen, que es posible que a ratos reaparezca aún la antigua, una imagen fijada en cientos de fotos y carteles[53] que reproducen tu rostro de siempre, el tuyo, el que no debía variar, pero que cada día se irá imponiendo el nuevo,[54] ése que ahora te mira desde el espejo; el rostro de una mujer que ha tomado una decisión. . .

Es algo que de repente ves, pero que viene incubándose desde mucho tiempo atrás. Quizá desde que revelé[55] las fotos del viaje a Grecia. Eduardo me había puesto mi pañuelo blanco por la cabeza: "como una vestal". Supongo que también habría[56] vestales viejas, pero uno nunca se las imagina así. Eran unas bonitas fotos, a pleno día, con el fondo de la Acrópolis. . . y se me podían contar[57] las arrugas una por una. Le dije que se había velado el carrete.[58] Después vinieron muchos días observándolo en los ensayos, viendo cómo miraba a María Jesús cuando se quitaba la túnica: tiene unos pechos preciosos, erguidos[59] y redondos y un bonito color de piel. Al fin, una mañana en casa abres la ventana y a la

---

44. **conserje** concierge, porter
45. **roncar** to snore
46. **fuera a durar** would last
47. **en esto. . . subterfugios** why be modest about it?
48. **sombra cómplice** less revealing shadowy area
49. **(echar una) ojeada** to glance
50. **la penumbra** semi-darkness
51. **rasgados. . . sensible** large . . . sensitive
52. **la piel surcada** the skin lined with

53. **carteles** billboards
54. **se irá imponiendo el nuevo** the present face will be replacing it
55. **revelar** to develop
56. **habría** there might have been
57. **se me podían contar** my wrinkles could be counted
58. **se había velado el carrete** the film had come out too dark
59. **erguidos** firm

luz del día te miras en el espejo. Esa misma tarde se lo dije a José Luis: "quiero que te lleves a Eduardo a la gira".[60] Nos conocemos desde hace muchos años y no hizo comentarios. Esa noche, mientras tomábamos nuestro vaso de leche después del ensayo, me dio una pal- 125 mada en el hombro: "estás mejor que nunca, Susana; sigues siendo única". Es una buena persona José Luis, aunque a veces discutamos.[61] Se fueron de gira hace dos semanas. —Hablaremos a mi vuelta —dijo Edu. Pero todo está hablado, cuando vuelva dentro de tres meses no hará falta hablar.

Desde que él se fue he trabajado a tope[62] y por las noches me tomo una pastilla[63] para 130 dormir. Lo peor es ese rato de dos a tres en que cierro los ojos y me tumbo a tomar el sol en la terraza. Cierro los ojos y vuelvo a ver la cara de Edu, ese rostro que ha madurado junto a mí, que en cinco años se ha hecho más firme sin perder la gracia de la juventud. . . Saber que nunca más veré brillar el deseo en sus ojos, recordar la ansiedad con que buscaba los míos, y el pequeño consuelo de no haber visto en ellos el aburrimiento o la 135 compasión. —¿Por qué quieres que me vaya, Susana? ¿Te has enamorado de otro? El mejor papel de mi vida, el más difícil. Tú te has enamorado de otra y aún no te has dado cuenta. Sonreír, acariciarle la mejilla acallando sus protestas, empujarlo a marchar sabiendo que es el final, que lo único que puedo hacer es acabar ahora y hacerlo bien, dejando un buen recuerdo, antes de que lleguen las mentiras y el cansancio y el cerrar los ojos 140 mientras piensa que es otra la que[64] está en sus brazos. . . Saber que no era sólo admiración, que no era interés, que me quiso de verdad[65] y fue feliz a mi lado, tan joven y tan guapo, nunca más alguien así, un buen actor que lo mismo hubiera triunfado[66] sin mi ayuda. Saber que es el final y el comienzo de un largo descenso. Apretar los ojos pensando en todas las viejas actrices que han seguido en la brecha,[67] tragándose[68] su soledad 145 y su cansancio y sentir que las lágrimas me salen sin querer a través de los párpados apretados[69] y que empieza a dolerme la cabeza y que esta noche, como todas las noches, sonreiré a los aplausos y a ese señor que me echa un clavel[70] desde la fila primera, y me volveré a casa en cuanto acabe porque estoy demasiado cansada, y me volveré sola . . . Entonces me digo a mí misma que no vale de nada darle vueltas,[71] me limpio los 150 ojos, salto de la tumbona y me ducho con el agua a toda presión. Como me sobran diez minutos me visto con calma y no me pinto[72] porque ya lo haré en el teatro.

Al salir me encuentro al coronel inglés en el rellano,[73] mirando resignadamente el botón rojo del ascensor. Sonríe al verme, yo también: —¿Hace mucho que espera? —Acentúa la sonrisa. —Hace cinco años. Lo miro sorprendida. Estoy sin maquillar[74] y con los ojos de 155

60. **a la gira** on the road (with the show)	67. **en la brecha** in the struggle
61. **discutir** to argue	68. **tragándose** swallowing
62. **a tope** steadily, ceaselessly	69. **párpados apretados** closed eyes (eyelids)
63. **pastilla** a pill	70. **un clavel** a carnation
64. **el cansancio. . . otra la que** weariness and the closing of his eyes as he thinks that it is someone else who . . .	71. **darle vueltas** to dwell on it
	72. **no me pinto** I won't put make-up on
	73. **rellano** landing (of staircase)
65. **me quiso de verdad** he truly desired me	74. **maquillar** make-up
66. **lo mismo hubiera triunfado** who would just as well have succeeded	

haber llorado. La luz de la ventana del patio me da de lleno.[75] El ascensor se para con un chasquido,[76] él abre la puerta y me hace un gesto con la mano sin dejar de mirarme sonriente. Yo también lo miro: es un hombre fuerte, bien conservado y atractivo, conozco muchos de sus gustos y sus pequeñas manías, es un caballero, vive solo y está esperando.

160 Desde hace cinco años. Siento que los ojos se me llenan de lágrimas y bajo la cabeza al entrar en el ascensor. Creo que en ese momento el telón debe comenzar a caer. . .

DESPUÉS DE LEER

A. Cuestionario

1. ¿Por qué piensa usted que la autora repite al final la frase con la cual empieza el cuento?
2. A su juicio, ¿qué significa la frase de la actriz, "Era un final y al mismo tiempo un comienzo"?
3. ¿Cree Ud. que los ascensores hacen un papel significativo?
4. Dé Ud. un esbozo (*sketch*) de los tres personajes.
5. ¿Qué suele hacer la actriz todas las tardes, lo cual le avergüenza al coronel?
6. El director tiene a mal (*resents*) a Eduardo. ¿Por qué?
7. ¿Por qué se siente Susana avergonzada cuando el coronel los libra a ella y a Eduardo del ascensor? ¿Habrá más de una razón?
8. Explique Ud. el significado de la llegada de la nueva actriz.
9. Describa brevemente la escena con Susana y el espejo. ¿Cree Ud. que es realista?
10. La referencia a las fotos sacadas en Grecia tiene cierta importancia. Comente Ud.
11. ¿Por qué pide Susana al director que se lleve a Eduardo a la gira?
12. A su juicio, ¿qué ha sido lo más importante de los últimos cinco años en la vida de la actriz?

B. Comente Ud. la observación de la actriz que "es difícil separar el teatro y la vida". ¿Se aplica a este cuento?

C. De las posibilidades entre paréntesis, seleccione Ud. la más apropiada, según el texto.

1. Los ascensores son lo peor de la casa porque (no llegan a su piso, tardan siglos, caben pocas personas).
2. La terraza es un lugar favorito del coronel porque puede (tomar el sol, escribir sus novelas, pintar el panorama).
3. Al principio Susana y Eduardo no eran amantes porque (a éste le gustaba más María Jesús, era mal actor, era joven).

---

75. **me da de lleno** is shining right on me   76. **chasquido** cracking sound

4. Las dos personas encerradas en el ascensor son libradas por (el conserje, el coronel, Eduardo).
5. Susana sabe mucho de los hábitos del coronel porque (son amantes, él le escribe poemas, se oye todo en este dúplex).
6. Susana envidia a María Jesús su (juventud, talento, futuro).
7. Susana no puede dormir porque (se siente siempre cansada, echa de menos (*misses*) a Eduardo, el coronel ha vuelto a Inglaterra).
8. La actriz se siente feliz al final debido a (la mirada y la sonrisa del coronel, la llegada del ascensor, la vuelta de Eduardo).

REPASO GRAMATICAL

There are many different uses of the subjunctive in this story, and we can review briefly only a very few of them. Recall that unlike the indicative, the subjunctive expresses an attitude, something not certain, or real, or a fact. Thus, when you want, desire, order, request, feel the necessity that someone do something, or that something be done, the subjunctive will be used in the subordinate clause, almost always introduced by **que**. Also, when you are glad, sorry, fear (or feel any emotion), when you have a doubt or are uncertain, these attitudes will generally govern the subjunctive.

Observe the following from the text:

¿Por qué quieres que me vaya, Susana? *Why do you want me to go (that I go), Susana?*
Es una buena persona, aunque a *He's a good person, even though we may*
veces discutamos. *argue.*
Es posible que a ratos reaparezca. *It's possible that at times it will reappear.*
Bajo al salón para que él sepa que *I go down to my living room so that he*
no estoy observándolo. *knows that I'm not observing him.*

(Note: **para que** and some other conjunctions (**con tal que, a menos que, sin que**) by their very nature do not introduce a fact.)

The subjunctive is required in temporal clauses in which the time is future with reference to the main verb.

Me volveré a casa en cuanto *I'll return home as soon as it's over because*
acabe porque estoy cansada. *I'm tired.*
Debo acabar ahora, antes *I should end it now before the lies start*
de que lleguen las mentiras. *coming.*

(Note: with **antes de que** the subjunctive is always used.)

No me voy hasta que tú me *I won't leave until you return*
devuelvas la llave. *my key.*

If there is no suggestion of an incompleted future time, the indicative follows the conjunction of time.

Esperó hasta que ella llegó.   *He waited until she arrived.*

Observation on tenses.

Briefly, with a main verb in the present or future tense, and their compound tenses, the subjunctive verb will be in the present, or perfect tense, according to the meaning.

Temo que nunca vuelva.   *I fear that he will never come back.*
Temo que haya vuelto.   *I fear that he has come back.*

When the main verb is in the past tense (imperfect, preterite, conditional, past perfect, conditional perfect), the subjunctive verb will most often be in the imperfect or past perfect.

Estaba contenta que Eduardo se   *She was glad that Eduardo had left.*
hubiera ido.
Era posible que el coronel estuviese   *It was possible that the colonel was in*
enamorado de ella.   *love with her.*

(Note: When the subjects of the two clauses after an expression of feeling or emotion refer to the same person, the infinitive should normally be used, instead of a clause.)

Me alegro de poder ir de tiendas hoy.   *I am glad that I can go shopping today.* (same subjects)

But:

Me alegro de que usted pueda venir.   *I am glad that **you** can come.* (different subjects)

D. Dé usted la forma correcta de los verbos entre paréntesis. Todas las frases no exigen el subjuntivo.

1. (**saber**) Al caer el telón, los personajes siguen viviendo aunque nosotros no _____ qué ha sido de ellos.
2. (**ver**) La actriz se sintió avergonzada en cuanto _____ al coronel.
3. (**irse**) El coronel se alegraba de que Eduardo _____.
4. (**querer**) Se fue sin _____ despedirse de Susana.
5. (**hacerse**) ¿Era posible que Susana y el coronel _____ amantes?
6. (**llegar**) Susana no se pinta hasta _____ al teatro.
7. (**haber**) Dudo que el coronel _____ escrito una buena novela.
8. (**reparar**) Los ascensores funcionan mal aunque la casa los _____ la semana pasada.
9. (**quedarse**) Espero que de aquí en adelante nadie _____ encerrado en el ascensor.

10. (**volver**) Susana quería salir antes de que el coronel _____ a casa.
11. (**haber oírse**) Creo que no me hubiera sorprendido si _____ aplausos.
12. (**cambiar**) No hay duda que la vida de Susana _____ pronto.
13. (**irse, insistir**) Susana quiere que Eduardo _____ por más que él _____ en quedarse.
14. (**llover**) Era una lástima que _____ ayer porque no quería perder el ensayo de comedia.
15. (**jugar**) ¿Sabe Ud. que le gusta a esta autora _____ con el tema de la realidad y la ficción?

15

Lydia Cabrera 1900–1991

*L*ydia Cabrera, generally regarded as Cuba's foremost female author of the twentieth century, spent her youth in Havana. In 1927 she went to Paris to study painting, and while there became interested in negritude. She began writing a series of short stories based on the tales she had heard during her childhood from black nannies and servants. In 1936 she published twenty-two of her tales in Paris. The book was a rich tableau of the customs, beliefs, language, and psychology of Cuba's black population that was instantly acclaimed as a masterpiece. In 1940 the book was published in Cuba as *Cuentos negros de Cuba.* This book and others she wrote reflect the Afro-Cuban magical and animistic conception of reality, that is, the belief that natural objects and natural phenomena possess souls. This reality is closely identified with a nature possessed of personified natural objects and animals, and of good and evil gods.

Cabrera mixed fantasy and reality in her stories. Her characters live in a world that is both real and mystical. *Cuentos negros de Cuba,* from which the following story is taken, is a widely read book and an excellent example of magic realism. It embodies many of the beliefs and language of Afro-Cubans as the young Billillo pines hopelessly for the vain and beautiful Soyán.

El limo del Almendares[1]

El Alcalde dio un bando[2] proclamando que en todo el mundo no había mulata más linda que Soyán Dekín.

Billillo, un calesero,[3] quería a Soyán Dekín, pero nunca se lo había dicho por temor a un desaire:[4] que si ella era linda, pretenciosa, resabiosa,[5] él no era negro de pacotilla.[6]

Hubo fiesta en el Cabildo,[7] en honor de Soyán Dekín. Fue el Alcalde. Y Soyán Dekín, reina, pavoneándose.[8] Arrollando con la bonitura.[9] Y baila que baila con el Alcalde.

A Billillo esto se le hizo veneno en el corazón. Sin querer mirarla tan fantasiosa[10]— porque desprecio no repara[11]—, se le iban los ojos detrás de su brillo y su contoneo;[12] y siempre la encontraba con el blanco, platicando o de pareja.[13]

Contimás, cariñosa.[14]

¡Caramba con la mulata!,[15] que debió haber nacido para untarse esencias y mecerse en estrado.[16] Era de ringo-rango.[17] ¡Y con aquel mantón de seda que coquetea, y la bata de nansú,[18] buena estaba la mulata, buena estaba Soyán Dekín en su apogeo, para querida de un Don![19] ¡Y a echárselas con los negros de lirio blanco![20]

Billillo afiló su odio.[21]

Para no desgraciarse dejó la fiesta, y los demonios se lo iban llevando por las calles oscuras. Y el cornetín, allá en el Cabildo, tenía a la noche en vela.[22] Y Billillo —ya Dios lo haya perdonado— fue donde el brujo[23] de la Ceiba, que vivía metido en la muerte y sólo se ocupaba en obras malas.

---

1. **el limo del Almendares** the mud of the river Almendares
2. **dio un bando** issued a decree
3. **calesero** carriage driver
4. **desaire** snub, rejection
5. **pretenciosa, resabiosa** vain, ill-tempered
6. **de pacotilla** low class
7. **Cabildo** town hall
8. **pavoneándose** strutting about
9. **arrollando con la bonitura** her beauty leaving them speechless
10. **fantasiosa** vain
11. **desprecio no repara** scorn does not notice
12. **se le iban los ojos. . . su contoneo** he gazed longingly at her glitter and her swaying
13. **platicando o de pareja** chatting or arm in arm
14. **contimás, cariñosa** besides, she was affectionate
15. **¡Caramba con. . . !** damn
16. **untarse. . . en estrado** anoint herself with perfumes and rock herself in front of people
17. **Era de ringo-rango** she was a decorative trinket
18. **con aquel mantón. . . la bata de nansú** with that silk shawl that she flirts with and her white cotton dress
19. **para querida de un Don** just right to be the mistress of a gentleman
20. **echárselas . . . de lirio blanco** and to pass before blacks as a white lily!
21. **afiló su odio** harbored his hatred
22. **el cornetín. . . tenía a la noche en vela** the cornet kept vigil all night long
23. **fue donde el brujo** he went to the medicine man

20   Soyán Dekín dormía las mañanas con señorío.[24] Ni los ruidos de la calle tempranera, ni la rebujiña del vecindario[25] en el patio común, le espantaban el sueño.

Hasta muy sonadas las once, no pensaba en levantarse; y por su cara bonita, nunca hacía nada. Era su madre —planchadora inmejorable— quien trajinaba[26] en la casa y quien ganaba el sustento: ella al espejo o en la ventana. ¡Zangandonga![27]

25   Soyán Dekín volvió del cabildo de madrugada. Y no se acostó. A la hora de las frutas y las viandas,[28] cuando la calle se llenó de pregones[29] y el chino vendedor de pescado llamó en el postigo,[30] Soyán Dekín le dijo a su madre:

—Dame la ropa sucia; voy a lavar al río.

—¡Tú tan linda, y despés del baile lavando la ropa!

30   Pero Soyán Dekín, como si alguien invisible se lo ordenara susurrándole al oído, gravemente repitió:

—Si, mamita, venga la ropa; *hoy* tengo que lavar en el río.

La vieja, que se había acostumbrado a no contrariarla en lo más mínimo, hizo un lío[31] de toda la ropa que había en la casa y se lo entregó a su hija, que se marchó llevando el 35   burujón en la cabeza.

Y dicen que el sol no ha vuelto a ver criatura mejor formada, ni más graciosa, ni más cimbreña[32] —la brisa en su bata y por nimbo la mañana[33]—, que Soyán Dekín aquel día, camino del Almendares. Ni en todo el mundo ha habido mulata más linda que Soyán Dekín: mulata de Cuba, habanera, sabrosa; lavada de albahaca, para ahuyentar pesares[34]. . .

40   Donde el río se hizo arroyo y el agua se hizo niña, jugando a flor de tierra[35] Soyán Dekín desató el lío de ropa y arrodillándose sobre una piedra, se puso a lavar.

Todo era verde como una esmeralda y Soyán Dekín se fue sintiendo presa, aislada en un cerco mágico:[36] sola en el centro de un mundo imperturbable de vidrio.

Una presencia nueva en la calma la hizo alzar los ojos y vio a Billillo a pocos pasos de 45   ella, metido en el agua, armado de un fusil e inmóvil como una estatua. Y Soyán Dekín tuvo miedo: miedo al agua niña, sin secreto, al silencio, a la luz; al misterio, tan desnudo de repente. . .

—¡Qué casualidad, Billillo, encontrarte aquí! ¿Has venido a cazar, Billillo? Billillo, anoche en el baile te anduvieron buscando Altagracia y Eliodora, y María Juana, la del 50   Limonar. . . Y yo pensé, Billillo, que bailarías conmigo. Billillo. . . no te lo digo por falacia[37], nadie borda el baile en un ladrillo como tú.[38]

---

24. **con señorío** like royalty
25. **la rebujiña del vecindario** the neighborhood racket
26. **trajinaba** slaved away
27. **¡zangandonga!** the lazy good-for-nothing
28. **las viandas** vegetables
29. **pregones** vendors' cries
30. **postigo** by the side gate
31. **lío** *(and later)* **burujón** bundle
32. **cimbreña** supple, lithe
33. **la brisa. . . la mañana** the breeze blowing her dress and the morning for her halo
34. **lavada. . . pesares** smelling of basil to wash away sorrows
35. **el agua se hizo niña. . . tierra** the water became a gentle child, playing by the shore
36. **se fue sintiendo. . . cerco mágico** she gradually felt caught, isolated in a magic circle
37. **por falacia** to deceive you
38. **nadie borda. . . ladrillo como tú** nobody dances as perfectly as you

Pero Billillo no oía, ausente de la vida. Tenía los ojos fijos, desprendidos y vidriosos[39] de un cadáver. Sus brazos empezaron entonces a moverse rígidos y lentos; como un autómata cargaba el fusil y disparaba al aire en todas direcciones.

—¡Billillo!

Soyán Dekín quiso huir. No pudo levantar los pies: la piedra la retuvo; el lecho[40] del arroyo, de tan poco fondo, y donde los guijarros,[41] al alcance de la mano, brillaban como las cuentas azules, desprendidas de un collar de Yemayá,[42] se iba ahondando;[43] el agua limpia y clara que antes jugaba infantil a flor de tierra, se tornó grande, profunda y secreta.

La piedra avanzó por sí sola, llevándose cautiva a Soyán Dekín, que se halló en mitad de un río anchuroso, turbio,[44] y empezó a hundirse lentamente.

Tan cerca, que casi podía rozarlo,[45] Billillo seguía inmutable, cargando y disparando su fusil a los cuatro vientos; y el agua no se abría a sus pies, insondable, para tragárselo[46] como a ella, poco a poco.

—¡Billillo! —gritaba Soyán Dekín— ¡Sálvame! ¡Mírame! Ten compasión de mí. Yo tan linda. . . ¿cómo he de morir?

(Pero Billillo, no oía, no veía.)

—¡Billillo, negro malo, corazón de piedra!

(Y Soyán Dekín se hundía despacio, fatalmente.)

Ya le daba el agua por la cintura. Pensó en su madre, y la llamó. . .

—Soyán Dekín. Dekín Soyán!
¡Soyán Dekín, Dekín, duelo yo![47]

La vieja que estaba planchando con arte, tembló toda de angustia.

—¡Soyán Dekín. Dekín Soyán!
¡Soyán Dekín, Dekín, duelo yo!

Se lanzó a la calle desesperada, medio desnuda, sin echarse a los hombros su pañolón;[48] fue a pedir auxilio, llorando, a las vecinas. Llamaron a un alguacil.

—¿Quién ha visto pasar a Soyán Dekín? Soyán Dekin, que iba al río. . .

Recorrieron las dos orillas del Almendares.

La vieja seguía escuchando los lamentos de su hija, en la celada del agua.[49]

39. **desprendidos y vidriosos** detached and glassy
40. **el lecho** bed
41. **los guijarros** pebbles
42. **las cuentas. . . Yemayá** the blue beads loosened from a necklace of Yemayá (the goddess of water)
43. **se iba ahondando** was slowly sinking
44. **anchuroso, turbio** muddy
45. **rozarlo** touch him
46. **insondable, para tragárselo** bottomless, to swallow him
47. **duelo yo** I am suffering
48. **pañolón** large shawl
49. **en la celada del agua** trapped in the water

—¡Dekín! ¡Duelo yo! . . .

También la oían ahora las vecinas y el alguacil. Todos, menos Billillo.

Ya Soyán Dekín sólo tenía la cabeza de fuera.

85 —¡Ay, Bellillo, esto es bilongo![50] Negritillo, adiós. . . Y yo que te quería, mi santo, y tú que me gustabas, negro, y no te lo daba a entender por importancioso.[51] ¡Por no sufrir un desaire!

Billillo pareció despertar bruscamente de su sueño. Un sueño que hubiera durado[52] mucho tiempo o toda la vida.

90 El río había cubierto totalmente a Soyán Dekín; flotaba su cabellera inmensa en el agua verde, sombría.

Rápido, Billillo, libres todos sus miembros, la asió por el pelo; tiró de ella con todas sus fuerzas.

La piedra no soltó su presa. . . Billillo se quedó con un mechón[53] en cada mano.

95 Tres días seguidos las mujeres y el alguacil buscaron el cuerpo de Soyán Dekín.

El Almendares lo guardó para siempre. Y aseguran —lo ha visto Chémbe, el camaronero[54]— que en los sitios donde es más limpio y más profundo el río se ve en el fondo una mulata bellísima, que al moverse dilata[55] el corazón del agua.

Soyán Dekín en la pupila verde del agua.

100 De noche, la mulata emerge y pasea la superficie,[56] sin acercarse nunca a la orilla. En la orilla, llora un negro. . .

(El pelo de Soyán Dekín es el limo del Almendares.)

DESPUÉS DE LEER

A. Cuestionario

1. ¿Qué diferencias existen entre Soyán y Billillo?
2. ¿Qué ocurre una noche que hace que se ponga furioso Billillo?
3. ¿Adónde se dirige Billillo, llevado por los demonios?
4. ¿Qué sabemos de Soyán? ¿Tiene ella la culpa enteramente por ser cómo es?
5. ¿Cómo se explica que Soyán insista en ir a lavar la ropa?
6. ¿Le parece irónico, o quizás un mal augurio (*omen*), que en aquel día fatal se destaque (*stands out*) la incomparable belleza de Soyán?
7. Explique por qué Billillo no dice palabra alguna en el río.

50. **bilongo** a curse
51. **no te lo daba. . . importancioso** I didn't let you know so that you wouldn't get a swelled head
52. **hubiera durado** had lasted. In literary style, equivalent to the past perfect indicative.
53. **mechón** lock
54. **camaronero** shrimp fisherman
55. **dilata** (the water's heart) expands
56. **pasea la superficie** strolls on the surface

8. Soyán quiso huir, pero no pudo. ¿Por qué?
9. ¿Por qué Billillo carga y dispara su fusil repetidas veces?
10. Cree Ud. que Soyán dice la verdad cuando le dice a Billillo al final que "yo te quería"?
11. ¿Encuentra Ud. lírico y musical el estilo de este cuento?
12. ¿Hay una moraleja (*moral*) en el relato? Explique.

B. Comprensión. Señale Ud. (oralmente o por escrito) cómo el cuento es tanto realista como fantástico o mágico.

REPASO GRAMATICAL

El gerundio

You will recall that the **gerundio,** or present participle in English, is formed by adding -ando or -iendo to the stem of a verb: **hablando, comiendo, viviendo,** etc.

1. It is used alone in Spanish, as in English, to denote an action that coincides with that of the main verb, or precedes it.

Diciendo esto, se fue.	*Saying this, he left.*
Billillo pasa mucho tiempo pensando en Soyán.	*Billillo spends a lot of time thinking about Soyán.*

2. It is used adverbially (usually describing *how* the action of the verb is done), and it frequently translates the English *by* (doing something).

siempre la encontraba con el blanco, platicando	*he always saw her with the white man, chatting*
su madre fue a pedir auxilio, llorando	*her mother went to ask for help, crying*

3. The **gerundio** may also replace a clause beginning with *since, when, while, after, although,* etc.

Hundiéndose en el río, Soyán le rogó a Billillo que la salvara.	*As she was sinking in the river, Soyán implored Billillo to save her.*
Habiendo tanto que hacer, no podremos terminar hoy.	*Since there is so much to do, we won't be able to finish today.*

4. The present participle is used with **estar, seguir,** several verbs of motion, like **ir, venir, andar** to emphasize the progressive or continuing nature of an action at a given moment, or to indicate subjective feelings that may not be conveyed through the simple tenses.

Examples from the text:

Los demonios se lo iban llevando por las calles oscuras.	*The demons were taking him along the dark streets.*

Soyán se fue sintiendo presa, aislada. . .	*Soyán gradually felt caught, isolated . . .*
Billillo, anoche en el baile te anduvieron	*Billillo, María Juana (and other girls)*
buscando María Juana, etc.	*went looking for you.*
Siga Ud. leyendo.	*Continue reading.*

5. Since the **gerundio** can not function as an adjective (except for two: **ardiendo,** burning, and **hirviendo,** boiling), it is often necessary to use a relative clause as an adjective to translate the Spanish participle. In the sentence:

Here is a book describing Spanish food.
Incorrect: **Aquí tiene Ud. un libro describiendo la comida española.**
Correct: **Aquí tiene Ud. un libro que describe la comida española.**

I received a letter containing five dollars.
Incorrect: **Recibí una carta conteniendo cinco dólares.**
Correct: **Recibí una carta que contenía cinco dólares.**

However, the **gerundio** may replace the adjectival clause after verbs of sense perception (**mirar, oír, observar, recordar,** etc.) or representation (**pintar, representar, descrubrir**).

Anoche oí a Soyán llorando	*Last night I heard Soyán crying.*
o, **Anoche oí llorar a Soyán**	
Veíamos a dos niños jugando	*We saw two children playing in the*
(que estaban jugando) en la calle.	*street.*
o, **Veíamos a dos niños jugar en la calle.**	

(Note: Although the infinitive is probably more common with verbs such as these, the present participle describes the action more than the infinitive, which describes the whole act.)

6. There are other ways to translate the English present participle used as an adjective:

a. Through adjectives:

un final sorprendente	*a surprising ending*
una biblioteca circulante	*a circulating library*
el niño sonriente	*the smiling child*

(Note: Some verbs have kept the endings -**ante**, -**ente**, (or -**iente**), derived from the Latin present participle, like those above.)

Other adjectival endings, principally ending in -**or**, -**ora**.

una chica encantadora	*a charming girl*
unos gestos amenazadores	*some menacing gestures*
una persona engañadora	*a deceiving (deceitful) person*

b. Through circumlocutions:

manzanas para cocinar	*cooking apples*
tabla de planchar	*ironing board*

c. The present participle itself may be used as an adjective, but only in a parenthetical construction.

Los prisioneros, que estaban gritando, fueron conducidos a otra sala.
The prisoners, who were shouting, were led to another room.

The clause, **que estaban gritando,** is not necessary to the meaning of the sentence; it just adds some information. Therefore it may be expressed:

Los prisioneros, gritando, fueron conducidos a la sala.

Removing the commas, however, makes the relative clause necessary, meaning: *Only those prisoners who were shouting were led away.*

C. Sustituya las palabras subrayadas por una construcción con el gerundio.

1. Si estudias mucho, sacarás buenas notas.
2. Mientras le pedía socorro, Soyán siguió hundiéndose.
3. Cuando hubo ganado la victoria, el general se retiró del servicio.
4. Porque me encontraba solo, tuve que cocinar la cena.
5. No se gana nada cuando uno miente.
6. Después de haberlo leído, me lo devolvió.
7. Billillo se ponía furioso al ver bailar a Soyán con el blanco.
8. El presidente propuso unas medidas conducentes a la paz.

D. Elimine la oración de relativo para expresar la misma idea con el gerundio, **si es posible.**

1. Mi amigo, que pasaba por allí, los vio salir.
2. Los niños que estaban gesticulando se asomaron a la ventana.
3. Encontré al chico, que estaba esquiando con sus amigos.
4. Me enseñó el estante (*shelf*) que contenía los libros.
5. Descubrí a los chicos que jugaban en la calle.
6. Se escapó de la casa que estaba ardiendo (*burning*).
7. La policía persiguió al asesino que atravesaba el bosque.
8. La madre de Soyán, que busca a su hija, trabaja mucho para ganar el sustento (*sustenance*).

E. Diga cuáles de las oraciones siguientes son incorrectas y exprésalas de una manera correcta.

1. Hallé a mi hermana escribiendo una carta a su novio.
2. Llamó a Billillo estando en el río.
3. El viento es de frío penetrante.
4. Caminando es bueno para la salud.
5. Ella entró llorando.
6. Mi padre estaba sentando en su silla predilecta (*favorite*).

7. Recibí un mensaje diciendo que ella llegaría a las cinco.
8. Oyeron el reloj de la plaza dando las diez.
9. Ayudamos a aquellos pasajeros sintiéndose enfermos.
10. Antes de ahogándose (*to drown*), Soyán le dijo a Billillo que le quería.

F. Traducir

1. By eating too much, he got sick.
2. Seeing her alone, I offered her help.
3. Realizing that he was afraid, I went alone.
4. The mother couldn't find her daughter washing the clothes.
5. Soyán is pretty, but she is not a charming girl.
6. We heard her playing the piano.
7. The child, growing daily, will get to be a man.
8. They will continue speaking of Soyán's beauty for many years.
9. Billillo, suffering from unrequited love (**no correspondido**), went to see the witch.
10. She wrote a book showing how to live.

16

Gabriel García Márquez 1928–

Along with Jorge Luis Borges, Gabriel García Márquez is probably the most universally admired Latin American writer today. He was honored with the Nobel Prize for Literature in 1982, and his masterpiece, *Cien años de soledad* (1967), is generally considered to be one of the best novels of the twentieth century. Unfortunately, its success has tended to obscure the fact that he is also a brilliant craftsman of shorter tales.

García Márquez was born in the small town of Aracataca, Colombia, and brought up there by his grandparents. Memories of the details and attitudes of small-town life provided him with material for the creation of a mythical world that he would call Macondo. García Márquez paints an angry, grim picture of a society fallen into decay, with a socioeconomic structure that has become completely immobilized, ruined by corruption, tyrannical rulers, and greedy landowners who exploit the poor. In writing these works, García Márquez experimented with a new kind of reality. In these tales, the supernatural and the magical intrude upon and coexist with the most ordinary events of everyday life. This technique, called magic realism, is fully developed in *Cien años de soledad.*

La siesta del martes is García Márquez's own favorite from the collection *Los funerales de Mamá Grande* (1962). It depicts realistically and in somber prose a widow whose stoic character and quiet dignity stand out against the hostility of the town where she has come to visit her son's grave one hot afternoon.

La siesta del martes

El tren salió del trepidante corredor de rocas bermejas,[1] penetró en las plantaciones de banano, simétricas e interminables, y el aire se hizo húmedo y no se volvió a sentir[2] la brisa del mar. Una humareda[3] sofocante entró por la ventanilla del vagón. En el estrecho camino paralelo a la vía férrea había carretas de bueyes[4] cargadas de racimos[5] verdes. Al otro lado del camino, en intempestivos espacios sin sembrar,[6] había oficinas con ventiladores eléctricos, campamentos de ladrillos rojos y residencias con sillas y mesitas blancas en las terrazas entre palmeras y rosales polvorientos.[7] Eran las once de la mañana y aún no había empezado el calor.

—Es mejor que subas el vidrio[8] —dijo la mujer—. El pelo se te va a llenar de carbón.

La niña trató de hacerlo pero la persiana estaba bloqueada por óxido.[9]

Eran los únicos pasajeros en el escueto[10] vagón de tercera clase. Como el humo de la locomotora siguió entrando por la ventanilla, la niña abandonó el puesto y puso en su lugar los únicos objetos que llevaban: una bolsa[11] de material plástico con cosas de comer y un ramo de flores envuelto en papel de periódicos. Se sentó en el asiento opuesto, alejada de la ventanilla, de frente a su madre. Ambas guardaban un luto riguroso y pobre.[12]

La niña tenía doce años y era la primera vez que viajaba. La mujer parecía demasiado vieja para ser su madre, a causa de las venas azules en los párpados[13] y del cuerpo pequeño, blando y sin formas, en un traje cortado como una sotana.[14] Viajaba con la columna vertebral firmemente apoyada contra el espaldar del asiento, sosteniendo en el regazo con ambas manos una cartera de charol desconchado.[16] Tenía la serenidad escrupulosa de la gente acostumbrada a la pobreza.

A las doce había empezado el calor. El tren se detuvo diez minutos en una estación sin pueblo para abastecerse[17] de agua. Afuera, en el misterioso silencio de las plantaciones, la sombra tenía un aspecto limpio. Pero el aire estancado[18] dentro del vagón olía a cuero

---

1. **trepidante. . . bermejas** the trembling corridor of reddish stone
2. **no se volvió a sentir** (the sea breeze) could no longer be felt
3. **humareda** cloud of smoke
4. **carretas de bueyes** ox-drawn carts
5. **racimos** clusters (e.g., of branches or grapes)
6. **en. . . sembrar** in spaces unsuitable for cultivation
7. **palmeras y rosales polvorientos** dusty palms and rose bushes
8. **vidrio** glass; *here*, window

9. **persiana. . . óxido** the shade was stuck because of rust
10. **escueto** plain, bare
11. **bolsa** purse; bag
12. **Ambas. . . pobre** Both wore plain and poor mourning clothes
13. **párpados** eyelids
14. **sotana** cassock or tunic worn by priests
15. **columna vertebral** spinal column
16. **cartera. . . desconchado** a shabby leather case
17. **abastecerse** to supply itself
18. **estancado** stagnant

sin curtir.[19] El tren no volvió a acelerar. Se detuvo en dos pueblos iguales, con casas de madera pintadas de colores vivos. La mujer inclinó la cabeza y se hundió en el sopor.[20] La niña se quitó los zapatos. Después fue a los servicios sanitarios[21] a poner en agua el ramo de flores muertas.

Cuando volvió al asiento la madre la esperaba para comer. Le dio un pedazo de queso, medio bollo de maíz y una galleta dulce,[22] sacó para ella de la bolsa de material plástico una ración igual. Mientras comían, el tren atravesó muy despacio un puente de hierro y pasó de largo por un pueblo igual a los anteriores, sólo que en éste había una multitud en la plaza. Una banda de músicos tocaba una pieza alegre bajo el sol aplastante. Al otro lado del pueblo, en una llanura cuarteada por la aridez,[23] terminaban las plantaciones.

La mujer dejó de comer.

—Ponte los zapatos —dijo.

La niña miró hacia el exterior. No vio nada más que la llanura desierta por donde el tren empezaba a correr de nuevo pero metió en la bolsa el último pedazo de galleta y se puso rápidamente los zapatos. La mujer le dio la peineta.[24]

—Péinate —dijo.

El tren empezó a pitar[25] mientras la niña se peinaba. La mujer se secó el sudor del cuello y se limpió la grasa[26] de la cara con los dedos. Cuando la niña acabó de peinarse el tren pasó frente a las primeras casas de un pueblo más grande pero más triste que los anteriores.

—Si tienes ganas de hacer algo, hazlo ahora —dijo la mujer—. Después, aunque te estés muriendo de sed no tomes agua en ninguna parte. Sobre todo, no vayas a llorar.

La niña aprobó con la cabeza. Por la ventanilla entraba un viento ardiente y seco, mezclado con el pito de la locomotora y el estrépito de los viejos vagones. La mujer enrolló la bolsa con el resto de los alimentos y la metió en la cartera. Por un instante, la imagen total del pueblo, en el luminoso martes de agosto, resplandeció[27] en la ventanilla. La niña envolvió las flores en los periódicos empapados,[28] se apartó un poco más de la ventanilla y miró fijamente a su madre. Ella le devolvió una expresión apacible.[29] El tren acabó de pitar y disminuyó la marcha. Un momento después se detuvo.

No había nadie en la estación. Del otro lado de la calle, en la acera sombreada por los almendros,[30] sólo estaba abierto el salón de billar.[31] El pueblo flotaba en el calor. La mujer y la niña descendieron del tren, atravesaron la estación abandonada cuyas baldosas empezaban a cuartearse[32] por la presión de la hierba, y cruzaron la calle hasta la acera de sombra.

19. **cuero sin curtir** untanned leather
20. **se hundió en el sopor** a feeling of drowsiness came over her
21. **servicios sanitarios** lavatory
22. **medio. . . dulce** half a corn bun and a cookie
23. **una llanura. . . aridez** a plain split open by the drought
24. **peineta** comb
25. **pitar** to blow its whistle
26. **grasa** oiliness
27. **resplandecer** to shine
28. **empapados** saturated
29. **apacible** gentle, peaceful
30. **almendros** almond trees
31. **salón de billar** pool hall
32. **cuyas baldosas empezaban a cuartearse** whose stone tiles began to split

Eran casi las dos. A esa hora, agobiado[33] por el sopor, el pueblo hacía la siesta. Los almacenes,[34] las oficinas públicas, la escuela municipal, se cerraban desde las once y no volvían a abrirse hasta un poco antes de las cuatro, cuando pasaba el tren de regreso. Sólo permanecían abiertos el hotel frente a la estación, su cantina[35] y su salón de billar, y la oficina del telégrafo a un lado de la plaza. Las casas, en su mayoría construidas sobre el modelo de la compañía bananera, tenían las puertas cerradas por dentro y las persianas bajas. En algunas hacía tanto calor que sus habitantes almorzaban en el patio. Otros recostaban un asiento a la sombra de los almendros y hacían la siesta sentados en plena calle.

Buscando siempre la protección de los almendros la mujer y la niña penetraron en el pueblo sin perturbar la siesta. Fueron directamente a la casa cural.[36] La mujer raspó con la uña la red metálica[37] de la puerta, esperó un instante y volvió a llamar. En el interior zumbaba[38] un ventilador eléctrico. No se oyeron los pasos. Se oyó apenas el leve crujido[39] de una puerta y en seguida una voz cautelosa[40] muy cerca de la red metálica: "¿Quién es?" La mujer trató de ver a través de la red metálica.

—Necesito al padre —dijo.

—Ahora está durmiendo.

—Es urgente —insistió la mujer.

Su voz tenía una tenacidad reposada.

La puerta se entreabrió sin ruido y apareció una mujer madura y regordeta, de cutis[41] muy pálido y cabellos color hierro. Los ojos parecían demasiado pequeños detrás de los gruesos cristales de los lentes.[42]

—Sigan —dijo, y acabó de abrir la puerta.

Entraron en una sala impregnada de un viejo olor de flores. La mujer de la casa las condujo hasta un escaño[43] de madera y les hizo señas de que se sentaran. La niña lo hizo, pero su madre permaneció de pie, absorta, con la cartera apretada en las dos manos, No se percibía ningún ruido detrás del ventilador eléctrico.

La mujer de la casa apareció en la puerta del fondo.

—Dice que vuelvan después de las tres —dijo en voz muy baja—. Se acostó hace cinco minutos.

—El tren se va a las tres y media —dijo la mujer.

Fue una réplica breve y segura, pero la voz seguía siendo apacible, con muchos matices.[44] La mujer de la casa sonrió por primera vez.

—Bueno —dijo.

33. **agobiar** to weigh down
34. **los almacenes** the stores
35. **cantina** canteen; restaurant
36. **cural** of the parish priest
37 **raspó. . . metálica** scraped the grating (of the door) with her nail
38 **zumbar** to buzz, to hum
39. **leve crujido** slight creaking

40. **cauteloso** cautious
41. **cutis** skin
42. **los gruesos cristales de los lentes** the thick glass of the lenses
43. **escaño** bench
44. **matices** (sing. **matiz**) shades, nuances (of meaning)

Cuando la puerta del fondo volvió a cerrarse la mujer se sentó junto a su hija. La angosta sala de espera era pobre, ordenada y limpia. Al otro lado de una baranda de madera[45] que dividía la habitación, había una mesa de trabajo, sencilla, con un tapete de hule,[46] y encima de la mesa una máquina de escribir primitiva junto a un vaso con flo- [95] res. Detrás estaban los archivos parroquiales.[47] Se notaba que era un despacho arreglado por una mujer soltera.

La puerta del fondo se abrió y esta vez apareció el sacerdote limpiando los lentes con un pañuelo. Sólo cuando se los puso pareció evidente que era hermano de la mujer que había abierto la puerta. [100]

—¿Qué se le ofrece? —preguntó.

—Las llaves del cementerio —dijo la mujer.

La niña estaba sentada con las flores en el regazo y los pies cruzados bajo el escaño. El sacerdote la miró, después miró a la mujer y después, a través de la red metálica de la ven- tana, el cielo brillante y sin nubes. [105]

—Con este calor —dijo—. Han podido esperar a que[48] bajara el sol.

La mujer movió la cabeza en silencio. El sacerdote pasó del otro lado de la baranda, extrajo del armario[49] un cuaderno forrado[50] de hule, un plumero de palo y un tintero,[51] y se sentó a la mesa. El pelo que le faltaba en la cabeza le sobraba[52] en las manos.

—¿Qué tumba van a visitar? —preguntó. [110]

—La de Carlos Centeno —dijo la mujer.

—¿Quién?

—Carlos Centeno —repitió la mujer.

El padre siguió sin entender.

—Es el ladrón[53] que mataron aquí la semana pasada —dijo la mujer en el mismo [115] tono—. Yo soy su madre.

El sacerdote la escrutó. Ella lo miró fijamente, con un dominio reposado, y el padre se ruborizó.[54] Bajó la cabeza para escribir. A medida que[55] llenaba la hoja pedía a la mujer los datos de su identidad,[56] y ella respondía sin vacilación, con detalles precisos, como si estuviera leyendo. El padre empezó a sudar. . . [120]

Todo había empezado el lunes de la semana anterior, a las tres de la madrugada y a pocas cuadras de allí. La señora Rebeca, una viuda solitaria que vivía en una casa llena de cachivaches,[57] sintió a través del rumor de la llovizna[58] que alguien trataba de forzar desde

---

45. **baranda de madera** wooden railing
46. **tapete de hule** oilcloth cover
47. **archivos parroquiales** parish files
48. **Han podido esperar a que** You might have waited until
49. **extrajo (extraer) del armario** took out of the closet
50. **un cuaderno forrado** a notebook covered (with oilcloth)
51. **un plumero. . . tintero** a wooden pen- holder and an inkwell
52. **sobraba** was excessive
53. **ladrón** thief
54. **se ruborizó** blushed
55. **A medida que** As
56. **datos de su identidad** personal data
57. **una casa llena de cachivaches** a run- down house
58. **a través. . . llovizna** through the sound of the drizzle

afuera la puerta de la calle. Se levantó, buscó a tientas en el ropero[59] un revólver arcaico que nadie había disparado desde los tiempos del coronel Aureliano Buendía, y fue a la sala sin encender las luces. Orientándose[60] no tanto por el ruido de la cerradura como por un terror desarrollado en ella por veintiocho años de soledad, localizó en la imaginación no sólo el sitio donde estaba la puerta sino la altura exacta de la cerradura. Agarró el arma con las dos manos, cerró los ojos y apretó el gatillo.[61] Era la primera vez en su vida que disparaba un revólver. Inmediatamente después de la detonación no sintió nada más que el murmullo de la llovizna en el techo de cinc.[62] Después percibió un golpecito metálico en el andén de cemento[63] y una voz muy baja, apacible, pero terriblemente fatigada: "Ay, mi madre". El hombre que amaneció muerto[64] frente a la casa, con la nariz despedazada,[65] vestía una franela a rayas de colores,[66] un pantalón ordinario con una soga[67] en lugar de cinturón, y estaba descalzo. Nadie lo conocía en el pueblo.

—De manera que se llamaba Carlos Centeno —murmuró el padre cuando acabó de escribir.

—Centeno Ayala —dijo la mujer—. Era el único varón.[68]

El sacerdote volvió al armario. Colgadas de un clavo[69] en el interior de la puerta había dos llaves grandes y oxidadas, como la niña imaginaba y como imaginaba la madre cuando era niña y como debió imaginar el propio sacerdote alguna vez que eran las llaves de san Pedro. Las descolgó, las puso en el cuaderno abierto sobre la baranda y mostró con el índice un lugar en la página escrita, mirando a la mujer.

—Firme aquí.

La mujer garabateó[70] su nombre, sosteniendo la cartera bajo la axila.[71] La niña recogió las flores, se dirigió a la baranda arrastrando los zapatos y observó atentamente a su madre.

El párroco suspiró.

—¿Nunca trató de hacerlo entrar por el buen camino?

La mujer contestó cuando acabó de firmar.

—Era un hombre muy bueno.

El sacerdote miró alternativamente a la mujer y a la niña y comprobó con una especie de piadoso estupor[72] que no estaban a punto de llorar. La mujer continuó inalterable:

—Yo le decía que nunca robara nada que le hiciera falta a alguien[73] para comer, y él me hacía caso. En cambio, antes, cuando boxeaba, pasaba hasta tres días en la cama postrado por los golpes.

59. **a tientas en el ropero** gropingly in the clothes closet	67. **soga** rope
60. **Orientándose** Getting her bearings	68. **varón** male
61. **apretó el gatillo** she squeezed the trigger	69. **colgadas de un clavo** hanging from a nail
62. **techo de cinc** zinc-coated roof	70. **garabatear** to scribble
63. **andén de cemento** concrete walk	71. **axila** armpit
64. **amaneció muerto** who was found dead in the morning	72. **piadoso estupor** compassionate astonishment
65. **despedazada** shattered	73. **que nunca robara. . . a alguien** not to steal anything that someone might need
66. **vestía. . . colores** was wearing a color-striped flannel shirt	

—Se tuvo que sacar todos los dientes —intervino la niña—. Así es —confirmó la mujer—. Cada bocado que me comía en ese tiempo me sabía a los porrazos[74] que le daban a mi hijo los sábados a la noche.

—La voluntad de Dios es inescrutable —dijo el padre.

Pero lo dijo sin mucha convicción, en parte porque la experiencia lo había vuelto un poco escéptico,[75] y en parte por el calor. Les recomendó que se protegieran la cabeza para evitar la insolación.[76] Les indicó bostezando[77] y ya casi completamente dormido, cómo debían hacer para encontrar la tumba de Carlos Centeno. Al regreso no tenían que tocar. Debían meter la llave por debajo de la puerta, y poner allí mismo, si tenían, una limosna[78] para la Iglesia. La mujer escuchó las explicaciones con mucha atención, pero dio las gracias sin sonreír.

Desde antes de abrir la puerta de la calle el padre se dio cuenta de que había alguien mirando hacia dentro, las narices aplastadas contra la red metálica. Era un grupo de niños. Cuando la puerta se abrió por completo los niños se dispersaron. A esa hora, de ordinario, no había nadie en la calle. Ahora no sólo estaban los niños. Había grupos bajo los almendros. El padre examinó la calle distorsionada por la reverberación,[79] y entonces comprendió. Suavemente volvió a cerrar la puerta.

—Esperen un minuto —dijo, sin mirar a la mujer.

Su hermana apareció en la puerta del fondo, con una chaqueta negra sobre la camisa de dormir y el cabello suelto en los hombros.[80] Miró al padre en silencio.

—¿Qué fue? —preguntó él.

—La gente se ha dado cuenta —murmuró su hermana.

—Es mejor que salgan por la puerta del patio —dijo el padre.

—Es lo mismo —dijo su hermana—. Todo el mundo está en las ventanas.

La mujer parecía no haber comprendido hasta entonces. Trató de ver la calle a través de la red metálica. Luego le quitó el ramo de flores a la niña y empezó a moverse hacia la puerta. La niña la siguió.

—Esperen a que baje el sol —dijo el padre.

—Se van a derretir[81] —dijo su hermana, inmóvil en el fondo de la sala—. Espérense y les presto una sombrilla.[82]

—Gracias —replicó la mujer—. Así vamos bien.[83]

Tomó a la niña de la mano y salió a la calle.

74. **me sabía a los porrazos** tasted like the punches
75. **escéptico** skeptical
76. **insolación** sunstroke
77. **bostezar** to yawn
78. **una limosna** alms; a coin
79. **distorsionada. . . reverberación** distorted by the sun's rays
80. **el cabello. . . hombros** her hair hanging loosely over her shoulders
81. **derretir** to melt
82. **sombrilla** parasol
83. **Así vamos bien.** We'll be all right without it.

DESPUÉS DE LEER

A. Cuestionario

1. ¿Cómo pasaban la mujer y su hija las horas en el tren?
2. ¿Por qué está desierta la estación donde las dos bajan del tren?
3. Describa el pueblo en las horas de la siesta.
4. ¿A dónde se dirigen la mujer y la niña? ¿A quién quieren ver?
5. ¿Cuál es el propósito de su visita?
6. Describa lo que le había pasado al hijo.
7. ¿Cree Ud. que el hijo merecía la muerte? Explique.
8. ¿Por qué les dice el padre que no salgan por la puerta de la calle?
9. ¿Cuál es el papel (*role*) del calor en el cuento? Escoja dos o tres frases del texto que describan vivamente el calor.
10. ¿Cómo se explica que ni la madre ni la hija lloran?
11. ¿En qué consiste el realismo del cuento?
12. ¿Hay algo misterioso, quizás irreal, en la súbita aparición de la multitud? ¿Qué motivos habrá para explicar esto?

B. Comprensión. Use la expresión que mejor describa o defina la parte de las oraciones en negrita.

Ejemplo:

El aire **cambió y ya no está seco.**
El aire se hizo húmedo.

hacer caso a	**hacer la siesta**
ruborizarse	**oler a**
volver a + inf.	**dejar de** + inf.
darse cuenta de	**devastador**

1. La mujer **comía pero ya no come más.**
2. Andaba bajo un sol **aplastante.**
3. Hacía tanto calor que el pueblo **no trabajaba.**
4. El sacerdote **se puso rojo.**
5. **Había un aroma de** perfume en la casa.
6. La niña **se puso de nuevo** los zapatos.
7. El padre **notó** que había alguien mirándole.
8. Yo le decía que no robara, pero **no me obedecía.**

REPASO GRAMATICAL

1. The reflexive pronoun **se** is very often used with the third person of the verb to express the passive voice, instead of **ser** and the past participle, when the subject of the sentence is not a person, and the agent (the doer of the action) is not expressed. The subject generally follows the reflexive verb.

Examples:

No se oyen los pasos.	*The footsteps can not be heard* (*lit.*, the footsteps do not hear themselves).

But,

La cena fue cocinada por mi madre.	*Supper was cooked by my mother.* (The agent, my mother, is expressed).

Other examples:

Se publicó la novela el año pasado.	*The novel was published last year.* (*lit.*, the novel published itself . . .)
Se habla español aquí.	*Spanish is spoken here.*
Se abren las puertas a las nueve.	*The doors are opened at nine o'clock.*

2. When the subject of the passive sentence in English is a person, or an animate thing, Spanish uses the impersonal singular reflexive **se** (in addition to the "true" passive, **ser** and the past participle). **Se** becomes the subject of the verb, and the subject in the English sentence becomes the direct or indirect object of the verb.

Examples:

Se despertó al sacerdote por la tarde.	*The priest was awakened in the afternoon.* (*One awakened the priest . . .*)
Se mató al soldado en la guerra.	*The soldier was killed in the war.* (The normal reflexive construction, **Se mató el soldado,** would mean: *The soldier killed himself*).

Other examples:

Se me llevó al hospital.	*I was taken to the hospital.* (*One/They took me to the hospital.*)
Se castigará al niño.	*The child will be punished.*

In these examples, where the person is the direct recipient of the action, the "true" passive is also correct. (**El niño será castigado.**)

C. Ponga Ud. en la voz pasiva las oraciones siguientes:

1. (**vender**) Aquí _____ autos de segunda mano.
2. (**usar**) _____ este estilo mucho ahora.
3. (**apagar**) Cuando sonó el trueno, _____ las luces.
4. (**escribir**) La novela *Don Quijote* _____ por Cervantes.
5. (**atropellar,** *to strike*) _____ al niño en la calle.

6. (**hacer**) Me dijo que sus trajes _____ en Londres.
7. (**decir**) _____ que su familia es muy pobre.
8. (**ver**) _____ a muchos niños en el parque.
9. (**matar**) El hijo _____ en la casa que quiso robar.
10. (**establecer**) _____ esta universidad en 1823.

D. Cambie Ud. las oraciones siguientes a la voz pasiva, con **se** o con **ser**.

Ejemplo:

Vendieron el coche por mil dólares.
Se vendió el coche por mil dólares.

1. El cura recibió de mal humor a la madre y su hija.
2. Han construido una casa nueva en esta calle.
3. ¿Es posible comprar oro en esta ciudad?
4. El presidente mismo recibirá al astronauta.
5. Publicaron este artículo en todos los periódicos.
6. ¿Pueden decir esto en español?

E. Traducir

1. Not a sound can be heard in the hot afternoon.
2. The priest stopped smiling when he was told that the woman is the mother of the boy who was shot.
3. Strange happenings (**sucesos**) can be found in García Márquez's stories.
4. The silence was broken by the mysterious appearance (**aparición**) of the people.
5. The mother must be admired for her fortitude (**valor**) in the face of (**frente a**) tragedy.

17

Isabel Allende 1942–

Isabel Allende left Chile shortly after the military coup of 1973 toppled the government of her uncle, Salvador Allende. She and her family emigrated to Caracas, Venezuela, where she worked as a journalist. In 1986, following a divorce, she moved to the United States.

Allende's first novel, *La casa de los espíritus* (1982), received immediate international acclaim. It is an ambitious work that follows four generations of the extraordinary women of the Trueba family who fight for various women's causes, including the right to vote, an end to sexual discrimination, and independence from patriarchal despotism. Because of its imaginative flair and magic realism, the novel is often compared to García Márquez's *Cien años de soledad.*

Eva Luna (1989) is another novel in which Allende skillfully merges reality with imagination and invention. The protagonist, Eva Luna, orphaned at an early age, has learned to survive by her wits and her incomparable ability to tell stories. This characterization also describes the young protagonist of the story *Dos palabras.* It is one of Eva's tales, collected in book form as *Cuentos de Eva Luna* (1989). It is a remarkable tribute to the power of language. What is there about these mysterious two words that enable them to tame a rough and illiterate outlaw?

Dos palabras

Tenía el nombre de Belisa Crepusculario, pero no por fe de bautismo o acierto de su madre,[1] sino porque ella misma lo buscó hasta encontrarlo y se vistió con él. Su oficio era vender palabras. Recorría el país, desde las regiones más altas y frías hasta las costas calientes, instalándose en las ferias y en los mercados, donde montaba cuatro palos con un toldo de lienzo,[2] bajo el cual se protegía del sol y de la lluvia para atender a su clientela. No necesitaba pregonar[3] su mercadería, porque de tanto caminar por aquí y por allá, todos la conocían. Había quienes la aguardaban de un año para otro, y cuando aparecía por la aldea con su atado[4] bajo el brazo hacían cola frente a su tenderete. Vendía a precios justos. Por cinco centavos entregaba versos de memoria, por siete mejoraba la calidad de los sueños, por nueve escribía cartas de enamorados, por doce inventaba insultos para enemigos irreconciliables. También vendía cuentos, pero no eran cuentos de fantasía, sino largas historias verdaderas que recitaba de corrido,[5] sin saltarse nada. Así llevaba las nuevas de un pueblo a otro. La gente le pagaba por agregar[6] una o dos líneas: nació un niño. murió fulano,[7] se casaron nuestros hijos, se quemaron las cosechas. En cada lugar se juntaba una pequeña multitud a su alrededor para oírla cuando comenzaba a hablar y así se enteraban de las vidas de otros, de los parientes lejanos, de los pormenores[8] de la Guerra Civil. A quien le comprara[9] cincuenta centavos, ella le regalaba una palabra secreta para espantar[10] la melancolía. No era la misma para todos, por supuesto, porque eso habría sido un engaño colectivo. Cada uno recibía la suya con la certeza de que nadie más la empleaba para ese fin en el universo y más allá.

Belisa Crepusculario había nacido en una familia tan mísera, que ni siquiera poseía nombres para llamar a sus hijos. Vino al mundo y creció en la región más inhóspita, donde algunos años las lluvias se convierten en avalanchas de agua que se llevan todo, y en otros no cae ni una gota del cielo, el sol se agranda hasta ocupar el horizonte entero y el mundo se convierte en un desierto. Hasta que cumplió doce años no tuvo otra ocupación ni virtud que sobrevivir al hambre[11] y la fatiga de siglos. Durante una interminable sequía le tocó enterrar[12] a cuatro hermanos menores y cuando comprendió que

---

1. **no por fe. . . su madre** not through baptism or the wish of her mother
2. **toldo de lienzo** canvas, awning
3. **pregonar** to hawk, peddle
4. **atado** bundle
5. **de corrido** at one telling
6. **por agregar** to add
7. **fulano** so-and-so
8. **pormenores** details
9. **a quien le comprara** to the one who bought
10. **espantar** to frighten (away)
11. **otra ocupación. . . al hambre** she had no other occupation or virtue than to survive hunger
12. **le tocó enterrar** it fell upon her to bury

llegaba su turno, decidió echar a andar por las llanuras[13] en dirección al mar, a ver si en
el viaje lograba burlar a la muerte. La tierra estaba erosionada, partida en profundas grietas,[14] sembrada de piedras, fósiles de árboles y de arbustos espinudos,[15] esqueletos de
animales blanqueados por el calor. De vez en cuando tropezaba con familias que, como
ella, iban hacia el sur siguiendo el espejismo[16] del agua. Algunos habían iniciado la marcha llevando sus pertenencias al hombro o en carretillas, pero apenas podían mover sus
propios huesos y a poco andar debían abandonar sus cosas. Se arrastraban penosamente,[17]
con la piel convertida en cuero de lagarto[18] y los ojos quemados por la reverberación de
la luz. Belisa los saludaba con un gesto al pasar, pero no se detenía, porque no podía gastar sus fuerzas en ejercicios de compasión. Muchos cayeron por el camino, pero ella era
tan tozuda[19] que consiguió atravesar el infierno y arribó por fin a los primeros manantiales,[20] finos hilos de agua, casi invisibles, que alimentaban una vegetación raquítica,[21] y
que más adelante se convertían en riachuelos y esteros.[22]

Belisa Crepusculario salvó la vida y además descubrió por casualidad la escritura. Al
llegar a una aldea en las proximidades de la costa, el viento colocó a sus pies una hoja de
periódico. Ella tomó aquel papel amarillo y quebradizo y estuvo largo rato observándolo
sin adivinar su uso, hasta que la curiosidad pudo más que su timidez. Se acercó a un hombre que lavaba un caballo en el mismo charco turbio[23] donde ella saciara[24] su sed.

—¿Qué es esto? —preguntó.

—La página deportiva del periódico —replicó el hombre sin dar muestras de asombro
ante su ignorancia.

La respuesta dejó atónita a la muchacha, pero no quiso parecer descarada[25] y se limitó
a inquirir el significado de las patitas de mosca dibujadas[26] sobre el papel.

Son palabras, niña. Allí dice que Fulgencio Barba noqueó[27] al Negro Tiznao en el
tercer round.

Ese día Belisa Crepusculario se enteró de que las palabras andan sueltas sin dueño[28] y
cualquiera con un poco de maña[29] puede apoderárselas para comerciar con ellas.
Consideró su situación y concluyó que aparte de prostituirse o emplearse como sirvienta
en las cocinas de los ricos, eran pocas las ocupaciones que podía desempeñar. Vender palabras le pareció una alternativa decente. A partir de ese momento ejerció esa profesión y
nunca le interesó otra. Al principio ofrecía su mercancía sin sospechar que las palabras
podían también escribirse fuera de los periódicos. Cuando lo supo calculó las infinitas
proyecciones de su negocio, con sus ahorros[30] le pagó veinte pesos a un cura para que le

---

13. **echar a andar. . . llanuras** to start out
    through the plains
14. **partida. . . grietas** split with deep cracks
15. **arbustos espinudos** thorny bushes
16. **el espejismo** mirage
17. **se arrastraban penosamente** they
    dragged along painfully
18. **cuero de lagarto** lizard hide
19. **tozuda** stubborn
20. **manantiales** springs (of water)
21. **raquítica** skimpy
22. **riachuelos y esteros** small streams and
    marshes
23. **charco turbio** muddy puddle
24. **saciara** had satisfied
25. **descarada** rude
26. **patitas de mosca dibujadas** fly tracks
    scattered
27. **noqueó** knocked out
28. **sueltas sin dueño** freely without a master
29. **maña** cleverness
30. **ahorros** savings

enseñara a leer y escribir y con los tres que le sobraron se compró un diccionario. Lo revisó desde la A hasta la Z y luego lo lanzó al mar, porque no era su intención estafar a los clientes con palabras envasadas.[31]

Varios años después, en una mañana de agosto, se encontraba Belisa Crepusculario en el centro de una plaza, sentada bajo su toldo vendiendo argumentos de justicia a un viejo que solicitaba su pensión desde hacía diecisiete años. Era día de mercado y había mucho bullicio[32] a su alrededor. Se escucharon de pronto galopes y gritos;[33] ella levantó los ojos de la escritura y vio primero una nube de polvo y enseguida un grupo de jinetes que irrumpió en el lugar. Se trataba de los hombres del Coronel, que venían al mando[34] del Mulato, un gigante conocido en toda la zona por la rapidez de su cuchillo y la lealtad hacia su jefe. Ambos, el Coronel y el Mulato, habían pasado sus vidas ocupados en la Guerra Civil y sus nombres estaban irremisiblemente unidos al estropicio[35] y la calamidad. Los guerreros entraron al pueblo como un rebaño en estampida,[36] envueltos en ruido, bañados de sudor y dejando a su paso un espanto de huracán.[37] Salieron volando las gallinas, disparon a perderse los perros,[38] corrieron las mujeres con sus hijos y no quedó en el sitio del mercado otra alma viviente que Belisa Crepusculario, quien no había visto jamás al Mulato y por lo mismo[39] le extrañó que se dirigiera a ella.

—A ti te busco —le gritó señalándola con su látigo enrollado[40] y antes que terminara de decirlo, dos hombres cayeron encima de la mujer atropellando el toldo y rompiendo el tintero, la ataron de pies y manos y la colocaron atravesada como un bulto de marinero sobre la grupa[41] de la bestia del Mulato. Emprendieron galope en dirección a las colinas.

Horas más tarde, cuando Belisa Crepusculario estaba a punto de morir con el corazón convertido en arena por las sacudidas del caballo, sintió que se detenían y cuatro manos poderosas la depositaban en tierra. Intentó ponerse de pie y levantar la cabeza con dignidad, pero le fallaron las fuerzas y se desplomó[42] con un suspiro, hundiéndose en un sueño ofuscado.[43] Despertó varias horas después con el murmullo de la noche en el campo, pero no tuvo tiempo de descifrar esos sonidos, porque al abrir los ojos se encontró ante la mirada impaciente del Mulato, arrodillado a su lado.

—Por fin despiertas, mujer —dijo alcanzándole su cantimplora para que bebiera un sorbo de aguardiente con pólvora[44] y acabara de recuperar la vida.

---

31. **estafar. . . envasadas** to defraud . . . packaged
32. **bullicio** noise; uproar
33. **galopes y gritos** hoofbeats and shouts
34. **al mando** on orders
35. **irremisiblemente. . . estropicio** unpardonably linked to devastation
36. **un rebaño en estampida** a stampeding herd
37. **espanto de huracán** a storm of fear
38. **disparon. . . los perros** dogs ran for their lives
39. **por lo mismo** therefore
40. **látigo enrollado** coiled whip
41. **colocaron. . . grupa** they threw her like a sailor's bag across the rump
42. **se desplomó** she slumped to the ground
43. **ofuscado** confused
44. **su cantimplora. . . con pólvora** his canteen for her to take a sip of liquor laced with gunpowder

Ella quiso saber la causa de tanto maltrato y él le explicó que el Coronel necesitaba sus servicios. Le permitió mojarse la cara y enseguida la llevó a un extremo del campamento, donde el hombre más temido del país reposaba en una hamaca colgada entre dos árboles. Ella no pudo verle el rostro, porque tenía encima la sombra incierta del follaje y la sombra imborrable[45] de muchos años viviendo como un bandido, pero imaginó que debía ser de expresión perdularia[46] si su gigantesco ayudante se dirigía a él con tanta humildad. Le sorprendió su voz, suave y bien modulada como la de un profesor.

—¿Eres la que vende palabras? —preguntó.

—Para servirte —balbuceó ella oteando[47] en la penumbra para verlo mejor.

El Coronel se puso de pie y la luz de la antorcha que llevaba el Mulato le dio de frente. La mujer vio su piel oscura y sus fieros[48] ojos de puma y supo al punto que estaba frente al hombre más solo de este mundo.

—Quiero ser Presidente —dijo él.

Estaba cansado de recorrer esa tierra maldita en guerras inútiles y derrotas que ningún subterfugio podía transformar en victorias. Llevaba muchos años durmiendo a la intemperie,[49] picado de mosquitos, alimentándose de iguanas y sopa de culebra, pero esos inconvenientes menores no constituían razón suficiente para cambiar su destino. Lo que en verdad le fastidiaba era el terror en los ojos ajenos.[50] Deseaba entrar a los pueblos bajo arcos de triunfo, entre banderas de colores y flores, que lo aplaudieran y le dieran de regalo huevos frescos y pan recién horneado.[51] Estaba harto de comprobar[52] cómo a su paso huían los hombres, abortaban de susto[53] las mujeres y temblaban las criaturas; por eso había decidido ser Presidente. El Mulato le sugirió que fueran a la capital y entraran galopando al Palacio para apoderarse del gobierno, tal como tomaron tantas otras cosas sin pedir permiso, pero al Coronel no le interesaba convertirse en otro tirano; de ésos ya habían tenido bastantes por allí y, además, de ese modo no obtendría el afecto de las gentes. Su idea consistía en ser elegido por votación popular en los comicios[54] de diciembre.

—Para eso necesito hablar como un candidato. ¿Puedes venderme las palabras para un discurso? —preguntó el Coronel a Belisa Crepuscular io.

Ella había aceptado muchos encargos, pero ninguno como ése; sin embargo no pudo negarse, temiendo que el Mulato le metiera un tiro entre los ojos o, peor aún, que el Coronel se echara a llorar. Por otra parte, sintió el impulso de ayudarlo, porque percibió un palpitante calor en su piel, un deseo poderoso de tocar a ese hombre, de recorrerlo con sus manos, de estrecharlo entre sus brazos.

Toda la noche y buena parte del día siguiente estuvo Belisa Crepuscular io buscando en su repertorio las palabras apropiadas para un discurso presidencial, vigilada de cerca por el

45. **imborrable** indelible (shadow)
46. **perdularia** menacing
47. **oteando. . .** peering in the darkness
48. **fieros** fierce, wild
49. **a la intemperie** in the open air
50. **fastidiaba. . . ojos ajenos** bothered him was the fear in the eyes of others

51. **horneado** baked
52. **harto de comprobar** tired of seeing
53. **abortaban de susto** miscarried from fright
54. **los comicios** elections

Mulato, quien no apartaba los ojos de sus firmes piernas de caminante y sus senos virginales. Descartó las palabras ásperas y secas, las demasiado floridas, las que estaban desteñidas[55] por el abuso, las que ofrecían promesas improbables, las carentes de[56] verdad y las confusas, para quedarse sólo con aquellas capaces de tocar con certeza el pensamiento de los hombres y la intuición de las mujeres. Haciendo uso de los conocimientos comprados al cura por veinte pesos, escribió el discurso en una hoja de papel y luego hizo señas al Mulato para que desatara la cuerda[57] con la cual la había amarrado por los tobillos[58] a un árbol. La condujeron nuevamente donde el Coronel, y al verlo ella volvió a sentir la misma palpitante ansiedad del primer encuentro. Le pasó el papel y aguardó, mientras él lo miraba sujetándolo con la punta de los dedos.

—¿Qué carajo[59] dice aquí? —preguntó por último.

—¿No sabes leer?

—Lo que yo sé hacer es la guerra —replicó él.

Ella leyó en alta voz el discurso. Lo leyó tres veces, para que su cliente pudiera grabárselo en la memoria. Cuando terminó, vio la emoción en los rostros de los hombres de la tropa que se juntaron para escucharla y notó que los ojos amarillos del Coronel brillaban de entusiasmo, seguro de que con esas palabras el sillón presidencial sería suyo.

—Si después de oírlo tres veces los muchachos siguen con la boca abierta, es que esta vaina sirve,[60] Coronel —aprobó el Mulato.

—¿Cuánto te debo por tu trabajo, mujer? —preguntó el jefe.

—Un peso, Coronel.

—No es caro —dijo él abriendo la bolsa que llevaba colgada del cinturón con los restos del último botín.[61]

—Además tienes derecho a una ñapa.[62] Te corresponden dos palabras secretas —dijo Belisa Crepusculario.

—¿Cómo es eso?

Ella procedió a explicarle que por cada cincuenta centavos que pagaba un cliente, le obsequiaba[63] una palabra de uso exclusivo. El jefe se encogió de hombros,[64] pues no tenía ni el menor interés en la oferta, pero no quiso ser descortés, con quien lo había servido tan bien. Ella se aproximó sin prisa al taburete de suela[65] donde él estaba sentado y se inclinó para entregarle su regalo. Entonces el hombre sintió el olor de animal montuno que se desprendía[66] de esa mujer, el calor de incendio que irradiaban sus caderas, el roce[67] terrible de sus cabellos, el aliento de yerbabuena susurrando[68] en su oreja las dos palabras secretas a las cuales tenía derecho.

55. **desteñidas** faded, worn
56. **carentes de** lacking
57. **desatara la cuerda** untie the rope
58. **amarrado por los tobillos** had bound her ankles
59. **¿Qué carajo?** . . .What the hell
60. **es que**. . . **sirve** it's because it must be good
61. **botín** booty

62. **ñapa** bonus
63. **obsequiar** to offer, give
64. **se encogió de hombros** shrugged
65. **taburete de suela** leather stool
66. **el olor de animal**. . . **se desprendía** the scent of a mountain cat emanating
67. **caderas; el roce** hips; the touch
68. **el aliento de yerbabuena** the breath of mint murmuring

—Son tuyas, Coronel —dijo ella al retirarse—. Puedes emplearlas cuanto quieras. *160*

El Mulato acompañó a Belisa hasta el borde del camino, sin dejar de mirarla con ojos suplicantes de perro perdido, pero cuando estiró la mano para tocarla, ella lo detuvo con un chorro de palabras inventadas que tuvieron la virtud de espantarle el deseo, porque creyó que se trataba de alguna maldición irrevocable.

En los meses de setiembre, octubre y noviembre el Coronel pronunció su discurso tan- *165* tas veces, que de no haber sido hecho[69] con palabras refulgentes y durables[70] el uso lo habría vuelto ceniza.[71] Recorrió el país en todas direcciones, entrando a las ciudades con aire triunfal y deteniéndose también en los pueblos más olvidados, allá donde sólo el ras- tro de basura[72] indicaba la presencia humana, para convencer a los electores de que votaran por él. Mientras hablaba sobre una tarima[73] al centro de la plaza, el Mulato y sus *170* hombres repartían caramelos y pintaban su nombre con escarcha dorada[74] en las paredes, pero nadie prestaba atención a esos recursos de mercader[75] porque estaban deslumbrados por la claridad de sus proposiciones y la lucidez poética de sus argumentos, contagiados de su deseo tremendo de corregir los errores de la historia y alegres por primera vez en sus vidas. Al terminar la arenga[76] del Candidato, la tropa lanzaba pistoletazos al aire y *175* encendía petardos[77] y, cuando por fin se retiraban, quedaba atrás una estela[78] de espe- ranza que perduraba muchos días en el aire, como el recuerdo magnífico de un cometa. Pronto el Coronel se convirtió en el político más popular. Era un fenómeno nunca visto, aquel hombre surgido de la guerra civil, lleno de cicatrices y hablando como un cate- drático, cuyo prestigio se regaba[79] por el territorio nacional conmoviendo el corazón de *180* la patria. La prensa se ocupó de él. Viajaron de lejos los periodistas para entrevistarlo y repetir sus frases, y así creció el número de sus seguidores y de sus enemigos.

—Vamos bien, Coronel —dijo el Mulato al cumplirse doce semanas de éxitos.

Pero el candidato no lo escuchó. Estaba repitiendo sus dos palabras secretas, como hacía cada vez con mayor frecuencia. Las decía cuando lo ablandaba[80] la nostalgia, las *185* murmuraba dormido, las llevaba consigo sobre su caballo, las pensaba antes de pronun- ciar su célebre discurso y se sorprendía saboreándolas en sus descuidos.[81] Y en toda ocasión en que esas dos palabras venían a su mente, evocaba la presencia de Belisa Crepusculario y se le alborotaban los sentidos[82] con el recuerdo del olor montuno, el calor de incendio, el roce terrible y el aliento de yerbabuena, hasta que empezó a andar como *190* un sonámbulo y sus propios hombres comprendieron que se le terminaría la vida antes de alcanzar el sillón de los presidentes.

---

69. **de no haber sido hecho** if it hadn't been done
70. **refulgentes y durables** glowing and lasting
71. **ceniza** ash
72. **el rastro de basura** the trail of garbage
73. **tarima** platform
74. **con escarcha dorada** in gilded frost
75. **recursos de mercader** advertising ploys

76. **la arenga** speech
77. **petardos** firecrackers
78. **estela** wake
79. **se regaba** spread
80. **ablandar** to soften, to mellow
81. **saboreándolas en sus descuidos** savoring them in his leisure time
82. **se le alborotaban los sentidos** his senses became inflamed

—¿Qué es lo que te pasa, Coronel? —le preguntó muchas veces el Mulato, hasta que por fin un día el jefe no pudo más y le confesó que la culpa de su ánimo[83] eran esas dos
195 palabras que llevaba clavadas en el vientre.

—Dímelas, a ver si pierden su poder —le pidió su fiel ayudante.

—No te las diré, son sólo mías —replicó el Coronel.

Cansado de ver a su jefe deteriorarse como un condenado a muerte, el Mulato se echó el fusil al hombro y partió en busca de Belisa Crepusculario. Siguió sus huellas[84] por toda
200 esa vasta geografía hasta encontrarla en un pueblo del sur, instalada bajo el toldo de su oficio, contando su rosario de noticias. Se le plantó delante con las piernas abiertas y el arma empuñada.

—Tú te vienes conmigo —ordenó.

Ella lo estaba esperando. Recogió su tintero, plegó el lienzo de su tenderete,[85] se echó
205 el chal sobre los hombros y en silencio trepó al anca[86] del caballo. No cruzaron ni un gesto en todo el camino, porque al Mulato el deseo por ella se le había convertido en rabia y sólo el miedo que le inspiraba su lengua le impedía destrozarla a latigazos. Tampoco estaba dispuesto a comentarle que el Coronel andaba alelado,[87] y que lo que no habían logrado tantos años de batallas lo había conseguido un encantamiento[88] susurrado al oído. Tres
210 días después llegaron al campamento y de inmediato condujo a su prisionera hasta el candidato, delante de toda la tropa.

—Te traje a esta bruja para que le devuelvas sus palabras, Coronel, y para que ella te devuelva la hombría —dijo apuntando el cañón de su fusil a la nuca[89] de la mujer.

El Coronel y Belisa Crepusculario se miraron largamente, midiéndose[90] desde la distan-
215 cia. Los hombres comprendieron entonces que ya su jefe no podía deshacerse del hechizo de esas dos palabras endemoniadas,[91] porque todos pudieron ver los ojos carnívoros[92] del puma tornarse mansos cuando ella avanzó y le tomó la mano.

DESPUÉS DE LEER

A. Cuestionario

1. ¿Cuál era el oficio de Belisa? Dé Ud. varias razones para explicar su popularidad.
2. ¿En qué sentido sirve Belisa de cronista de su tiempo?
3. ¿Cómo descubrió Belisa la escritura?
4. ¿Quién es el Mulato? ¿Por qué había venido al mercado?
5. ¿Qué paradoja nota Belisa en el Coronel?
6. ¿Por qué tuvo el Coronel tanto éxito en su campaña electoral?

---

83. **de su ánimo** for his state of mind
84. **siguió sus huellas** he followed her trail
85. **plegó. . . su tenderete** she folded the canvas of her stall
86. **trepó al anca** climbed on the horse
87. **alelado** bewildered, in a fog
88. **encantamiento** spell
89. **la nuca** nape (of the neck)
90. **medir** to measure
91. **hechizo. . . endemoniadas** spell . . . cursed
92. **carnívoros** animal-like

7. ¿Qué cambio del Coronel tiene preocupado al Mulato?
8. ¿Qué hace el Mulato para ayudar a su jefe?
9. En cuanto al final, ¿cree usted que las dos palabras son realmente "endemoniadas" y que Belisa es una bruja?
10. Discuta cómo Belisa domina la acción de este cuento. ¿Es por ser hechicera?

B. Comprensión. De las tres posibilidades entre paréntesis, escoja Ud. la más apropiada, según el cuento.

1. Quienes aguardaban a Belisa de un año para otro (manifestaban,[1] hacían cola, se reían) frente a su tenderete.
2. Belisa había nacido en una familia (gitana, andaluza, mísera).
3. Ese día Belisa concluyó que aparte de (mendigar, morir de hambre, prostituirse) eran pocas las ocupaciones que podía desempeñar.
4. Con sus ahorros, Belisa le pagó veinte pesos (al Mulato, a una amiga, a un cura) para que le enseñara a leer.
5. Dos hombres cayeron encima de ella y (la ataron de pies y manos, la mataron, la besaron).
6. Le sorprendió a Belisa la voz (áspera, ronca, suave) del Coronel.
7. El Coronel deseaba entrar a los pueblos bajo arcos de triunfo, para que (lo besaran, se arrodillaran, lo aplaudieran).
8. Cuando ella terminó el discurso, notó que los ojos del Coronel brillaban de (odio, entusiasmo, escepticismo).
9. Ella se aproximó y el Coronel sintió (agradecimiento, el olor de animal montuno, un gran dolor).
10. La popularidad del Coronel era un fenómeno nunca visto, aquel hombre hablando como (un campesino, un soldado, un catedrático).
11. Por fin el Coronel confesó que la culpa de su ánimo eran (sus fracasos, sus pecados, las palabras).
12. —Mi jefe, te traje a esta bruja para que te devolviera (la hombría, tu dinero, tu éxito).

REPASO GRAMATICAL

Prefijos

1. The opposite meaning of a word is often obtained by using the prefix **in-** or its variants **im-, ir-, i-**. From the text:

incierta   *uncertain*
imborrable   *indelible, unerasible*

Observe the spelling in the following, before **m** and **r**:

mortal: inmortal
religioso: irreligioso

---

1. **manifestar** to demonstrate

2. The prefix **des-** is also frequently used.

confiar	*to trust*
desconfiar	*to distrust*
agradar	*to please*
desagradar	*to displease*

3. Occasionally the adverb **poco** must be used:

común	*common*
poco común	*rare*

C. Reemplace Ud. las palabras en negrita con su antónimo.

1. María es una muchacha **contenta.**
2. Su última carta era **legible.**
3. Oí ayer una conferencia **elocuente.**
4. Vi una película muy **moral.**
5. Eso es una gran **ventaja.**
6. La aldea es **accesible.**
7. Su pulso es **regular.**
8. Perdió la vida por su **honra.**
9. La novela fue escrita por un autor **conocido.**
10. Creo que la sentencia es **justa.**

D. Formación de familias de palabras mediante el uso de sufijos. Using the suffix **-ero** to denote the person, and **-ería** the place (of business), supply the missing words following the examples. Be careful of changes in some words.

Thing	**Person**	**Place**
libro	librero	librería
pan	panadero	panadería
papel		
sombrero		
tabaco		
ropa		
pelo		
reloj		
zapato		
carne		carnicería
joya		
perfume		

E. Entrevista. Conteste en español.

1. ¿Dónde trabaja un tendero?
2. ¿Cómo se llama una persona que cuida el jardín?
3. ¿Qué se encuentra en una joyería?

4. ¿Dónde trabaja una lavandera?
5. ¿A dónde se va para comprar chocolate?
6. ¿Dónde pasa la cocinera mucho tiempo?
7. Después de graduarse en ingeniería, una persona es _____.
8. ¿Cómo se llama el lugar donde trabaja un carpintero?
9. ¿Por qué viene el cartero a mi casa casi todos los días?
10. ¿Qué se pide por regla general a un tabernero?
11. En una _____, se compra más que café.
12. ¿Qué buscaría yo si fuese a una sillería?

18

Laura Freixas 1958–

The youngest of the authors in this collection, Laura Freixas (pronounced FRAY-sha) was born and raised in Barcelona. After completing her education in that city, she moved to England, where she worked first as a teacher of Spanish and later as an editor at two publishing firms. Well acquainted with English, she has published correspondence of Sylvia Plath, the American poet and novelist, letters of F. Scott Fitzgerald, and some of the diaries of Virginia Woolf.

Freixas first caught the attention of the critics when she published a collection of short stories entitled *Asesino en la muñeca.* A highly creative and imaginative writer in the tradition of magic realism, Freixas weaves her characters in and out of dull and dreary reality. Her fluid, natural transitions transpose them to unreal, even surreal, worlds. There is often humor in these fantastic situations, but beneath it all lie such serious themes as the fear of mediocrity and the search for ways to achieve one's goals.

Final absurdo, which was one of the stories in her first collection, is a story within a story. A character from a novel confronts a detective who she believes is the author who created her and demands her independence. The ending, true to the title of the story, is unexpected and startling.

Final absurdo

Eran las ocho y media de la tarde, y el detective Lorenzo Fresnos estaba esperando una visita. Su secretaria acababa de marcharse; afuera había empezado a llover y Fresnos se aburría. Había dormido muy poco esa noche, y tenía la cabeza demasiado espesa para hacer nada de provecho[1] durante la espera. Echó un vistazo a la biblioteca, legada[2] por el anterior ocupante del despacho, y eligió un libro al azar. Se sentó en su sillón y empezó a leer, bostezando. 5

Le despertó un ruido seco: el libro había caído al suelo. Abrió los ojos con sobresalto[3] y vio, sentada al otro lado de su escritorio, a una mujer de unos cuarenta años, de nariz afilada y mirada inquieta, con el pelo rojizo recogido en un moño.[4] Al ver que se había despertado, ella le sonrió afablemente. Sus ojos, sin embargo, le escrutaban con ahínco.[5]

Lorenzo Fresnos se sintió molesto. Le irritaba que la mujer hubiese entrado sin llamar, 10 o que él no la hubiese oído, y que le hubiera estado espiando mientras dormía. Hubiera querido decir: "Encantado de conocerla, señora. . ." (era una primera visita) pero había olvidado el nombre que su secretaria le había apuntado en la agenda.[6] Y ella ya había empezado a hablar.

—Cuánto me alegro de conocerle —estaba diciendo—. No sabe con qué impaciencia 15 esperaba esta entrevista. ¿No me regateará[7] el tiempo, verdad?

—Por supuesto, señora —replicó Fresnos, más bien seco. Algo, quizá la ansiedad que latía en su voz, o su tono demasiado íntimo, le había puesto en guardia—. Usted dirá.

La mujer bajó la cabeza y se puso a juguetear con el cierre de su bolso.[8] Era un bolso antiguo y cursi.[9] Toda ella parecía un poco antigua, pensó Fresnos: el bolso, el peinado, 20 el broche de azabache.[10] Era distinguida, pero de una distinción tan pasada de moda que resultaba casi ridícula.

—Es difícil empezar. . . Llevo tanto tiempo pensando en lo que quiero decirle. . . Verá, yo. . . Bueno, para qué le voy a contar: usted sabe. . .

Una dama de provincias, sentenció[11] Fresnos; esposa de un médico rural o de un 25 notario. Las conocía de sobra: eran desconfiadas,[12] orgullosas, reacias[13] a hablar de sí mismas. Suspiró para sus adentros:[14] iba a necesitar paciencia.

---

1. **de provecho** useful
2. **legada** left, bequeathed
3. **con sobresalto** with a start
4. **recogido en un moño** gathered in a bun
5. **le escrutaban con ahínco** scrutinized him eagerly
6. **la agenda** appointment book
7. **regatear** to begrudge
8. **el cierre de su bolso** the clasp of her purse
9. **cursi** cheap, tasteless
10. **de azabache** glossy black
11. **sentenciar** to decide, to judge
12. **de sobras. . . desconfiadas** more than enough . . . distrustful
13. **reacias** reluctant
14. **para sus adentros** to himself

La mujer alzó la cabeza, respiró profundamente y dijo:

—Lo que quiero es una nueva oportunidad.

30 Lorenzo Fresnos arqueó las cejas:[15] Pero ella ya estaba descartando, con un gesto, cualquier hipotética objeción:

—¡No, no, ya sé lo que me va a decir! —se contestó a sí misma—. Que si[16] eso es imposible; que si ya tuve mi oportunidad y la malgasté; que usted no tiene la culpa. Pero eso es suponer que uno es del todo consciente que vive con conocimiento de causa.[17] Y

35 no es verdad; yo me engañaba. —Se recostó en el sillón y le miró, expectante.

—¿Podría ser un poco más concreta, por favor? —preguntó Fresnos, con voz profesional. "Típico asunto de divorcio", estaba pensando. "Ahora me contará lo inocente que[18] era ella, lo malo que es el marido, etc., etc., hasta el descubrimiento de que él tiene otra."

40 —Lo que quiero decir —replicó la mujer con fiereza[19]— es que mi vida no tiene sentido. Ningún sentido, ¿me entiende? O, si lo tiene, yo no lo veo, y en tal caso le ruego que tenga la bondad de decirme cuál es. —Volvió a recostarse en el sillón y a manosear el bolso, mirando a Fresnos como una niña enfadada. Fresnos volvió a armarse de paciencia.

—Por favor, señora, no perdamos el tiempo. No estamos aquí para hablar del sentido

45 de la vida. Si tiene la bondad de decirme, concretamente —recalcó[20] la palabra—, para qué ha venido a verme. . .

La mujer hizo una mueca.[21] Parecía que se iba a echar a llorar.

—Escuche. . . —se suavizó Fresnos. Pero ella no le escuchaba.

—¡Pues para eso le he venido a ver, precisamente! ¡No reniegue[22] ahora de su respon-

50 sabilidad! ¡Yo no digo que la culpa sea toda suya, pero usted, por lo menos, me tenía que haber avisado![23]

—¿Avisado? ¿De qué? —se desconcertó Fresnos.

—¡Avisado, advertido, puesto en guardia, qué sé yo! ¡Haberme dicho que usted se desentendía[24] de mi suerte, que todo quedaba en mis manos! Yo estaba convencida de que

55 usted velaba[25] por mí, por darle un sentido a mi vida. . .

Aquella mujer estaba loca. Era la única explicación posible. No era la primera vez que tenía clientes desequilibrados.[26] Eso sí, no parecía peligrosa; se la podría sacar de encima por las buenas.[27] Se levantó con expresión solemne.

—Lo siento, señora, pero estoy muy ocupado y. . .

60 A la mujer se le puso una cara rarísima: la boca torcida, los labios temblorosos, los ojos mansos[28] y aterrorizados.

---

15. **arqueó las cejas** arched his eyebrows
16. **que si** omit in translation
17. **consciente. . . conocimiento de causa** aware of everything, who lives with a knowledge of causes
18. **lo inocente que** how innocent
19. **con fiereza** vehemently
20. **recalcar** to emphasize
21. **mueca** pout

22. **no reniegue (renegar) de** don't renege on
23. **avisar** to inform
24. **se desentendía** you were unaware
25. **velar** to watch over
26. **desequilibrados** unbalanced
27. **se la podría sacar. . . las buenas** he would gladly like to get her off his back
28. **manso** gentle

—Por favor, no se vaya. . . no se vaya. . . no quería ofenderle —murmuró, ronca; y luego empezó a chillar[29]—: ¡Es mi única oportunidad, la única! ¡Tengo derecho a que me escuche! ¡Si usted no. . . ! —Y de pronto se echó a llorar.

Si algo no soportaba Fresnos era ver llorar a una mujer. Y el de ella era un llanto total, [65] irreparable, de una desolación arrasadora.[30] "Está loca", se repitió, para serenarse. Se volvió a sentar. Ella, al verlo, se calmó. Sacó un pañuelito de encaje[31] para enjugarse los ojos y volvió a sonreír con una sonrisa forzada. "La de un náufrago intentando seducir a una tabla",[32] pensó Fresnos. Él mismo se quedó sorprendido: le había salido una metáfora preciosa, a la vez original y ajustada.[33] Y entonces tuvo una idea. Pues Fresnos, como [70] mucha gente, aprovechaba sus ratos libres para escribir, y tenía secretas ambiciones literarias. Y lo que acababa de ocurrírsele era que esa absurda visita podía proporcionarle un magnífico tema para un cuento. Empezó a escucharla, ahora sí, con interés.

—Hubiera podido fugarme,[34] ¿sabe? —decía ella—. Sí, le confieso que lo pensé. Usted. . . —se esforzaba visiblemente en intrigarle, en atraer su atención—, usted creía [75] conocer todos mis pensamientos, ¿verdad?

Lorenzo Fresnos hizo un gesto vago, de los que pueden significar cualquier cosa. Estaría con ella un rato más, decidió, y cuando le pareciese que tenía suficiente material para un relato, daría por terminada la visita.

—¡Pues no! —exclamó la mujer, con tono infantilmente burlón[35]—. Permítame que [80] le diga que no es usted tan omnisciente como cree, y que aunque he sido un títere[36] en sus manos, también tengo ideas propias. —Su mirada coqueta suavizaba apenas la agresividad latente en sus palabras. Pero Fresnos estaba demasiado abstraído pensando en su cuento para percibir esos matices.[37]

—. . . cuando me paseo por el puerto, ¿recuerda? continuaba ella—. En medio de [85] aquel revuelo de gaviotas chillando,[38] que parecen querer decirme algo, transmitirme un mensaje que yo no sé descifrar. —Se quedó pensativa, encogida.[39] —"Como un pajarito", pensó Fresnos, buscando símiles. "Un pajarito con las plumas mojadas."—. O quizá el mensaje era, precisamente, que no hay mensaje —murmuró ella.

Sacudió la cabeza, volvió a fijar los ojos en Fresnos y prosiguió: [90]

—Quería empezar de nuevo, despertarme, abrir los ojos y gobernar el curso de mi vida. Porque aquel día, por primera y desgraciadamente única vez, intuí mi ceguera.[40] — "¿Ceguera?", se asombró Fresnos.— Esa ceguera espiritual que consiste en no querer saber que uno es libre, único dueño y único responsable de su destino, aunque no lo haya elegido; en dejarse llevar blandamente por los avatares[41] de la vida. —"Ah, bueno", pensó Fresnos, [95]

---

29. **ronca. . . chillar** hoarse . . . to shriek
30. **arrasadora** crushing
31. **pañuelito de encaje** lace handkerchief
32. **la de un náufrago. . . una tabla** that (the smile) of a shipwrecked person trying to seize a board
33. **ajustada** appropriate
34. **hubiera podido fugarme** I could have fled

35. **burlón** mocking
36. **un títere** a puppet
37. **el matiz** shade, nuance
38. **revuelo de gaviotas chillando** flight of noisy gulls
39. **encogida** withdrawn
40. **intuí mi ceguera** I became aware of my blindness
41. **los avatares** incarnations

algo decepcionado.[42] —que en su cuento podía utilizar la ceguera como símbolo, no sabía bien de qué, pero ya lo encontraría.

—Por un momento —continuó la mujer—, jugué con la idea de embarcarme en cualquier barco y saltar a tierra en el primer puerto. ¡Un mundo por estrenar[43]. . . ! — exclamó inmersa en sus fantasías—. A usted no le dice nada, claro, pero a mí. . . Donde todo hubiera sido asombro, novedad: con calles y caminos que no se sabe adónde llevan, y donde uno no conoce, ni alcanza siquiera[44] a imaginar, lo que hay detrás de las montañas. . . Dígame una cosa —preguntó de pronto—: ¿el cielo es azul en todas partes?

—¿El cielo? Pues claro. . . —respondió Fresnos, pillado[45] por sorpresa. Estaba buscando la mejor manera de describir su rostro, su expresión. "Ingenuidad" y "amargura" le parecían sustantivos apropiados, pero no sabía cómo combinarlos.

—¿Y el mar?

—También es del mismo color en todas partes —sonrió él.

—¡Ah, es del mismo color! —repitió la mujer—. ¡Del mismo color, dice usted! Si usted lo dice, será verdad, claro. . . ¡Qué lástima!

Miró al detective y le sonrió, más relajada.

—Me alegro de que hagamos las paces. Me puse un poco nerviosa antes, ¿sabe? Y también me alegro —añadió, bajando la voz— de oírle decir lo del cielo y el mar. Tenía miedo de que me dijera que no había tal cielo ni tal mar, que todo eran bambalinas[46] y papel pintado.

Lorenzo Fresnos miró con disimulo su reloj. Eran las nueve y cuarto. La dejaría hablar hasta las nueve y media, y luego se iría a casa a cenar; estaba muy cansado.

La mujer se había interrumpido. Se hizo un silencio denso, cargado.[47] Afuera continuaba lloviendo, y el cono de luz cálida que les acogía[48] parecía flotar en medio de una penumbra[49] universal. Fresnos notó que la mujer estaba tensa; seguramente había sorprendido su mirada al reloj.

—Bueno, pues a lo que iba. . . —continuó ella, vacilante—. Que conste[50] que no le estoy reprochando que me hiciera desgraciada. Al contrario: tuve instantes muy felices, y sepa usted que se los agradezco.

—No hay de qué —replicó Fresnos, irónico.

—Pero era —prosiguió la mujer, como si no le hubiera oído— una felicidad proyectada hacia el porvenir, es decir, consistía precisamente en el augurio[51] (creía yo) de una felicidad futura, mayor y, sobre todo, definitiva. . . No sé si me explico. No se trata de la felicidad, no es eso exactamente. . . Mire, ¿conoce usted esos dibujos[52] que a primera vista no son más que una maraña de líneas entrecruzadas,[53] y en los que hay que colorear ciertas zonas para

42. **decepcionado** disappointed
43. **por estrenar** to be discovered
44. **ni alcanza (siquiera)** or even succeeds in
45. **pillado** caught
46. **bambalinas** stage decorations
47. **cargado** heavy
48. **el cono. . . acogía** the cone of warm light that welcomed them
49. **penumbra** darkness
50. **que conste** understand that
51. **el augurio** prediction
52. **dibujos** drawings
53. **una maraña de líneas entrecruzadas** a maze of interwoven lines

que aparezca la forma que ocultan? Y entonces uno dice: "Ah, era eso: un barco, o un enanito,[54] o una manzana". . . Pues bien, cuando yo repaso mi vida, no veo nada en particular;
sólo una maraña.

"Bonita metáfora", reconoció Fresnos. La usaría.

—Cuando llegó el punto final —exclamó ella, mirándole de reojo[55]—le juro que no   135
podía creérmelo. ¡Era un final tan absurdo! No me podía creer que aquellos sueños,
aquellas esperanzas, aquellos momentos de exaltación, de intuición de algo
grandioso. . . , creía yo. . . , terminaran en. . . , en agua de borrajas[56] —suspiró—.
Dígame —le apostrofó[57] repentinamente—: ¿por qué terminó ahí? ¡Siempre he querido
preguntárselo!   140

—¿Terminar qué? —se desconcertó Fresnos.

—¡Mi historia! —se impacientó la mujer, como si la obligaran a explicar algo obvio—.
Nace una niña. . . , promete mucho. . . , tiene anhelos, ambiciones, es un poquitín extravagante. . . , lee mucho, quiere ser escritora. . . , incluso esboza una novela, que no termina
—hablaba con pasión, gesticulando—, se enamora de un donjuán de opereta que la deja   145
plantada. . . , piensa en suicidarse, no se suicida. . . , llegué a conseguir una pistola, como
usted sabe muy bien, pero no la usé, claro. . . , eso al menos habría sido un final digno, una
conclusión de algún tipo. . . , melodramático, pero redondo, acabado. . . , pero ¡qué va!,
sigue dando tumbos por la vida. . . , hace un poquito de esto, un poquito de aquello. . . ,
hasta que un buen día, ¡fin! ¡Así, sin ton ni son![58] ¿Le parece justo? ¿Le parece correcto?   150
¡Yo. . . !

—Pero, ¿de qué diablos me está hablando? —la interrumpió Fresnos. Si no le paraba
los pies,[59] pronto le insultaría, y eso ya sí que no estaba dispuesto a consentirlo.

La mujer se echó atrás y le fulminó con[60] una mirada de sarcasmo. Fresnos observó
fríamente que se le estaba deshaciendo el moño,[61] y que tenía la cara enrojecida. Parecía   155
una verdulera.[62]

—¡Me lo esperaba! —gritó—. Soy una de tantas, ¿verdad? Me desgracia la vida, y
luego ni se acuerda. Luisa, los desvelos de Luisa, ¿no le dice nada? ¡Irresponsable!

—Mire, señora —dijo Fresnos, harto,[63] tengo mucho que hacer, o sea que hágame el
favor. . .   160

—Y sin embargo, aunque lo haya olvidado —prosiguió ella, dramática, sin oírle—, usted
me concibió. Aquí, en este mismo despacho: me lo imagino sentado en su sillón, con el codo
en la mano, mordisqueando[64] el lápiz, pensando: "Será una mujer. Tendrá el pelo rojizo,
la nariz afilada, los ojos verdes; será ingenua, impaciente; vivirá en una ciudad de provincias. . ." ¿Y todo eso para qué? ¡Para qué, dígamelo! ¡Con qué finalidad, con qué objeto!   165
¡Pero ahora lo entiendo todo! —vociferó—. ¡Es usted uno de esos autores prolíficos y

54. **enanito** dwarf
55. **de reojo** out of the corner of her eye
56. **agua de borrajas** sea of scribbles
57. **apostrofó** she said accusingly
58. **sin ton ni son** without reason
59. **si no le paraba los pies** if he didn't stop her
60. **le fulminó con** she hurled at him
61. **deshaciendo el moño** undoing the bun of hair
62. **una verdulera** a vegetable seller
63. **harto** fed up
64. **el codo. . . mordisqueando** elbow . . . nibbling

peseteros[65] que fabrican las novelas como churros[66] y las olvidan en cuanto las han vendi-
do! ¡Ni yo ni mis desvelos le importamos un comino![67] ¡Sólo le importa el éxito, el dinero,
su mísero pedacito de gloria! ¡Hipócrita! ¡Impostor! ¡Desalmado! ¡Negrero![68]

170   "Se toma por un personaje de ficción", pensó Fresnos, boquiabierto, Se quedó mirán-
dola sin acertar a decir nada, mientras ella le cubría de insultos. ¡Aquello sí que era una
situación novelesca! En cuanto llegara a casa escribiría el cuento de corrido.[69] Sólo le faltaba encontrar el final.

La mujer había callado al darse cuenta de que él no la escuchaba, y ahora le miraba de
175   reojo, avergonzada y temerosa, como si el silencio de él la hubiera dejado desnuda.

—Déme aunque sólo sean treinta páginas más —susurró[70]—, o aunque sean sólo
veinte, diez. . . Por favor, señor Godet. . .

—¿Señor Godet? . . . —repitió Fresnos.

Ahora era ella la que le miraba boquiabierta.

180   —¿Usted no es Jesús Godet?

Lorenzo Fresnos se echó a reír a carcajadas.[71]

La mujer estaba aturdida.

—Créame que lamento este malentendido —dijo Fresnos. Estaba a punto de darle las
gracias por haberle servido en bandeja[72] un argumento para relato surrealista—. Me llamo
185   Lorenzo Fresnos, soy detective, y no conozco a ningún Jesús Godet. Creo que podemos
dar la entrevista por terminada. —Iba a levantarse, pero ella reaccionó rápidamente.

—Entonces, ¿usted de qué novela es? —preguntó con avidez.

—Mire, señora, yo no soy ningún personaje de novela; soy una persona de carne y
hueso.

190   —¿Qué diferencia hay? —preguntó ella; pero sin dejarle tiempo a contestar, continuó—: Oiga, se me ha ocurrido una cosa. Ya me figuraba yo que no podía ser tan fácil
hablar con el señor Godet. Pues bien, ya que él no nos va a dar una nueva oportunidad,
más vale que nos la tomemos nosotros: usted pasa a mi novela, y yo paso a la suya. ¿Qué
le parece?

195   —Me parece muy bien —dijo tranquilamente Fresnos—. ¿Por qué no vamos a tomar
una copa y lo discutimos con calma? —Sin esperar respuesta, se levantó y fue a coger su
abrigo del perchero. Se dio cuenta de que no llevaba paraguas,[73] y estaba lloviendo a
mares. Decidió que cogería un taxi. Entonces la oyó gritar.

Estaba pálida como un cadáver mirando la biblioteca, que no había visto antes por
200   estar a sus espaldas. La barbilla[74] le temblaba cuando se volvió hacia él.

---

65. **peseteros** greedy
66. **churros** fried pastry in form of a cruller
67. **ni yo ni mis desvelos. . . un comino**
    neither I nor my torments are worth a fig
    to you
68. **negrero** slave trader
69. **de corrido** in no time at all

70. **déme. . . susurró** give me just thirty
    pages more, she whispered
71. **a carcajadas** in guffaws
72. **en bandeja** on a platter
73. **perchero. . . paraguas** coat rack . . .
    umbrella
74. **la barbilla** chin

—¿Por qué me ha mentido? —gritó con furia—, ¿por qué? ¡Aquí está la prueba! —Señalaba, acusadora, los libros—. ¡Cubiertos de polvo, enmudecidos,[75] inmovilizados a la fuerza! íEs aún peor de lo que me temía, los hay a cientos! Sus Obras Completas, ¿verdad? ¡Estará usted satisfecho! ¿Cuántos ha creado usted por diversión, para olvidarlos luego de esta manera? ¿Cuántos, señor Godet?   *205*

—¡Basta! —gritó Fresnos—. ¡Salga inmediatamente de aquí o llamo a la policía!

Avanzó hacia ella con gesto amenazador, pero tropezó con un libro tirado en el suelo junto a su sillón. Vio el título: "Los desvelos de Luisa". Creyó comprenderlo todo. Alzó la cabeza. En ese momento menguó[76] la luz eléctrica; retumbó un trueno,[77] y la claridad lívida e intemporal de un relámpago les inmovilizó. Fresnos vio los ojos de la mujer, fijos,   *210* desencajados,[78] entre dos instantes de total oscuridad. Siguió un fragor de nubes embistiéndose;[79] arreció[80] la lluvia; la lámpara se había apagado del todo. Fresnos palpaba los muebles, como un ciego.

—¡Usted dice que el cielo es siempre azul en todas partes! —La voz provenía de una forma confusa y movediza[81] en la penumbra—. ¡Sí! —gritaba por encima del estruendo—,   *215* ¡menos cuando se vuelve negro, vacío para siempre y en todas partes!

—¡Tú no eres más que un sueño! —vociferó Fresnos, debatiéndose angustiosamente[82]—. ¡Soy yo quien te he leído y quien te está soñando! ¡Estoy soñando, estoy soñando! —chilló en un desesperado esfuerzo por despertar, por huir de aquella pesadilla.[83]

—¿Ah, sí? —respondió ella burlona, y abrió el bolso.   *220*

Enloquecido, Fresnos se abalanzó hacia aquel bulto movedizo.[84] Adivinó lo que ella tenía en sus manos, y antes de que le ensordeciera el disparo[85] tuvo tiempo de pensar: "No puede ser, es un final absurdo. . ."

"Ni más ni menos que cualquier otro", le contestó bostezando Jesús Godet mientras ponía el punto final.   *225*

DESPUÉS DE LEER

A. Cuestionario

1. En el primer párrafo del cuento Lorenzo Fresnos, que espera una visita, empieza a leer un libro, mientras bosteza. ¿Es posible que lo que se narra sea un sueño?

2. Cuando la mujer le dice a Fresnos que él no debe renegar de su responsabilidad, ¿a qué responsabilidad se refiere ella?

75. **enmudecidos** silent
76. **menguar** to diminish
77. **retumbó un trueno** a clap of thunder resounded
78. **desencajados** contorted
79. **un fragor. . . embistiéndose** a crash of clouds striking each other
80. **arreció** grew worse
81. **movediza** shaky
82. **debatiéndose angustiosamente** struggling and in great distress
83. **pesadilla** nightmare
84. **se abalanzó. . . movedizo** sprang toward that moving form
85. **le ensordeciera el disparo** before the shot deafened him

3. ¿Qué se le ocurrió a Fresnos hacer para poder escuchar a la mujer con interés?
4. Al darse cuenta la mujer de que uno es libre, dueño de su destino, ¿qué querría hacer? ¿No es ella libre? Explique.
5. ¿Cuándo se dio cuenta Ud. de que ella es un personaje de ficción?
6. ¿Cuando Fresnos le dice que él no es ningún personaje de novela, sino persona de carne y hueso, ¿le parece que es verdad esto?
7. ¿Es simbólica la descripción de la tempestad —truenos, relámpagos, lluvia— que estalló (*exploded*) cerca del final del cuento?
8. ¿Ve Ud. algún significado en el nombre del supuesto autor, Jesús Godet?
9. ¿A qué se refiere el título, "Final absurdo"?

B. Comprensión. Ejercicio opcional.

De las tres personas mencionadas, ¿cuántas son ficticias? ¿Qué es real y qué es ilusión?

REPASO GRAMATICAL

Hacer y *llevar* en expresiones de tiempo.

To indicate an action that began in the past and is still continuing in the present, **hace** + the time + **que** is used with present tense of the verb.

Hace mucho tiempo que pienso en lo que quiero decirle.	*I have been thinking a long time about what I want to say to you.*
Hace tres años que trabajan aquí.	*They have been working here for three years.*
¿Cuánto tiempo hace que Ud. estudia español?	*How long have you been studying Spanish?*

When the **hace. . . que** construction is negative, it may take either the present or present perfect (**haber** + past participle) tense; the latter is more common.

Hace una semana que no la he visto.	
Hace una semana que no la veo.	*I haven't seen her for a week.*

When the main verb precedes the **hace** construction, **hace** is generally preceded by **desde**.

Trabajan aquí desde hace tres años.	*They have been working here for three years.*
Nos conocemos desde hace mucho tiempo.	*We have known each other for a long time.*

Desde alone is used when the time element is a date (day, month, etc.).

Ella espera desde ayer (o desde el lunes, desde julio, etc.)	*She has been waiting since yesterday (or since Monday, July, etc.)*
La mujer quiere ver a Fresnos desde el año pasado.	*The woman has been wanting to see Fresnos since last year.*

To indicate what *had* been going on for a certain length of time and was still continuing up to a point in the past when it stopped, **hacía. . . que** is used with the imperfect tense of the verb.

Hacía dos años que estudiábamos español (cuando decidimos ir a México).	*We had been studying Spanish for two years (when we decided to go to Mexico).*
¿Cuánto tiempo hacía que se conocían antes de casarse?	*How long had you known each other before getting married?*

With a verb in the preterite or imperfect tense, **hace** + the period of time means *ago*. Observe the word order. When **hace** begins the sentence, **que** generally follows.

Salió hace tres horas.	*She left three hours ago.*
Hace tres horas que salió.	
¿Cuánto tiempo hace que llegó?	*How long ago did he arrive?*
¿Llegó hace cuánto tiempo?	

Time expressions with *llevar*

Llevar is used like **hacer** in the idiomatic time construction. However, it is the main verb of the sentence.

Llevo tres años aquí.	*I have been here for three years. (literally, I carry three years here.)*
La mujer del cuento dice a Fresnos:	
Llevo tanto tiempo pensando en lo que quiero decirle.	*I have been thinking so long about what I want to say to you.*
Mi profesor(a) llevaba cinco días ausente.	*My teacher had been absent for five days.*

Llevar + period of time + the present participle (**el gerundio**) is used to describe an affirmative action in this idiomatic time construction.

La mujer lleva media hora esperando.	*The woman has been waiting for half an hour.*
Llevaba quince años enseñando español.	*He had been teaching Spanish for fifteen years.*

With a negative, **llevar** is followed by **sin** and an infinitive.

Llevamos tres días sin ver a nuestra abuela.	*We haven't seen our grandmother for three days.*
La mujer lleva un año sin obtener su autonomía.	*The woman hasn't obtained her autonomy for a year.*
Llevaba cuatro meses sin poder encontrar a su creador.	*She hadn't been able to find her creator for four months.*

C. Conteste Ud. en español.

1. ¿Cuánto tiempo hace que estudia Ud. español?
2. ¿Cuánto tiempo hace que comió Ud.?
3. ¿Sabe Ud. cuánto tiempo hace que su profesor(a) enseña español?
4. ¿Desde qué mes sigue Ud. esta asignatura (*course*)?
5. ¿Cuánto tiempo lleva Ud. sin ver a su familia?
6. ¿Cuánto tiempo hace que llegó al aula (la sala de clase)?
7. ¿Lleva Ud. mucho tiempo jugando al tenis (o al cualquier otro deporte)?
8. ¿Cuánto tiempo hacía que leía el libro cuando decidió acostarse?
9. ¿Hace mucho tiempo que la mujer se dio cuenta de que es un personaje de ficción?
10. ¿Llevabas mucho tiempo estudiando un idioma extranjero antes de venir a esta escuela?

D. Cambie Ud. el orden de las palabras según el modelo.

Hace una hora que Carlos llegó.
Carlos llegó hace una hora.

1. Hace dos minutos que el autor terminó su cuento.
2. Hace tres meses que celebraron su aniversario.
3. Hace años que hubo una revolución.
4. Hace una semana que yo se lo prometí.
5. Hace un rato que ella se sintió mala.

E. Traducir. Traduzca Ud., empleando **hacer. . . que** y **llevar** donde sea posible.

1. I have been playing the piano for seven years.
2. We bought a new house a month ago.
3. Fresnos hasn't been paying attention (**hacer caso a**) to her for almost an hour.
4. I had been driving my parents' car for two years when they sold it.
5. How long has baseball been popular in Mexico?
6. The war ended a few months ago.
7. How long has your husband been away (**faltar**), Paula?
8. How long had Fresnos been aware of (**ser enterado de**) his real identity?
9. My parents bought our house a year ago.
10. I haven't been speaking Spanish for three days with my Spanish friend because she wants to learn English.

19

Javier García Sánchez

1955–

O ne of the most respected and prolific younger writers in Spain today, Javier García Sánchez of Barcelona is already the author of an astonishing number of short stories, essays, and poems, but he considers himself to be above all a novelist. He recently completed his ninth novel, *La mujer de ninguna parte.* His second, *La dama del viento sur,* earned him the prestigious Pío Baroja Prize in 1985. An immediate best seller in Spain, it has also been translated into English.

As you will see in the story that follows, García Sánchez is given to philosophical thought in this and in other stories. *Teoría de la eternidad,* from the collection of the same name, is a masterful blend of the fantastic and the real that reflects the influence of magic realism. A young man obtains a book that fills him with apprehension and even fear as he peruses its pages. He eventually gets rid of it in the same way that he acquired it. Will the next owner do the same thing? Will others continue, *ad infinitum?* The title is open to interpretation.

García Sánchez has said that the theme of the infinite book defines his own life, recurring in everything he does, thinks, and writes. **"Siempre, hasta que me muera con una estilográfica entre los dedos, querré continuar donde el cuento acababa, es decir, en el principio, donde se agazapa un germen de inquietud y de esperanza."**

Teoría de la eternidad

La máquina del tren llegó a la estación dispersando con su marcha lenta la espesa niebla que desde la caída de la tarde había ido acumulándose sobre los raíles. Asomaba el morro[1] con timidez, como si temiese agrandar aún más la brecha[2] que segundos antes abriera[3] en aquella cortina inmensa, blanca, vaporosa. La fragancia de unos pinares cercanos[4] parecía estar en contubernio con la maltrecha luna[5] para conferirle al ambiente[6] un algo de mágico que ni el olor a madera, grasa[7] o hierros oxidados podían borrar.

Crujieron las ruedas[8] y el tren-expreso se detuvo. Por los altavoces[9] una voz anunció que aquel convoy se dirigía a la capital, a casi quinientos kilómetros de distancia. Recordó a los pasajeros que la siguiente parada no se produciría[10] hasta arribar a una ciudad sita[11] a unas tres horas de allí.

Un joven bajó del tren. Llevaba una bolsa de deporte colgada en el hombro y caminaba a grandes zancadas[12] en dirección a la puerta sobre la que podía verse un cartel luminoso con la inscripción: "Salida". Estaban a punto de cerrar el bar y el pequeño quiosco situados en el mismo andén. Se disponía a cruzar por el paso de vías[13] cuando oyó que alguien le chistaba.[14] Se giró. Desde la ventanilla de uno de los vagones un hombre le hacía gestos con la mano. Instintivamente miró en torno suyo para confirmar si él era el destinatario de la señal de aquel tipo. En efecto, ahora repitió su ademán[15] de manera más ostentosa, como si, teniendo cierta urgencia en decirle algo, le pidiera que se acercase.

Dirigió sus pasos allí mientras por los altavoces la misma voz insípida de antes anunciaba la inminente salida del tren. No había llegado aún a la altura de la ventanilla cuando el hombre le preguntó si tendría la amabilidad[16] de hacerle un gran favor. Él asintió[17] mientras el otro parecía rebuscar algo en el bolsillo de su abrigo y luego, haciendo gala de unos exquisitos modales,[18] le dijo que por favor le comprase un libro en el quiosco, todavía abierto, pues no tenía nada que leer y el viaje se presentaba largo y aburrido. Como viese

1. **asomaba el morro** it approached the hillock timidly
2. **agrandar. . . la brecha** to enlarge the breech
3. **abriera** had opened
4. **pinares cercanos** nearby pine groves
5. **en contubernio. . . luna** in union with the abused moon
6. **conferirle al ambiente** to give the surroundings
7. **grasa. . .** fat, grease or rusted iron
8. **crujieron las ruedas** the wheels squealed
9. **altavoces** loudspeakers
10. **no se produciría. . .** would not come until they arrived
11. **sita** situated
12. **zancadas** strides
13. **se disponía. . . vías** he was about to cross the tracks
14. **le chistaba** called to him
15. **repitió su ademán** he (the stranger) repeated his signal
16. **la amabilidad** kindness
17. **asintió (asentir)** to agree
18. **haciendo gala. . . modales** with an exaggerated display of manners

la cara de sorpresa e indecisión del joven, y teniendo en cuenta que el tren iba a partir de un momento a otro, se apresuró a decirle que le daba igual cualquier cosa mientras fuera para leer.[19] Simultáneamente estiró su brazo hacia afuera alcanzándole[20] un billete con el que sin duda tendría suficiente, y quizás aún le sobrase una cantidad elevada.[21]

—¿Revista o libro?, ¿qué prefiere? —le preguntó.

—Mejor un libro —diría el hombre.

Corrió hacia el quiosco. Una vez allí daría un rápido repaso visual al expositor giratorio[22] de libros y luego a los estantes.[23] Entre todas las portadas[24] una llamó su atención, por lo que pidió a la señora del quiosco se lo alcanzara. Ésta cogió el libro de al lado. Tuvo que apuntar con el índice para señalarle exactamente cuál quería. Sonaba el silbato del tren cuando el joven, urgiéndole para que se diera la mayor prisa[25] posible, le entregó el billete. La mujer, contagiada[26] ya de su propio nerviosismo, no acertaba a[27] encontrar el cambio. Desparramó[28] un montón de monedas sobre varias revistas. Entre ellas había algunos billetes estrujados que desdobló[29] y fue entregándoselos mientras hacía la cuenta[30] en voz alta.

Tras un movimiento brusco e inicialmente de retroceso[31] las ruedas del tren comenzaron a girar con lentitud. El joven hizo un somero recuento[32] mental de la cantidad de dinero devuelta, cogió el libro en una mano y, colocándose bien la bolsa sobre el hombro, se dispuso a alcanzar el vagón a la carrera,[33] cosa que probablemente hubiese logrado de no ser[34] porque en ese mismo momento otro tren pasaba a toda velocidad en sentido contrario. Era un mercancías[35] de esos que parecen no terminarse nunca. Para aprovechar unos metros y unos segundos que podían resultarle preciosos siguió andando apresuradamente en la misma dirección del expreso. Una vez hubo pasado ante él el último vagón del mercancías saltó la vía de tres o cuatro zancadas. Iniciaría una breve carrera[36] por el andén, pero ya era inútil querer alcanzar el vagón desde el que el hombre, apoyados los codos en la ventanilla,[37] había contemplado toda la operación. Éste, disipándose su imagen en la lejanía oscura en la que poco a poco entraba,[38] le hizo con el brazo un signo de comprensión y luego de despedida.

Todavía jadeante[39] por el esfuerzo hecho emprendió el regreso caminando por un bordillo de cemento[40] situado junto a los raíles. Llegó a la estación y en la sala de espera

19. **le daba igual. . . leer** anything to read was all the same to him
20. **alcanzándole** handling him
21. **le sobrase. . . elevada** quite a bit left over
22. **el expositor giratorio** the revolving stand
23. **estantes** shelves
24. **las portadas** (book) covers
25. **urgiéndole. . . prisa** urging her to hurry
26. **contagiada** affected by
27. **no acertaba a** could not find the change
28. **desparramar** to spread, to scatter
29. **billetes. . . desdobló** rumpled bills which she straightened out
30. **fue entregándoselos. . . cuenta** handing them to him as she added it up
31. **de retroceso** going back
32. **somero recuento** quick count
33. **a la carrera** as it was starting to go
34. **de no ser** if it were not
35. **un mercancías** freight train
36. **iniciaría una breve carrera** he would have begun to run
37. **apoyados. . . ventanilla** leaning out the window
38. **disipándose. . . poco a poco entraba** gradually disappearing as the train pulled away
39. **jadeante** panting
40. **bordillo de cemento** concrete curbing

55 pensó que quizá fuera mejor canjear[41] el libro por el dinero, que al fin y al cabo iba a serle más útil. No obstante decidió llevárselo, pues ya había molestado bastante a la señora del quiosco con lo de la prisa y el cambio como para irle[42] ahora con esto. Pasó junto a las taquillas[43] y pocos minutos después ya había atravesado unos jardines y parte del camino que debía hacer para llegar hasta su casa. Recapacitó en lo gracioso[44] de aquella situación.

60 De la forma más impensada le había tocado en suerte[45] un regalo doble, libro y dinero, que compensaban con creces, sobre todo este último,[46] la carrerita y los nervios momentáneos. Sintió pena por el tipo del tren, que no tendría qué leer de no pedir a alguien algo prestado.[47]

Entonces miró el libro que llevaba entre las manos. Detuvo sus pasos para ver mejor
65 la portada y las primeras páginas, que fue repasando[48] una a una con atención. De pronto lo cerró con fuerza, girándose para comprobar si le observaban. Sólo un coche doblaba la esquina de la calle. El joven se aproximó con cautela a la farola más cercana. Tras dejar la bolsa de deporte en el suelo repitió su anterior operación, abriendo de nuevo el libro por las páginas del principio. Su cabeza inició un vaivén[49] casi imperceptible al leer
70 los renglones de un párrafo. Después lo abrió por la mitad y por el final. En la palma de su mano algo frío le hizo caer en la cuenta de que había olvidado por completo el dinero. Las monedas y varios billetes estaban impregnados de sudor.

Volvió a mirar hacia ambos lados de la calle. Nadie venía y con suma rapidez introdujo el libro en la bolsa. Cerró bien la cremallera.[50] Era necesario no encontrarse con nadie
75 conocido, evitar los sitios donde pudiese hallar gente. Tomó varias callejuelas apenas iluminadas, incluso no siendo ese el camino más corto[51] hasta su casa.

La llave parecía no responder a la presión ejercida en la cerradura. En un segundo intento cedió la puerta de aquella planta baja. Ya dentro dejó la bolsa cuidadosamente apoyada en una silla. Apretó el interruptor de la luz[52] y, tras cerrar de nuevo la puerta, cogió la bolsa
80 transportándola a una de las habitaciones de la casa. Allí, en medio de la penumbra, extrajo el libro metiéndolo sin ninguna dilación[53] en el pequeño cajón de la parte inferior de un armario ropero.[54] Lo empujó apretándolo bien para que no quedase a medio cerrar. Aquél no era su cuarto pero daba igual.[55] Creyó preferible quedarse en él hasta el día siguiente. Se recostó en la cama envolviéndose con un edredón.[56] Por la ranura[57] de la
85 puerta vio que se había dejado encendida la luz del recibidor.[58] Apartaría los ojos para no

41. **canjear** exchange
42. **como para irle** to go to her
43. **las taquillas** ticket windows
44. **recapacitó en lo gracioso** he thought about the strangeness
45. **De la forma. . . en suerte** in the most unexpected way he had got by luck
46. **con creces. . . último** (that compensated) more than enough, especially the latter (money), for . . .
47. **de nor pedir. . .** unless he borrows something from somebody
48. **fue repasando** kept turning

49. **un vaivén** dizziness
50. **la cremallera** zipper
51. **incluso no siendo. . . corto** even though it wasn't the shortest way
52. **apretó. . . luz** he flipped the light switch
53. **dilación** delay
54. **cajón. . . ropero** in a box on the floor of a clothes closet
55. **daba igual** it didn't matter
56. **edredón** (wrapping) a blanket (around him)
57. **la ranura** opening
58. **recibidor** anteroom

verla. No iba a pasar nada porque se quedase toda la noche encendida. No debía moverse de allí bajo ningún concepto. Y sobre todo no debía dormir.

La primera claridad del alba le pilló[59] en un estado de absoluta semiinconsciencia. Pronto notó que estaba vestido sobre una cama que no era en la que habitualmente dormía. Ni siquiera se había quitado los zapatos. El placentero sopor[60] se tornó preocupación al recordar el armario y lo que allí dentro había. Prácticamente agotó[61] el contenido de un paquete de tabaco en espera de que las manecillas del reloj alcanzasen una hora prudencial en la que pudiese hacer lo que en realidad le obsesionaba, indagar[62] a través de la quiosquera cómo había llegado a su poder aquel libro que ella le vendiese la noche anterior.

Dieron las nueve en el despertador cuando salió de casa para dirigirse a la estación. Se levantó las solapas del chaquetón de pana[63] y apenas apartó la vista del suelo en todo el trayecto. Su desazón[64] fue enorme al comprobar que quien estaba tras el mostrador del quiosco no era la misma mujer de unas horas antes. Al preguntarle por ella la otra afirmó ser su hermana, que la sustituía en el negocio de tanto en tanto.

—Sólo cuando tiene algún recado[65] importante que hacer —dijo.

Obviamente no estaba al corriente de los libros expuestos a la venta y le aconsejó que volviera al día siguiente.

De regreso a casa permaneció encerrado todo el día, dando periódicos paseos a la habitación del armario. A media tarde sonaría el teléfono, llamada que atendió con cierta indecisión. Eran de su trabajo y querían saber qué le pasaba. Dijo hallarse muy enfermo y que probablemente no se habría recuperado para el día siguiente. Le desearon una pronta mejoría. A partir de ahí una sucesión interminable de horas fue creándole auténtico malestar general y hasta dolor de cabeza.

Su impaciencia era ya algo difícilmente dominable[66] cuando a la mañana siguiente volvió a ir a la estación. Ver de nuevo el rostro que esperaba encontrar le tranquilizó bastante. Procurando poner a resguardo[67] la inquietud que lo motivaba, alegó una excusa cualquiera para abordar[68] a la mujer. Le rogó que hiciese memoria a fin de recordar cómo había llegado a su quiosco el libro que comprase la penúltima noche, ya que, extrañamente, en él no se especificaba autor, editorial[69] o dirección alguna.

La mujer se acarició[70] el mentón mientras con la vista recorría varios libros colocados en los estantes. No tenía ni idea. Dijo que tal vez lo hubiese cogido su marido, pero lo cierto, añadió, es que éste casi nunca se dejaba ver por el quiosco.

Iba a desistir de su intento cuando de repente ella encogió la mano como si hubiese cazado al vuelo un recuerdo.[71]

---

59. **le pilló** caught him
60. **el placentero sopor** the pleasant sleepiness turned into
61. **agotó** he finished off, emptied
62. **indagar** to investigate
63. **las solapas. . . pana** the lapels of his corduroy coat
64. **desazón** displeasure
65. **recado** errand
66. **difícilmente dominable** hard to control
67. **a resguardo** under control
68. **alegó. . . abordar** he made some excuse to approach
69. **editorial** publisher
70. **se acarició** stroked
71. **ella encogió. . . recuerdo** she grabbed her hand as if she had suddenly remembered something

120 —¡Ya sé! —manifestó, satisfecha de hacerle el favor a aquel joven que tanto interés parecía tener en el libro.

A él le dio un vuelco el corazón.[72]

—Sí, sí, déjeme que me asegure. . . —vaciló unos instantes—. Sí. Fue al final del otoño. Casi estaba cerrando, como cuando vino usted con las prisas. Recuerdo que el

125 señor aquel traía en la mano un paquete y que era sumamente amable. Por eso acepté que dejase aquí un ejemplar de su libro.

—¿De *su* libro, dice? . . . —la interrumpió sin lograr reprimir la ansiedad—. ¿Era él quien lo había escrito?

La mujer abrió los brazos dando a entender que tanto no sabía.

130 —Qué más quisiera yo que ayudarle si eso estuviese en mi mano[73] —dijo—. A ver que piense[74]. . . —volvió a mirar el lugar ocupado por el libro con el que había sustituido a aquél del que hablaban—. Sí. Dijo que en una semana pasaría para saber si alguien lo había comprado, pero nunca lo hizo, como usted puede suponer, porque el libro estaba aún ahí el otro día.

135 —¿Pero no logra recordar cómo era el hombre más o menos, su edad, si mencionó algo para localizarle?

—No, y ahora que lo dice, recuerdo que hubo una cosa un poco rara —aclaró la mujer mirándole fijamente—. Momentos después de que el señor hubiera dejado el libro dándome las gracias, se me borró por completo su cara. Mire que lo tuve frente a mí, hablan-

140 do los dos varios minutos, pero si me lo llego a encontrar en la calle un instante después no lo conozco. Pensé que lo reconocería al venir preguntando de nuevo por su libro. Pero dejé de darle importancia al asunto y lo olvidé.

Él pronunció unas casi inaudibles palabras de agradecimiento y después caminaría durante más de una hora con la impresión de una profunda impotencia grabada en el

145 pecho. Temió incluso que los demás pudiesen ver ese insoportable tatuaje[75] a través de la ropa, esa cicatriz abierta en el momento justo en que, hablando con la señora, se dio cuenta de que por más que lo intentaba tampoco él podía recordar la cara del hombre. Nada. Ni un rasgo.

Entonces lo comprendió todo.

150 Había que actuar y rápido. Lo primero que hizo al llegar a casa fue echarle una furtiva mirada al libro.

Continuaba en su sitio, envuelto por varias prendas[76] que no acostumbraba a usar. Intentaría cogerlo, luego de permanecer dubitativo y en cuclillas[77] ante el armario, pero

---

72. **le dio un vuelco el corazón** his heart turned over
73. **quisiera. . . mi mano** I would help you more if I could
74. **A ver que piense** let me think
75. **insoportable tatuaje** unbearable tattoo
76. **envuelto. . . prendas** surrounded by several articles of clothing
77. **permanecer. . . cuclillas** then would remain doubtful, squatting

su mano salió disparada hacía atrás como un resorte.[78] Había notado en ella el efecto de
una quemadura, de una fuerte descarga eléctrica. Después se dedicó a rebuscar entre unos
papeles durante bastante rato. Finalmente sacó de allí un pequeño mapa en el que se veía
el trayecto de la red de ferrocarriles[79] de toda la región. Al lado venía adjunto un horario[80]
detallando la salida de los trenes. Recordó que la siguiente estación en la que había
quiosco en el andén era la tercera a partir, por supuesto, de donde él se encontraba. O lo
hacía ahora o no lo haría nunca.

Ya caía la tarde cuando se detuvo frente a la taquilla de billetes con una bolsa de plástico bajo el brazo. Paseó y estuvo fumando todo el rato hasta que el tren de cercanías[81] hizo
su aparición. Llevaba algo de retraso, pero eso carecía de importancia. Sólo debía preocuparle su destino. Por fortuna nadie se sentó junto a él durante el trayecto. Parecía ausente.

Al arribar a la estación ya habían encendido las luces del andén. Notó un excesivo
trasiego de gente,[82] pero no podía detenerse. Fue directo al quiosco, donde el dueño del
negocio y un cliente departían[83] en tono amigable. Esperó a que este último se fuese. Lo
había hecho ya y él se disponía a abordarle cuando una chica se acercó a comprar una
revista. Finalmente también ella se fue.

Por fin estaban solos. Era el momento. Procuró dar muestras de serenidad y ofrecer
una imagen afable. Extrajo el libro de la bolsa, sin mirarlo. Dijo ser su autor y que carecía
de posibilidades de hacerlo llegar a otros quioscos o librerías por los canales de distribución normales. Le rogó, por tanto, que durante unos días tuviese expuesto ese ejemplar,
una semana a lo sumo. Luego él mismo vendría para saber si alguien lo había comprado.
Al principio pareció que el quiosquero iba a poner alguna objeción, pero no fue así.
Dejando bien claro que le hacía un favor consintió en colocar el libro en un estante. Allí
se quedó, medio torcido y casi tapado[84] por otro cuya portada era mucho más vistosa.[85]
El joven, sudoroso, se lo agradecería con discreta insistencia.

Comenzó a caminar dirección al lugar del que había venido. Pasó de largo[86] la
estación y varias fábricas colindantes,[87] luego el pueblo y unas decenas de chabolas amontonadas[88] junto a un arroyo seco utilizado como vertedero de basuras.[89] Después sus pies
cruzaron en diagonal unas huertas apenas iluminadas por una aguja de luz macilenta[90]
que provenía de la luna. Sí, era la misma luna de aquella vez. Caminaba sin mirar atrás,
imprimiendo más y más velocidad a sus pisadas.[91] Se sintió estallar de emoción, pues estaba a punto de conseguirlo. Sobre todo no debía girarse bajo ningún concepto. Mirar
siempre hacia delante. Sabía que otro hombre, desde otro vagón, volvería a pedirle a

78. **salió disparada. . . resorte** shot back like a spring
79. **el trayecto. . . ferrocarriles** the train routes
80. **un horario** (next to it was) a timetable
81. **de cercanías** local
82. **trasiego de gente** a lot of people moving about
83. **departir** to chat
84. **medio torcido y. . . tapado** half bent and almost covered
85. **portada. . . vistosa** cover . . . showy
86. **de largo** without stopping
87. **colindantes** adjacent
88. **chabolas amontonadas** tin or cardboard shacks clustered
89. **vertedero de basuras** dump
90. **aguja de luz macilenta** a needle of faint light
91. **imprimiendo. . . pisadas** walking faster and faster

alguien que le comprase un libro al azar, para matar el tiempo. Con la certeza de que ese alguien elegiría ese y no otro libro, él caminaba tropezando a veces, cayéndose otras, pero sin mirar atrás, sabedor de que en cuanto llegase a los campos abiertos podría correr y correr hasta internarse en la noche de la esperanza.

190

Era la salvación, el único medio de purificarse de cuanto había visto en aquel libro que tal vez también haya estado en determinado momento y sin saberlo cerca de muchos de nosotros, que quizá tú mismo, lector, tuvieses alguna vez o tengas ahora entre las manos.

DESPUÉS DE LEER

A. Cuestionario

1. El joven protagonista bajó del tren, pero no volvió a su casa hasta más tarde. ¿Por qué?
2. ¿Fue por casualidad que escogió ese libro y no otro?
3. ¿Cree usted que el viajero se enfadó cuando el joven no pudo darle el libro y el dinero?
4. Con rumbo (*on the way*) a su casa, ¿por qué consideró el joven graciosa aquella situación?
5. ¿Cuándo fue la primera vez que se dio cuenta de que había algo raro y terrible en este libro?
6. Explique Ud. cómo sus acciones, cuando volvía a casa y después, revelan su inquietud.
7. Hay una cosa sobre todo que el joven no debe hacer esa noche. ¿Cuál es?
8. ¿Qué se decide a hacer a la mañana siguiente, con qué resultado?
9. Cuando logró hablar otra vez con la quiosquera, ¿qué información podía ella darle?
10. ¿Tiene usted alguna idea que explique el tatuaje y la cicatriz en el cuerpo del joven?
11. ¿Cuáles son algunas señales físicas que padece el joven al tocar el libro?
12. ¿Por qué se apresuró a ir a la siguiente estación en la que había quiosco?

B. Si se permite usted un poco de especulación, ¿qué diría respecto a las preguntas siguientes?

1. Al final del cuento, el protagonista habla de su salvación y la manera de purificarse. ¿Salvación de qué?
2. La última observación significativa del autor, que "quizá nosotros hayamos tenido también aquel libro entre las manos". ¿Qué quiere decir el autor?

C. Comprensión. Seleccione Ud. la frase más apropiada de las posibilidades entre paréntesis, según el texto.

1. El joven bajó del tren (para comprar un libro, para usar los servicios (*rest rooms*), para volver a su casa).
2. Se detuvo porque (alguien le hacía gestos, vio a una amiga, quería oír los altavoces).

3. Tuvo que ir (a la librería, al quiosco, a la sala de espera) para comprar el libro.

4. El joven no pudo entregarle el libro al viajero (porque no alcanzó el vagón, se cayó cruzando las vías, la quiosquera tardó demasiado).

5. Volviendo a casa, se puso a ojear el libro y de repente sintió (alegría, asco (*disgust*), vértigo).

6. A la mañana siguiente, demostró su agitación (gritando a la quiosquera, fumando demasiado, llamando al autor misterioso).

7. El joven cogió un tren con destino (al quiosco próximo, a casa del autor, a la editorial (*publisher*) del libro).

8. Pudo librarse del libro (dándoselo a otro joven, vendiéndoselo a un viajero, dejándolo con el quiosquero).

REPASO GRAMATICAL

The prepositions **de** and **a** + infinitive often replace the *if* clause:

El señor no tendría qué leer de no pedir a alguien algo prestado.	*The man wouldn't have anything to read if he didn't borrow something from somebody.*
Todo hubiera ido bien a no ser por el otro tren.	*Everything would have gone well if it hadn't been for the other train.*

Other substitutions for **si**:

1. **Con** + infinitive

Con decir la verdad, no te castigarán.	*If you tell the truth, you will not be punished.*

2. **Como** + the subjunctive

Como no llegues a tiempo, perderás el tren.	*If you don't arrive in time, you'll miss the train.*

3. An elliptical phrase

Yo que el joven me libraría de ese libro.	*If I were the young man, I would get rid of that book.*

D. Analice Ud. las siguientes expresiones y traduzca las frases. Use primero **si** y luego una sustitución por la frase con **si.**

caer en la cuenta	*to realize*
volver a + infinitive	*to do (something) again*
estar al corriente de	*to be aware of, to be up-to-date on*
dejar de + infinitive	*to stop (doing something)*
por más que + verb	*no matter how much (with verb usually subjunctive)*
haber que + infinitive	*to be necessary (impersonal), (one) must (do something)*

1. He asked the young man to approach the window if he wasn't in a hurry.
2. The other woman wasn't up on the books for sale (**a la venta**) and advised (**aconsejar**) the young man to return later, if he could do so.
3. If you buy a new book at random (**al azar**), is it necessary to feel pain in order to stop reading it? I'm thinking of that matter of the mysterious book in the story.
4. The young man realized that he had to move rapidly if he wanted to get rid of that book.
5. No matter how much he tries (**intentar**), he will never forget that experience if he lives to be a hundred years old.

20

Carme Riera 1949–

With the rise of feminism in Spain since the 1970's, more and more women have felt the necessity to relate living experiences with which women could identify. One of the most brilliant of this younger generation of women writers is Carme Riera. Born in Majorca, she lives in Barcelona, where she is a professor of Castilian literature at the Universidad Autónima in that city.

Her first collection of stories, written originally in Catalan, *Te deix, amor, la mar com a penyora,* (*I Leave You, My Love, the Sea as a Token*) was a bestseller. Her first novel, **Una primavera para Domenico Guarini,** is a brilliant, complex, experimental work. It is filled with problems common to contemporary culture: terrorism, drug addiction, and abortion, among others. The work moves along two planes: an investigation carried on by a reporter named Clara and, as counterpoint, the problems of a young woman named Clara who must decide whether or not to have an abortion.

Carme Riera's spontaneous and authentic creative vitality is manifest in an ever-expanding literary production. She has written four more novels, four collections of stories, and many essays on literature.

The story that follows is presented from the perspective of a journalist (as Riera herself has been) as she probes the shocking effect of the actions of two young Americans upon the inhabitants of a small Majorcan fishing village.

El reportaje[1]

Deyá, 22 de septiembre de 1980.

Querida Hellen: Necesito que me averigües[2] si vive en Santa Bárbara una mujer llamada María Evelyn MacDonald, de unos cuarenta años. De momento no puedo darte más datos. Saber su paradero[3] y entrar en contacto con ella me es absolutamente imprescindible,[4] como verás por el relato que te envío. Te llamaré en cuanto pueda desde Nueva York y te mantendré al corriente[5] de este asunto. Por favor, no creas que me he trastornado.[6] Haz todo lo posible por ayudarme. Pregunta, busca en la guía telefónica. . . lo que puedas.

Un abrazo,

Stephani

Éste es un pequeño pueblo de la costa norte de Mallorca. Las casas de piedra se asoman al torrente ofreciéndole[7] sus diminutos jardines malvas.[8] Las buganvillas[9] todavía floridas compiten con las hiedras[10] en su intento de escalar paredes y muros: Sólo desde las ventanas más altas puede verse el mar que penetra a lo lejos la redonda cala[11] desierta. Los últimos veraneantes,[12] los más fieles y rezagados[13] se fueron semanas atrás. Somos muy pocos los forasteros[14] que aún permanecemos aquí, aparte de la exigua[15] colonia extranjera establecida en el pueblo hace muchos años. Confieso que yo también me iré en breve. El retraso[16] de mi marcha no obedece ya a ninguna causa puesto que ayer se cumplió lo que esperaba,[17] lo único que me tenía aquí. Y sin embargo siento marcharme. Pero no tengo otra posibilidad. Debo salir de aquí cuanto antes.

Nunca se me hubiera ocurrido imaginar durante los días que siguieron a mi llegada que pasaría aquí todo el verano afanándome[18] únicamente en la búsqueda de noticias para

1. special feature article
2. **averiguar** to find out
3. **paradero** whereabouts
4. **imprescindible** essential
5. **mantendré al corriente** I'll keep you informed
6. **me he trastornado** I have become mad
7. **se asoman. . . ofreciéndole** look out upon the abundance of water offering to one
8. **malvas** mallows (a purple, red, or white flower)
9. **buganvillas** bougainvilleas (brilliant purple-red flower)
10. **hiedras** ivy
11. **cala** cove, inlet
12. **veraneantes** summer vacationers or residents
13. **rezagados** procrastinating
14. **forasteros** strangers, outsiders
15. **exigua** meager, scarce
16. **retraso** delay
17. **se cumplió. . . esperaba** what I hoped to do was accomplished
18. **afanándome** struggling, "knocking myself out"

realizar un reportaje. Lo cierto es que el asunto me desbordó.[19] Desde el principio la hostilidad de los nativos frente al tema me pareció anormal. Los habitantes de estas tierras están acostumbrados al trato con extranjeros y son por naturaleza amables y hospitalarios. ¿Por qué se obstinaban en guardar silencio? Ni siquiera mis ofrecimientos monetarios fueron capaces de refrescarles la memoria. . . Los más jóvenes se excusaban diciendo que nunca oyeron hablar del caso y los más viejos, aquellos que pudieron conocer de cerca los hechos o más aún incluso vivirlos, se negaban a hacer declaraciones.

De Anaïs Nin[20] tampoco se acordaba nadie. "Pasan por aquí tantos artistas. . . Ud. comprenderá. . . estamos acostumbrados a ver a tanta gente. . . caras nuevas. . ." Gracias a la mujer de Robert Graves[21] pude averiguar dónde vivió la escritora. Una casita en el "Clot", con un pequeño jardín, como todas. Su actual propietaria, una muchacha negra que pasa los veranos aquí, me dejó visitarla encantada y se alegró mucho de conocer la noticia, pues ignoraba[22] que la Nin hubiera residido en Deyá y menos aún en su casa. . .

Naturalmente la casa no guardaba ni una huella[23] de la estancia[24] de la escritora, sin embargo le hice algunas fotos para ilustrar mi reportaje que seguía aún en punto muerto.[25]

En el fondo estaba muy desanimada,[26] me daba cuenta de que había empezado mal, no sacaba nada en claro; lo mejor que podía hacer era olvidar mi compromiso[27] con Partner* y con el número extraordinario que su revista publicaba en homenaje a[28] Anaïs Nin y dedicarme a tomar el sol. Al fin y al cabo la culpa era mía. Nunca se debe creer al pie de la letra[29] la afirmación de un escritor cuando dice que la historia que va a narrarnos la escuchó de labios ajenos[30]. . . Pero en el caso de la Nin me costaba trabajo no tomarla en serio: "Estaba yo pasando el verano en Mallorca, en Deyá. . . Los pescadores me contaron una extraña historia". . . Estas dos frases, con las que inicia[31] su relato *Mallorca,* se me antojaban suficientemente fiables.[32] La extraña historia debió suceder, sin duda, hacia los años cuarenta cuando la Nin estuvo aquí. ¿Por qué si entonces la contaban ahora no querían mencionarla? ¿Tan vergonzoso[33] les parecía que una muchacha nativa tuviera relaciones con un extranjero e hiciera el amor en la playa? ¿Les resultaba más afrentoso[34] ahora que entonces? Era absurdo creer semejante cosa. ¿Por qué entonces se negaban a hablar? Gisele, mi amiga negra, me sugirió que tal vez todos me estaban diciendo la verdad. . . desconocían la historia porque nunca ocurrió.

Escribí a Partner. Anaïs Nin utilizó sólo su imaginación. Fue un error suponer lo contrario. El relato *Mallorca* figura entre las páginas de su libro *Delta de Venus,* colección de

19. **me desbordó** overwhelmed me
20. **Anaïs Nin** American diarist, novelist, and critic (1903–1977)
21. **Robert Graves** Famous, prolific British poet, novelist, critic, and translator (1895–1985) who resided in Majorca for many years.
22. **ignorar** not to know
23. **huella** trace
24. **estancia** stay, sojourn
25. **en punto muerto** at a dead end
26. **desanimada** (I was very) discouraged
27. **compromiso** commitment
28. **en homenaje a** in honor of
29. **al pie de la letra** literally
30. **labios ajenos** someone else's lips
31. **inicia** she begins
32. **se me antojaban. . . fiables** impressed me as being reliable enough
33. **vergonzoso** shameful, embarrassing
34. **Les resultaba más afrentoso** Did it seem more offensive

* *Partner* is the surname of the editor of the narrator's magazine.

cuentos escritos por encargo.[35] Sentía muchísimo haberme equivocado. Le propuse, a
cambio, escribir un largo artículo sobre Graves y su mundo. . . Partner me telegrafió desde
Nueva York. Quería algo sobre la Nin y pronto. Releí sus *Diarios* a la búsqueda de
cualquier dato que pudiera orientarme. . . ¿Cómo manipulaba la Nin la realidad? ¿Qué
concepto tenía de la verdad. . . ? Subrayé[36] algunos párrafos de sus voluminosas confe-
siones y por fin me quedé con una afirmación lapidaria:[37] "Lo que mata la vida es la
ausencia de misterio". Comencé a darle vueltas.[38] Partner me había pedido un reportaje,
algo ligero, y yo pretendía[39] enviarle un pequeño ensayo, demasiado esotérico para el
público a quien iba destinada la revista. Se lo mandé por correo urgente.[40] Volvió a ponerme un telegrama: "Tómate el tiempo necesario, retrasamos publicación. Averigua qué
ocurrió con la historia. Tienes la clave:[41] hay un misterio".

Insistí de nuevo en mis pesquisas[42] pero cambié de táctica. No mencioné para nada a
la Nin, ni volví a preguntar si aún vivían la hija del pescador y el joven americano, ni si
era verdad que en su juventud hacían el amor en público a la luz de la luna. Me limité a
averiguar si había en el pueblo algunas parejas formadas por extranjero y mallorquina o al
revés, si era algo usual, si se veía con buenos ojos.[43] Me contestaron que no, que se daban
muy pocos casos, ya que las relaciones acababan siempre de modo dramático. . . las costumbres son diferentes, la forma de vida, el temperamento. . . Ninguna de esas conclu-
siones me pareció suficientemente válida, ni siquiera explícita. Protesté, pedí más detalles.
Una mujeruca[44] que me había alquilado una habitación me confesó que cada vez que se
llevaba a cabo[45] una unión de esta clase sucedía alguna desgracia en el pueblo. . .

—¿Como qué?

—Desgracias. . . Se hunde[46] una casa, se cae un muro, el temporal arrasa las huertas.[47]

—Puede ser casual.

—No lo crea, es un castigo.

—¿Por qué?

—Arriba, no les gusta que se hagan así las cosas. . .

—¿Desde cuándo ocurre?

—Desde que ellos murieron.

—¿Quiénes?

—Estos por los que Ud. se interesa. . . Pero no le diré nada más.

Todos mis intentos fueron vanos. Supliqué, ofrecí, prometí guardar el secreto. Inútil, no
pude sacarle una palabra más. Durante los días que siguieron a nuestra conversación se
mostró esquiva,[48] procuraba no verme, tener el menor trato conmigo. Gisele me felicitó

35. **por encargo** on assignment
36. **subrayar** to underline
37. **lapidaria** unalterable
38. **darle vueltas** to mull it over
39. **pretendía** was endeavoring
40. **correo urgente** express mail
41. **clave** key, clue
42. **Insistí. . . pesquisas** I pursued my investigation again
43. **si se veía. . . ojos** whether it was approved
44. **mujeruca** little old lady
45. **se llevaba a cabo** (a union of this kind) was realized
46. **hundir** to sink, to destroy
47. **el temporal. . . huertas** a storm demolishes the vegetable gardens
48. **esquiva** aloof

en cuanto se lo conté. "Tienes una pista[49] y muy válida, un punto de partida". La idea fue suya: Bajé a Palma[50] y consulté en la pequeña hemeroteca[51] los periódicos del verano del 41. Anaïs había estado en Deyá aquellos meses. No encontré nada de interés. Luego los del 42. . . En el ejemplar del *Correo* del 21 septiembre de 1942 aparecía una breve noticia: Habían sido encontrados tres cadáveres flotando en las aguas de la cala de Deyá. Se trataba de los cuerpos de dos mujeres, María Sarrió Companys, hija de pescadores del pueblo, y Evelyn MacDonald, súbdita[52] norteamericana, y el de un hombre, George MacDonald, hermano de Evelyn. Al parecer un golpe de mar les arrebató[53] de las rocas por donde paseaban. Nadie contempló el desgraciado accidente ni, por tanto, pudo prestarles auxilio.[54]

Volví a Deyá con una fotocopia del periódico. La comenté con Gisele. Sin duda Anaïs Nin había utilizado parte de la historia, hablaba sólo del amor entre María y el hermano de Evelyn y no decía nada de sus trágicas muertes. . . La Nin escribió antes de que éstas ocurrieran. . . ¿Qué pasó en realidad? ¿Por qué tanto misterio alrededor de un accidente tan estúpido como cruel? "Seguro que hay algo más", insistió Gisele, "seguro".

Me costó trabajo hacerle leer el documento a mi casera.[55] Sin gafas no veía bien y desde hacía meses las había perdido. Tampoco quería que yo se lo leyera y menos en voz alta. Por fin, tras mucho insistir, lo pasó ante sus ojos miopes.[56] La barbilla[57] comenzó a temblarle y rompió a llorar:

—Son ellos. Déjelos. Están muertos, sí, pero si les llama volverán otra vez y será horrible. Volverán y no la dejarán dormir. Ninguno de nosotros volverá a dormir nunca más.

—¿Por qué? Cuénteme, por favor. . . deje de llorar. . .

—Murieron a causa de sus terribles pecados. Fue un castigo de arriba, no hay duda. La embrujaron,[58] señorita, embrujaron a María. . . No puedo decirle más, no puedo. Si hablo volverán. . . Hacían el amor en la playa los tres, desnudos y juntos. ¿Comprende? Sin importarles si alguien les miraba, del modo más obsceno. Nunca en el pueblo había ocurrido una cosa así. . . Ellos, los dos extranjeros, fueron los culpables. Habían llegado a Deyá huyendo de la guerra, decían, a finales del año treinta y nueve. Alquilaron una casa a las afueras del pueblo. Escribían a máquina, como usted. Nosotros creíamos que estaban casados. Solían abrazarse en público, sin ningún respeto para con[59] nosotros. El señor cura les amonestó una vez y fue peor. Desde entonces solían bañarse desnudos en la cala, una costumbre atroz, que por desgracia se puso de moda en esta costa, hace más de cuarenta años . . . Un atardecer María paseaba por las rocas de la cala, era mi amiga, ¿sabe usted?, teníamos la misma edad. Evelyn la llamó desde el agua. María se quitó el vestido y en enaguas[60] se echó al mar. Nadó hasta acercarse a Evelyn. La ropa dificultaba sus

49. **pista** clue
50. **Palma** the capital of Mallorca
51. **hemeroteca** periodicals and newspaper library
52. **súbdita** subject (citizen)
53. **arrebatar** to snatch; to carry off
54. **prestarles auxilio** to lend them aid
55. **hacerle leer. . . a mi casera** to have my landlady read

56. **lo pasó. . . miopes** she held it close to her nearsighted eyes
57. **barbilla** chin
58. **embrujar** to bewitch
59. **para con** with regard to
60. **en enaguas** in her petticoat

movimientos. Evelyn la arrastró hasta el embarcadero[61] y allí la desnudó. Nadaron de nuevo hasta la orilla, tendidas[62] en la arena descansaron a la luz de la luna, el brazo de Evelyn ceñía la cintura[63] de María. Volvieron a encontrarse todas las tardes. María se sen-
125 tía fascinada por la belleza de Evelyn, por las historias con que solía engatusarla.[64] Yo era la confidente de María y lo sabía bien, la tenía embrujada. Un día se unió a ellas George. Nadó a su lado y junto a ellas, desnudo, se tumbó[65] en la playa. María se dejó amar por los dos. . . Aquella noche recibió una paliza descomunal[66] de su padre. Permaneció en cama una semana a causa de los golpes. Cuando pudo levantarse desapareció del pueblo
130 en su compañía. En dos años no tuvimos noticias suyas.[67] La policía de Palma nos visitó alguna vez para tratar de obtener datos que pudieran ayudar a dar con su paradero. Por entonces apareció por aquí la escritora sobre la que usted trabaja. La recuerdo vagamente. Alguien le contó la historia, era americana, como ellos. Luego supimos que fue piadosa con María. . . se refirió sólo a sus amores con George. Al verano siguiente, ya hacia finales
135 de septiembre, volvieron. Traían consigo una niña de pocos meses. Su padre era George, pero no sabíamos cuál de las dos mujeres era su madre. . . María vino a verme, yo no quise recibirla, nadie en el pueblo quiso recibirla. Al atardecer bajaron a la cala, llevaban consigo a la pequeña metida en un capazo.[68] Todo el pueblo les espiaba entre los matorrales.[69] Se hacían apuestas sobre su desvergüenza,[70] se decía que debíamos darles una lección
140 antes de llamar a la policía. Me hago lenguas todavía de[71] la naturalidad con que se desnudaron; después, en vez de entrar en el agua, se quedaron junto a las rocas del margen derecho de la cala. . . Algunos hombres salieron de sus escondrijos con estacas[72] y se les acercaron para amenazarles. Ellos ni se inmutaron.[73] Tuvieron que separarlos a golpes. Los tres, magullados,[74] corrieron hacia el mar. No tenían otra escapatoria posible.
145 Supusimos que intentarían ponerse a salvo nadando hacia la punta más extrema de la cala y escalarían por allí el acantilado.[75] El mar rompía con bastante furia, las olas eran cada vez mayores. Apenas podíamos distinguir sus cabezas y el braceo.[76] Nos pareció oír sus voces, llamándose entre sí. La niña comenzó a llorar. Me la llevé a mi casa, en realidad me sirvió de excusa para alejarme de allí. Poco a poco todo el pueblo fue desfilando hacia sus
150 casas. Al día siguiente aparecieron sus cuerpos flotando en la boca de la cala. Estaban muertos. El juez de Soller subió[77] para hacerse cargo[78] de los cadáveres, a nadie podía sorprender su muerte. . . Eran demasiado atrevidos, todo el mundo les había visto bañándose en días de temporal. . . Entregué a la niña a la policía y fue entonces cuando me dijeron que George y Evelyn eran hermanos. El cónsul americano en Palma se puso en

61. **embarcadero** pier, wharf
62. **tendidas** stretched out
63. **ceñía la cintura** around the waist
64. **solía engatusarla** she used to beguile her
65. **se tumbó** he lay down
66. **paliza descomunal** terrible beating
67. **no tuvimos noticias suyas** we didn't hear news of them
68. **capazo** basket
69. **matorrales** underbrush
70. **se hacían. . . desvergüenza** they made bets about their shamelessness
71. **me hago lenguas todavía de** still can't get over
72. **sus escondrijos con estacas** their hiding places with clubs
73. **ni se inmutaron** they didn't even move
74. **magullados** battered
75. **acantilado** cliff
76. **braceo** their (swimming) strokes
77. **El juez. . . subió** the judge. . . came up
78. **hacerse cargo** to take charge

contacto con los familiares. Supe más tarde que María Evelyn pasó a vivir con sus abue- 155
los en Santa Bárbara. Si he de serle franca, he hecho todo lo posible por olvidar todo lo
ocurrido. . . Durante años he padecido[79] fuertes insomnios y terribles pesadillas,[80] como
todos los del pueblo, por culpa de esta historia, aunque nadie se atreva a confesarlo.
Muchas noches de temporal hemos oído sus gritos, pidiendo auxilio desde la cala. . . Pero
hay más aún, mucho más. Durante los años que siguieron a la desgracia ningún pescador 160
del lugar pudo tirar las redes[81] cerca de la cala sin exponerse a un grave peligro: Un peso
enorme las lastraba[82] hacia el fondo. . .

Es la primera vez que cuento estos hechos, tal vez usted creerá que exagero o que no estoy
en mis cabales[83]. . . Por desgracia las cosas ocurrieron tal y como se las he narrado. . . Desde
que usted se ocupa del asunto me resulta difícil dormir, igual que a mí[84] les ocurre a algunos 165
vecinos, testigos[85] de aquellos terribles sucesos. . .

¿Quiere usted una prueba de que no miento? Baje el día 21[86] por la noche a la cala.
Para entonces hará treinta y ocho años de su muerte. Como cada año, sólo saldrán las bar-
cas de los más jóvenes y de los forasteros. Volverán sin haber pescado nada. El mar anda
revuelto[87] y suele haber tormenta. Quédese junto a la orilla y mire bien: A medianoche 170
les verá salir de las aguas y tenderse desnudos en la playa para amarse hasta el amanecer. . .

El relato me sobrecogió en extremo.[88] Corrí a contárselo a Gisele.

—Tu casera desvaría,[89] querida, por aquí tiene fama de loca. Según me han dicho de
joven[90] era la maestra, la quitaron porque padecía fuertes depresiones. . .

Gisele se marchó a principios de septiembre y yo me quedé aquí, esperando. Ayer fui a 175
la cala. Había luna llena. El mar centelleaba.[91] De pronto les vi. Avanzaban nadando hacia
la playa, jóvenes, bellísimos como si ni la muerte ni el tiempo hubieran podido nada contra ellos.[92] Y allí junto a la orilla iniciaron un juego amoroso que duró hasta el amanecer. . .

Cuando volví a casa no pude contarle a la dueña lo que había visto. No estaba. Me había
dejado una nota de despedida.[93] Me decía que como cada año iba a pasar unos meses a una 180
casa de salud. Me dejaba instrucciones para cerrar la casa y me deseaba un feliz retorno a
mi país. Intenté dormir, no pude, el rumor del mar llegaba insistente hasta mis oídos.

79. **padecer** to suffer
80. **pesadillas** nightmares
81. **tirar las redes** cast his nets
82. **lastraba** dragged
83. **no estoy en mis cabales** I'm not "all there"
84. **igual que a mí** and the same thing (occurs . . .)
85. **testigos** witnesses
86. **Baje el día 21** go down on the 21st (of the month)

87. **anda revuelto** is rough
88. **me sobrecogió en extremo** completely astonished me
89. **Tu casera desvaría** Your landlady is delirious
90. **de joven** i.e., when she was young
91. **centellear** to sparkle
92. **hubieran podido nada** had been able to do anything to them
93. **nota de despedida** farewell note

DESPUÉS DE LEER

A. Cuestionario

1. ¿Dónde y cuándo tiene lugar la acción del cuento?
2. ¿Por qué no se ha marchado todavía la narradora como los veraneantes?
3. ¿Cuál ha sido el obstáculo principal en las investigaciones de la escritora?
4. ¿Cómo supo ella le existencia de la extraña historia?
5. La narradora decide cambiar de táctica en su investigación. Explique cómo.
6. La casera de la narradora decide contar la historia. Dé un breve resumen.
7. Enfrentándose con esta clase de conducta, ¿qué hicieron algunos hombres del pueblo?
8. ¿En qué resultó este acto de los hombres?
9. Para los habitantes del pueblo la rara historia no cesó con la muerte de los tres amantes. Explique.
10. Se puede probar la verdad de nuestro trastorno (*disturbance*), dice la casera. ¿Cómo?
11. ¿Qué vio la narradora una noche en la cala? ¿Le parece a Ud. que fue real o imaginario?
12. Hay una cualidad tanto real como irreal en este cuento. Explique.

B. Comprensión. Corrija las frases que son falsas, según el cuento.

1. La narradora ha escrito a Hellen para que ésta la encuentre en el aeropuerto.
2. Deyá parece ser un pueblo mallorquín que atrae a muchos artistas y veraneantes.
3. Los habitantes se obstinaban en guardar silencio cuando los interrogaba la reportera.
4. Los más jóvenes, sin embargo, hablaban al recibir dinero.
5. La narradora sacó la idea de escribir su reportaje de una película basada en esta historia.
6. Lo que había escandalizado a los nativos fue que una de ellos se casó con el americano.
7. La narradora decide que Anaïs Nin sólo había imaginado la historia.
8. La reportera por fin se da cuenta de que debe escribir algo ligero, no un ensayo esotérico.
9. El padre de María le revela a la narradora toda la historia.
10. Parece que María no tenía inconveniente en hacer el amor con cualquier hombre.

REPASO GRAMATICAL

Las traducciones del verbo *to become*

1. **Ponerse** is used with an adjective to indicate a change of a physical or emotional state, usually referring to persons.

El padre de María se puso rabioso.	*María's father became furious.*
La amiga se puso triste al saber lo de María.	*The friend became sad on learning that matter of María.*
Me pongo enfermo cuando viajo.	*I become sick when I travel.*

2. **Hacerse** is used with both adjectives and nouns to indicate a transition from one state to another through the subject's own doing, by agreement, or naturally.

La autora se ha hecho reportera.	*The author became a reporter.*
Se ha hecho vieja esperando.	*She became old waiting.*
María se ha hecho el escándalo del pueblo.	*María became the scandal of the town.*

3. **Llegar a,** plus infinitive, is like **hacerse**. It indicates a gradual process, the culmination of a series of steps.

El profesor llegó a ser jefe del departamento.	*The professor became head of the department.*
La historia de María ha llegado a ser un mito aterrador.	*The story of María has become a frightening myth.*

4. **Volverse** has approximately the same value as **ponerse** and **hacerse**. It is used with adjectives and sometimes with nouns.

Don Quijote se volvió loco leyendo novelas de caballerías.	*Don Quijote became mad by reading novels of chivalry.*
Se ha vuelto muy orgullosa.	*She became very proud.*

5. **Convertirse en,** used with nouns, means *to turn* or *change into*.

Me he convertido en una persona triste.	*I have become (turned into) a sad person.*
Soñaba con convertirse en otra cenicienta.	*She dreamed about becoming another Cinderella.*

6. **Ser de** and **hacerse de** can be used in questions to mean *to become of* in English.

¿Qué se ha hecho de María y sus amigos?	*What has become of María and her friends?*
¿Qué será de nosotros?	*What will become of us?*

C. Traducir. Traduzca las siguientes frases; algunas tendrán más de una posibilidad para el verbo *to become*.

1. The story of María and her friends has become a big mystery.
2. What became of the little girl? Has she become a Hollywood star?
3. Put on your coat. Do you want to get (become) sick?
4. Europe has become a region ruled (**gobernar**) by the masses (**la masa**), said Ortega y Gasset years ago.
5. He finally became a teacher, but he'll never get rich.
6. She became embarrassed (**avergonzada**) when she couldn't pay the bill (**la cuenta**).
7. We don't know if María or the other girl became pregnant (**embarazada**).

8. They told her she could become a partner (**socio**) in a few years.
9. What was formerly a blessing (**bendición**) in his work has now become a curse (**maldición**).
10. They say that this city will become the capital of the state.
11. Do you have to be a native of the country to become president?
12. María's daughter has probably become a conservative (**conservador**) woman.
13. María's town has become a suspicious (**receloso**) place now.

A
Selection
of
Poetry

A NOTE ON SPANISH VERSIFICATION

Whereas in English poetry each line has a definite number of metrical feet, the meter of Spanish verse depends upon a definite number of syllables, so that a line is designated as being of eight syllables (octosyllabic), of eleven syllables (hendecasyllabic), and so forth. As you read or recite poetry, you must be careful to take into account the following:

A. If a word ends in a vowel (or diphthong) and precedes another word beginning with a vowel, the two vowels are run together to form one syllable. This is called *synalepha* (**sinalefa**).

1   2 3 4   5   6 7 8

Die/ra^un/ te/so/ro^el/ Mi/ka/do.   8 syllables

1   2   3   4   5 6 7 8 9   10 11

Mien/tras/ el/ sol /en/ el/ o/ca/so^es/plen/de.   11 syllables

Sometimes a poet will deliberately keep the two vowels separated, perhaps to preserve the rhythm. This is called *hiatus* (**hiato**). (If your count of syllables in a line comes to less than the regular meter of the poem, it's probably because there is a hiatus somewhere, to be counted as two syllables.)

1 2 3 4   5 6 7   8   9 10 11

So/nó la/ ho/ra^ y/ la/ ven/gan/za^ es/pe/ra.   11 syllables

Hiatus between the words **la hora.**

B. If the word at the end of a line has the stress on the last syllable, like **saber** below, an extra syllable is added to the count; thus, the following line of poetry is considered to contain not seven syllables but eight.

1   2   3 4 5 6 7

Cuan/do^ es/pe/ra/mos/ sa/ber   8 syllables (7 + 1 = 8)

C. Likewise, if the last word of a line has the stress on the antepenult (third syllable from the end), one syllable is subtracted; thus,

1   2   3   4 5 6 7 8 9

an/tes/ de/ lle/gar/ a/ Cór/do/ba   8 syllables (9 − 1 = 8)

There are two kinds of rhyme in Spanish: *consonance,* which is the identity of the last stressed vowel and any letters that follow it (**besaba-brotaba, cantar-mar**), and *assonance,* which is the identity of the last stressed vowel, and of a following unstressed vowel, if there is one. Any consonants coming after the stressed vowel need not be identical, as they must in the case of consonance. Examples of assonance in **o** would be **algodón, voz, flor, sol**; in **e-a, vereda, sierras, serena.** With octosyllabic verse, assonance occurs only in the even lines.

21

Rubén Darío 1867–1916

Toward the end of the nineteenth century, a literary school called **modernismo** began to take shape in Spanish America. Inspired by French poetic doctrines, the Modernists sought above all perfection and refinement of form. Their work revealed an exquisiteness and sensuousness of tone, a delicate impressionism, and often complete freedom of metrical forms and rhythmic patterns.

The poet whose work most completely reflected the innovations was Rubén Darío, who, as one critic put it, "opened the door to contemporary Spanish poetry." Born in Nicaragua, Darío spent years as a correspondent for *La Nación* of Buenos Aires. This enabled him to visit and live in many countries, including the United States.

Rubén Darío's book *Prosas profanas (Non-sacred Poems,* 1896) established his reputation as the leading exponent of Modernism. (**Prosa** was used by some early poets to refer to poems, usually religious in nature, written in Spanish as opposed to Latin.) Some of the characteristic notes in this work are a refined sensuousness, colorful evocations of the exotic past, and verses sculpted with the purity of marble.

In his *Cantos de vida y esperanza* (1905), the theme of physical love yields to love of and pride of all that is Spanish—race, history, literature, and art. As the title suggests, it offers optimism, faith in life, and Christianity. Nevertheless, the poet's darker side is revealed in several poems that express melancholy, doubt, and pessimism.

Para una cubana

This and the following sonnet, both originally from *Prosas profanas,* are **sonetos de arte menor,** that is, sonnets in which the verses do not exceed eight syllables, instead of the customary eleven syllables.

Miré, al sentarme a la mesa
bañado[1] en la luz del día
el retrato de María,
la cubana-japonesa.

El aire acaricia[2] y besa,   5
como un amante lo haría,
la orgullosa bizarría[3]
de la cabellera espesa.[4]

Diera un tesoro el Mikado
por sentirse acariciado   10
por princesa tan gentil,[5]

Digna[6] de que un gran pintor
la pinte junto a una flor
en un vaso de marfil.[7]

1. Analice Ud. la rima, utilizando las letras **a, b, c**, etc. ¿Es consonancia o asonancia? ¿Por qué?
2. Dé un ejemplo del uso de la metáfora en el poema.
3. ¿Qué cosa está personificada? Explíquese.
4. ¿Hay características del "modernismo" en el poema? (Véase la introducción, cerca del último párrafo.)

1. **bañado** bathed (he, not *la mesa*)
2. **acariciar** to caress
3. **orgullosa bizarría** proud nobility
4. **cabellera espesa** thick (head of) hair
5. **gentil** elegant
6. **digna** worthy
7. **marfil** ivory

Mía

Note how the simple pronoun **mía**, because of the feeling with which the poet uses it, becomes so exalted a symbol of possession that it is converted to a proper noun, the name of his beloved.

Mía: así te llamas.
¿Qué más harmonía?
Mía: luz del día;
Mía: rosas, llamas.[1]

5   ¿Qué aromas derramas[2]
en el alma mía?
Si sé que me amas,
¡Oh Mía!, ¡oh Mía!

Tu sexo fundiste[3]
10   con mi sexo fuerte,
fundiendo dos bronces.

Yo, triste; tú, triste. . .
¿No has de ser, entonces,
Mía hasta la muerte?

1. Analice Ud. la forma (rima y métrica) del poema.
2. ¿Dónde ve usted el uso de la metáfora y la personificación?
3. ¿Cómo indica el poeta **lo duradero** (*the lastingness*) de su amor?

1. **llama** flame (of love)
2. **derramar** to pour out
3. **fundir** to fuse, to cast (bronze)

Lo fatal[1]

The pessimism and the torment of the poet expressed in the poem are inten-
sified by the fact that it was written at a time when he had been exalting the
world of the senses.

Dichoso[2] el árbol que es apenas sensitivo,
y más la piedra dura, porque ésa ya no siente,
pues no hay dolor más grande que el dolor de ser vivo,
ni mayor pesadumbre[3] que la vida consciente.[4]

Ser, y no saber nada, y ser sin rumbo[5] cierto,   5
y el temor de haber sido y un futuro terror. . .
Y el espanto[6] seguro de estar mañana muerto,
y sufrir por la vida y por la sombra y por

lo que no conocemos y apenas sospechamos,
y la carne que tienta[7] con sus frescos racimos[8]   10
y la tumba que aguarda[9] con sus fúnebres ramos,[10]
¡y no saber adónde vamos,
ni de dónde venimos! . . .[11]

1. Analice usted la forma de este poema. ¿Cómo difiere de la forma de los dos primeros
   poemas?
2. ¿Cómo difiere también en cuanto a su atmósfera o sentido?
3. ¿Dónde hay un buen ejemplo de aliteración?
4. ¿Por qué dice el poeta que el árbol y otras cosas son mas dichosas que él?

1. **lo fatal** fatality
2. **dichoso** happy, fortunate
3. **pesadumbre** sorrow, grief
4. **consciente** conscious, of the senses
5. **rumbo** course, direction
6. **espanto** fear
7. **tentar** to tempt
8. **racimos** clusters (of grapes)
9. **aguardar** to await
10. **ramos** bunch (of flowers). Note the jux-
    taposition of the concepts of love and
    death in these sonorous verses.
11. In lines 5–13, the accumulative effect of
    the poet's overwhelming grief is stylisti-
    cally brought about by the constant repe-
    tition of the conjunction *and,* which
    appears 13 times in these verses. This
    technique is known as polysyndeton
    (polisíndeton).

22

Federico García Lorca

1899–1936

García Lorca is undoubtedly the most widely known Spanish poet and dramatist of modern times. His brutal murder at the hands of a firing squad on August 19, 1936, shocked the entire world and cut off a brilliant future. Among the plays on which his international fame rests are his rural tragedies: *Bodas de sangre* (1933), *Yerma* (1934), and *La casa de Bernarda Alba,* finished shortly before his death. These are intense, powerful, poetic representations of the suffering and frustration of Spanish women.

Lorca's mature poetry conveys the popular spirit and traditions of Andalusia—the folklore, the gypsies, the bullfighters, the color, the trembling notes of the guitar, the personal tragedy and death. And always lurking is the Civil Guard (**la Guardia Civil**), whose souls, like their three-cornered hats, said Lorca, are made of patent leather. The lament of the gypsy Andalusian music, the "deep song" (**cante jondo**), charged with the atmosphere of blood and death, is hauntingly captured above all in the longer poems of *Romancero gitano* (*Book of Gypsy Ballads,* 1928).

Lorca's dynamic world is revealed in a personal style with bold, experimental images and metaphors with dazzling colors. He creates a new reality that encompasses both the world of the senses and the visionary world of his mind expressed in symbols. In the poems that follow, you will find some of these symbols, particularly those for death, a theme that is often repeated in his poetry and his dramatic works.

Canción de jinete¹

This very popular poem is charged with mystery and drama. Note that the ending repeats the beginning, and in other poems the first verse serves as a refrain. This obsessive reiteration is a dominant note of the Andalusian "deep song."

Córdoba
Lejana y sola.

Jaca² negra, luna³ grande,
y aceitunas en mi alforja.⁴
Aunque sepa los caminos   5
yo nunca llegaré a Córdoba.

Por el llano,⁵ por el viento,
Jaca negra, luna roja.
La muerte me está mirando
desde las torres de Córdoba.   10

¡Ay qué camino tan largo!
¡Ay mi jaca valerosa!
¡Ay que la muerte me espera,
antes de llegar a Córdoba!

Córdoba.   15
Lejana y sola.

1. El poema tiene la forma y la rima del romance (*ballad*). Explíquese.
2. ¿Le parece a Ud. que el poema tiene el ritmo de una canción?
3. La "luna grande" se convierte en la "luna roja". ¿Por qué?
4. ¿Es el lenguaje simple, casi desnudo, o está cargado de símiles y metáforas?
5. El lamento es típico del cante jondo o cante flamenco. ¿Dónde ocurre aquí?

1. **jinete** horseman, rider
2. **jaca** pony
3. **luna** symbol associated with death in Lorca
4. **aceitunas en mi alforja** olives in my saddlebag
5. **llano** plain

Poetry and music blend harmoniously in this poem of tragic intensity and mystery. Who is he? Why was he killed?

Muerto se quedó en la calle
con un puñal[1] en el pecho.
No lo conocía nadie.
¡Cómo temblaba el farol[2]
Madre!
¡Cómo temblaba el farolito
de la calle!
5   Era madrugada.[3] Nadie
pudo asomarse a[4] sus ojos
abiertos al duro aire.
Que muerto se quedó en la calle
con un puñal en el pecho
10 y no lo conocía nadie.

1. ¿Hay rima en este poema?
2. Dé Ud. un ejemplo de humanización o personificación de un objeto inerte.
3. ¿Por qué es el aire "duro"?
4. Este poema parece ser una canción infantil. Sin embargo, ¿qué contradicción o choque (*clash*) existe entre el contenido (*content*) y su forma (lo que no es raro en las canciones infantiles de Lorca)?

1. **puñal** dagger
2. **farol** The street lamp (or its variants) is often found in the poems as a witness to tragedy.
3. **madrugada** dawn
4. **asomarse a** to look into

Clamor[1]

You will note in the beginning verses of this poem a "correspondence" or synthesis of color and sound: The bronze of the bells transfers its color tonality to the towers and to the wind, which pick up their sound. Death appears again in this poem, personified as a bride.

En las torres
amarillas
doblan[2] las campanas
Sobre los vientos
amarillos   5
se abren las campanadas.[3]

Por un camino va
la muerte, coronada
de azahares marchitos.[4]
Canta y canta   10
una canción en su vihuela[5] blanca
y canta y canta y canta.

En las torres amarillas
cesan las campanas.
El viento con el polvo   15
hace proras[6] de plata.

1. ¿Por qué están doblando las campanas?
2. ¿Es ésta una boda feliz?
3. ¿Se encuentran metáforas en este poema? Señale Ud. una.
4. ¿Qué contraste existe entre la primera y la última estrofa (*stanza*)?

1. **clamor** knell, toll
2. **doblar** to toll
3. **campanada** ringing of a bell
4. **azahares marchitos** withered orange blossoms
5. **vihuela** guitar
6. **prora** (poetic for **proa,** prow) The wind makes silvery prows out of dust.

Malagueña[1]

La muerte
entra y sale
de la taberna.

Pasaban caballos negros
5   y gente siniestra
por los hondos[2] caminos
de la guitarra.

Y hay un olor a sal[3]
y a sangre de hembra[4]
10   en los nardos[5] febriles
de la marina.

La muerte entra y sale
y sale y entra
la muerte
15   de la taberna.

1. La muerte parece estar personificada en este poema. Explíquese.
2. ¿Cuál es la atmósfera creada por la aparición de este "cliente"?
3. Escoja Ud. las palabras que contribuyen a esta atmósfera.
4. Explique cómo es musical el poema.

1. **Malagueña** A popular tune, somewhat like the fandango, characteristic of the province of Málaga.
2. **hondo** deep
3. **sal** salt
4. **hembra** woman
5. **nardo (de la marina)** sea lily (spike with lily-like petals, very fragrant).

23

Pablo Neruda 1904–1973

Like many other Latin American and Spanish intellectuals, Pablo Neruda combined writing with a career in the Foreign Service. He served as the Chilean consul in several foreign countries, including Spain in the period just before the Civil War, which inspired a body of some of his most moving and personal poems. In 1971, he received the supreme literary award, the Nobel Prize for Literature.

In the five years he spent in the Far East, Neruda expressed his sense of isolation and alienation in what many critics believe to be his most important work, *Residencia en la tierra,* a series of hermetic and surrealistic visions of a disintegrating universe, replete with references to the anguish or ennui of existence. It was his monumental *Canto general* (1950), however, that was mainly responsible for his image as a politically committed writer, champion of the exploited, denouncer of imperialism, and defender of socialism.

In the three *Residencia* books, Neruda reveals a bleak, pessimistic vision of the world; life seems to be coming to an end as the physical world crumbles around us. The poem that follows, from *Residencia II,* illustrates the poet's despair and his exhaustion over the disintegrating urban landscape, made up of man-made products that are repellent and hostile. Neruda conveys his repugnance with images that are often sharp and violent.

Walking around

Sucede que me canso de ser hombre.
Sucede que entro en las sastrerías[1] y en los cines
marchito,[2] impenetrable, como un cisne de fieltro[3]
navegando en un agua de origen y ceniza.[4]

5   El olor de las peluquerías me hace llorar a gritos.
Sólo quiero un descanso de[5] piedras o de lana,
sólo quiero no ver establecimientos ni jardines,
ni mercaderías,[6] ni anteojos, ni ascensores.

Sucede que me canso de mis pies y mis uñas
10   y mi pelo y mi sombra.
Sucede que me canso de ser hombre.

Sin embargo sería delicioso
asustar a un notario con un lirio cortado
o dar muerte a una monja con un golpe de oreja.
15   Sería bello ir por las calles con un cuchillo verde
y dando gritos hasta morir de frío.

No quiero seguir siendo raíz en las tinieblas,[7]
vacilante, extendido, tiritando de sueño,[8]
hacia abajo, en las tripas mojadas[9] de la tierra,
20   absorbiendo y pensando, comiendo cada día.

No quiero para mí tantas desgracias.
No quiero continuar de[10] raíz y de tumba,
de subterráneo solo, de bodega[11] con muertos,
aterido,[12] muriéndome de pena.

1. **sastrerías** tailor shops
2. **marchito** feeling weak, withered
3. **cisne de fieltro** a felt swan
4. **un agua de origen y ceniza** in a sea of causes and ashes
5. **un descanso de** a rest from
6. **mercaderías** merchandise
7. **raíz en las tinieblas** a root in the darkness
8. **tiritando de sueño** shivering sleepily
9. **en las tripas mojadas** in the dripping entrails
10. **de** like a (root or a grave)
11. **de subterráneo. . . bodega** alone underground, in a morgue
12. **aterido** numb with cold

Por eso el día lunes arde como el petróleo   25
cuando me ve llegar con mi cara de cárcel,
y aúlla en su transcurso[13] como una rueda herida,
y da pasos de sangre caliente hacia la noche.

Y me empuja a ciertos rincones, a ciertas casas húmedas,
a hospitales donde los huesos salen por la ventana,   30
a ciertas zapaterías con olor a vinagre,
a calles espantosas como grietas.[14]

Hay pájaros de color de azufre[15] y horribles intestinos
colgando de las puertas de las casas que odio,
hay dentaduras olvidadas en una cafetería,   35
hay espejos
que debieran haber llorado de vergüenza y espanto,
hay paraguas de todas partes, y venenos y ombligos.[16]

Yo paseo con calma, con ojos, con zapatos,
con furia, con olvido,   40
paso, cruzo oficinas y tiendas de ortopedia,[17]
y patios donde hay ropas colgadas de un alambre:[18]
calzoncillos,[19] toallas y camisas que lloran
lentas lágrimas sucias.

1. ¿Cuál es el tema de este poema?
2. Una manera eficaz de presentar el tema es por una estructura paralela (como la repetición de una frase al principio de los versos). Halle usted ejemplos de esto.
3. ¿Cuáles son algunas de las cosas de la vida cotidiana (*daily*) que le dan *asco* al poeta (*disgust*)?
4. A pesar del estado deprimido (*depressed*) del poeta frente a este mundo desintegrado, hay en el poema una nota de humor. ¿Dónde se encuentra?
5. El poema está cargado de imágenes, símiles y metáforas. Escoja las que le parecen a usted las más eficaces (*effective*).

13. **aúlla en su transcurso** it screeches as it goes
14. **como grietas** full of cracks
15. **azufre** sulphur
16. **ombligos** navels
17. **ortopedia** orthopedics
18. **alambre** wire
19. **calzoncillos** underpants

24

Gabriela Mistral 1889–1957

Gabriela Mistral is the pseudonym of Lucila Godoy Alcayaga, who was born in a tiny community in northern Chile. She began as a schoolteacher in a remote area of that country, and soon established a reputation for being outstanding and progressive. She later served the Chilean government in diplomatic posts all over the world, lectured at several universities in the United States, was a delegate to the United Nations, and helped to establish UNICEF. In 1945 she became both the first woman and the first Latin American ever to be awarded the Nobel Prize for Literature.

Perhaps the central theme of Mistral's poetry can be summed up by the word *love:* love for a particular man, for children, nature, the poor, and for God. This broad theme is evident in her first book of poems, *Desolación* (1922), which was inspired by the loss of the only two men she loved. The first committed suicide and the second married another woman. The poems in the first part of the book express her pain and heartbreaking disillusion eloquently in unadorned language. Another section of the book contains poems addressed to children, in which she transforms her frustrated longing for motherhood into tender verses— again with passion and with love. Examples of these themes will be found in these three poems, all from *Desolación.*

Los sonetos de la muerte

A good deal of Gabriela Mistral's poetry in **Desolación** dwells on suffering and loss. In this sonnet she stands by the grave of her beloved, with the resolve that she, and she alone, will join him.

Del nicho helado en que los hombres[1] te pusieron,
te bajaré a la tierra humilde y soleada.
Que he de dormirme en ella los hombres no supieron,
y que hemos de soñar sobre la misma almohada.

Te acostaré en la tierra soleada con una   5
dulcedumbre de madre para el hijo dormido,
y la tierra ha de hacerse suavidades de cuna[2]
al recibir tu cuerpo de niño dolorido.

Luego iré espolvoreando[3] tierra y polvo de rosas,
y en la azulada y leve polvoreda de luna,   10
los despojos livianos[4] irán quedando presos.
Me alejaré cantando mis venganzas hermosas,
¡porque a ese hondor recóndito[5] la mano de ninguna
bajará a disputarme tu puñado de huesos![6]

1. ¿Cuántas sílabas hay en los versos de este soneto? ¿Cuál es la rima?
2. ¿Con qué sentimientos hace frente (*faces*) la poetisa a la sepultura de su amado?
3. En la segunda estrofa, ¿cuál es la imagen que destaca su ternura (*tenderness*) hacia el amado?
4. ¿Expresa la poetisa su sentimiento con un lenguaje tan "poético" como el de Neruda o de Lorca, por ejemplo?

1. **los hombres** unfeeling, depersonalized people (perhaps pallbearers or grave-diggers)
2. **suavidades de cuna** as soft as a cradle
3. **espolvorear** to sprinkle
4. **los despojos livianos** your light (weight-less) remains
5. **hondor recóndito** hidden depth
6. **tu puñado de huesos** your handful of bones

La espera inútil

Once again the poet pours out her grief as she realizes that her beloved will never again walk with her.

Yo me olvidé que se hizo
ceniza[1] tu pie ligero,
y, como en los buenos tiempos,
salí a encontrarte al sendero.[2]

5 Pasé valle, llano y río
y el cantar se me hizo triste.
La tarde volcó[3] su vaso
de luz ¡y tú no viniste!

El sol fue desmenuzando[4]
10 su ardida y muerta amapola;
flecos de niebla temblaron
sobre el campo. ¡Estaba sola!

Al viento otoñal, de un árbol
crujió[5] el blanqueado brazo.
15 Tuve miedo y te llamé:
"¡Amado, apresura el paso!

"Tengo miedo y tengo amor,
¡amado, el paso apresura!"
Iba espesando[6] la noche
20 y creciendo mi locura.

Me olvidé de que te hicieron
sordo para mi clamor;[7]
me olvidé de tu silencio
y de tu cárdeno albor;[8]

---

1. **se hizo ceniza** had become ashes
2. **sendero** path
3. **volcó** spilled out
4. **fue desmenuzando** was crumbling to shreds
5. **crujir** to creak
6. **Iba espesando** night was closing in
7. **para mi clamor** to my outcry
8. **tu cárdeno albor** your livid pallor

de tu inerte mano torpe   *25*
ya[9] para buscar mi mano;
¡de tus ojos dilatados
del inquirir soberano![10]

La noche ensanchó su charco
de betún;[11] el agorero   *30*
buho[12] con la horrible seda
de su ala rasgó el sendero.

No te volveré a llamar
que ya no haces tu jornada;
mi desnuda planta[13] sigue,   *35*
la tuya está sosegada.

Vano es que acuda[14] a la cita
por los caminos desiertos.
¡No ha de cuajar tu fantasma[15]
entre mis brazos abiertos!   *40*

1. En los primeros versos, ¿qué imagen nos informa que el amado se ha muerto?
2. Otra linda imagen describe el anochecer. ¿Cuál es?
3. ¿Qué significa "la noche ensanchó su charco de betún"?
4. ¿Le parece sincero el dolor de la poetisa, a pesar del lenguaje sencillo?

9. **torpe ya** slow now
10. **dilatados. . . soberano** staring wide with the supreme question
11. **ensanchó su charco de betún** broadened its pool of black pitch
12. **el agorero buho** the ill-omened owl
13. **planta** foot (carries on)
14. **que acuda** that I come
15. **No ha de cuajar tu fantasma** Your ghost will not be brought to life again

El niño solo

A Sara Hübner

The poet's frustrated longing for motherhood is beautifully and simply expressed in this sonnet.

Como escuchase[1] un llanto, me paré en el repecho[2]
y me acerqué a la puerta del rancho del camino.[3]
Un niño de ojos dulces me miró desde el lecho[4]
¡y una ternura inmensa me embriagó[5] como un vino!

5   La madre se tardó, curvada en el barbecho;[6]
el niño, al despertar, buscó el pezón de rosa[7]
y rompió en llanto. . . Yo lo estreché contra el pecho,
y una canción de cuna me subió, temblorosa. . .

Por la ventana abierta la luna nos miraba.
10 El niño ya dormía, y la canción bañaba,
como otro resplandor, mi pecho enriquecido. . .

Y cuando la mujer, trémula, abrió la puerta,
me vería en el rostro tanta ventura cierta[8]
¡que me dejó el infante en los brazos dormido!

1. En el lenguaje sin adorno de este poema, hay un símil. ¿Cuál es?
2. ¿Cómo difiere la luna aquí del uso de la luna en la poesía de Lorca?
3. ¿Cómo demuestra la madre del niño su maternidad?
4. Analice la estructura del poema (rima y métrica). ¿Cómo se llama este tipo de poesía?

1. **Como escuchase** Upon hearing
2. **el repecho** steep incline, hill
3. **rancho del camino** the hut by the road
4. **el lecho** bed
5. **embriagar** to intoxicate
6. **el barbecho** fallow
7. **el pezón de rosa** pink nipple
8. **tanta ventura cierta** such great happiness

25

Miguel Hernández

1910–1942

A s a young man, Hernández was a goatherd in the southeastern region of Spain. Largely self-educated, he had published some of his poems by the time he was 22. Shortly after that, he moved to Madrid, where he became a friend of Chilean Consul Pablo Neruda and other poets. He fought for the Republican side during the Spanish Civil War (1936–1939) and was imprisoned at the end of it. He died there three years later, at the age of 31.

The horrifying experience of the war and the poet's grief and despondency at being parted from his wife and child explain such themes of his poetry as the frailty of human existence, the agony and anguish of separation, and the imminence of death. However, it is his war poems above all that reveal his heart-rending identification with the suffering of Spain. The cruelty and, indeed, the bestiality of soldiers are depicted in the first poem in this selection, taken from his passionate *El hombre acecha* (*The Man Who Lurks,* 1937–1939). In the second poem, taken from *Cancionero y romancero de ausencias* (*Songbook of Absences,* written in 1939–1941 but published years after his death), he expresses with quieter passion and tenderness the pain of being separated from his wife and child, whom he does not expect he will ever see again.

Canción primera

The cruelty of man and the horror of man against man are devastatingly portrayed in this poem.

Se ha retirado el campo
al ver abalanzarse
crispadamente al hombre.[1]

¡Qué abismo entre el olivo
5 y el hombre se descubre!

El animal que canta:
el animal que puede
llorar y echar raíces[2]
rememoró sus garras.[3]

10 Garras que revestía[4]
de suavidad y flores,
pero que, al fin, desnuda
en toda su crueldad.

Crepitan[5] en mis manos.
15 Aparta[6] de ellas, hijo.
Estoy dispuesto a hundirlas,
dispuesto a proyectarlas,
sobre tu carne leve.

He regresado al tigre.
20 Aparta o te destrozo.

Hoy el amor es muerte,
y el hombre acecha[7] al hombre.

1. **al ver abalanzarse. . . hombre** when it saw man, his body twitching, rush into it
2. **echar raíces** sink roots
3. **rememoró sus garras** remembered his claws
4. **revestía** that he disguised
5. **crepitan** they (my claws) snap
6. **Aparta** (the imperative) Keep away
7. **acechar** to hunt

1. ¿Cuál es la metáfora predominante de este poema?
2. ¿Se puede sentir la emoción del poeta a pesar de la falta de mucho adorno en el lenguaje poético? ¿Dónde está bien expresada su emoción?
3. Explique el sentido de los versos 4–5 (Qué abismo. . .).

Aunque tú no estás

The poet, nearing death, pours his heart out thinking of his beloved, whom he will never see again. Their love is sufficient for the needs of the world, he says. The poet's anguish is evident in spite of the quiet tone of the poem.

Aunque tú no estás, mis ojos
de ti, de todo, están llenos.
No has nacido sólo a un alba,[1]
sólo a un ocaso[2] no he muerto.
5 El mundo lleno de ti
y nutrido el cementerio
de mí,[3] por todas las cosas,[4]
de los dos por todo el pueblo.[5]
En las calles voy dejando
10 algo que voy recogiendo:
pedazos de vida mía
perdidos desde muy lejos.
Libre soy en la agonía
y encarcelado me veo
15 en los radiantes umbrales,[6]
radiantes de nacimientos.
Todo está lleno de mí,
de algo que es tuyo y recuerdo
perdido, pero encontrado
20 alguna vez, algún tiempo.
Tiempo que se queda atrás
decididamente negro,
indeleblemente rojo,
dorado sobre tu cuerpo.
25 Todo está lleno de ti,
traspasado de tu pelo:[7]
de algo que no he conseguido[8]
y que busco entre tus huesos.

1. **sólo a un alba** just for one day
2. **sólo a un ocaso** just for one nightfall
3. **nutrido el cementerio de mí** and the cemetery has enough nourishment with me
4. **por todas las cosas** for all its needs
5. **de los dos. . . pueblo** with the two of us it has all the people
6. **en los radiantes umbrales** by doorsteps full of light
7. **traspasado de tu pelo** permeated with your hair
8. **de algo. . . conseguido** with something out of my reach

1. ¿Es la forma del poema la de soneto o de romance? Explique Ud.
2. ¿Cuál es el tema del poema?
3. Explique cómo los umbrales de las casas pueden ser "radiantes". (v. 15–16)
4. Hay una juxtaposición de los colores negro, rojo y dorado en los versos 22–24. ¿Qué simbolizan?

Glossary of Literary Terms

Absurd (theater or literature of). Although elements of the grotesque and ludicrous are common, the term carries the Existential sense that man is "out of harmony," that he finds himself an exile in a meaningless universe.

Alliteration. The repetition of a letter or group of letters in a given verse or more.
"To sit in solemn silence in a dull, dark dock."
"Ya se oyen los claros clarines".

Antithesis. The arrangement of words to emphasize the contrast and give the effect of balance.
"Fools rush in where angels fear to tread."
"Los que quieren no pueden y los que pueden no quieren".

Blank verse. Verse without rhyme.

Image or Imagery in poetry. Not only is the poet a maker of verbal music, he is also a maker of pictures (images) in words. Instead of presenting the symbol of a thing, he describes and makes us see and hear and feel the thing itself.

Irony. The use of words, with humorous or satirical intention so that the meaning is the direct opposite of what is actually said. Irony implies also the simulated adoption of another's point of view for the purpose of ridicule and sarcasm.

Magic realism. A common literary phenomenon characterized by the incorporation of fantastic or mythical elements matter-of-factly in otherwise realistic fiction.

Metaphor. A figure of speech in which a word or phrase denoting one kind of action or object is used in place of another to suggest a likeness or analogy between them (as in *the ship plows the seas,* or *a volley of oaths*). Unlike the simile, which compares essentially two unlike things and often is introduced by *like* or *as* (*"my love is like a rose"*), the metaphor would imply the comparison by saying my love *is* a rose.

Paradox. A statement that seems contradictory, unbelievable, or absurd but that may actually be true in fact. Something inconsistent with common experience, or a person inconsistent or contradictory in character or behavior.
"Es una paradoja que el más pobre es el que más gasta (*spends*)".

Parody. Treating a serious subject in a nonsensical manner in an attempt at humor or ridicule.

Personification. A figure of speech in which a thing, quality, animal, or idea is represented as a person.

Satire. A literary work in which vices, follies, stupidities, abuses, etc., are held up to ridicule and contempt.

Simile. See "Metaphor."

Vocabulary

The following are not included in the vocabulary: a small number of easily recognizable cognates; many expressions occurring only once and already translated in a footnote; articles, pronouns, numerals, days and months; most diminutives and adverbs ending in -mente; and the feminine forms of most adjectives. Gender is not indicated for masculine nouns ending in -o, or for feminine nouns in -a, -dad, -ión, -tad, -tud.

The following abbreviations are used: *adj.,* adjective; *adv.,* adverb; *coll.,* colloquial; *excl.,* exclamation; *f.,* feminine gender; *inf.,* infinitive; *m.,* masculine gender; *n.,* noun; *prep.,* preposition; *v.,* verb.

A

abajo down, below; *excl.* down with!
abanico fan
abatido dejected
abatimiento depression, dejection
abogado lawyer
abrasar to burn
abrazo hug, embrace
abrigo coat
abrir to open
absorber to absorb
abstraído absorbed
abuelo grandfather
abulia apathy
aburrimiento boredom
aburrir to bore; −**se** to get bored
abusar to go too far, to impose
acabar to finish, to end; −**se** to come to an end
acallar to quiet
acariciar to caress; to love
acaso perhaps; **por** — by chance
aceite *m.* oil
aceituna olive
acelerar to accelerate
acento accent, tone
acera sidewalk
acerca de about, concerning
acercar to bring near, to bring closer (together); −**se a** to approach
acertar to guess right, to be right; — **a** + *inf.* to succeed in; to happen to

aclarar to clear, to make clear
acodar to lean the elbow upon
acomodarse to comply, to adapt oneself
acompañante *m.* companion, attendant
acompañar to accompany
acontecimiento event, happening
acordar to agree; −**se de** to remember
acordeón *m.* accordion
acostar to put to bed; −**se** to go to bed, to lie down
acostumbrar to accustom, to be accustomed
actitud attitude
acto act
actriz actress
actual present, at the present time
actualidad present time; **en la** — at the present time
actuar to act
acudir to come, to come up
acuerdo agreement; **estar de** — to agree
adelantarse to move forward
adelante forward, go ahead!; come in!
además besides, moreover
adentro inside
adivinar to guess, to figure out
admirar to admire; to surprise; −**se** to wonder
adorar to adore
adornar to adorn
adquirir to acquire
advertir to notice, to observe; to advise; to warn

afán *m.* eagerness
afectar to affect
afición fondness, taste, inclination
aficionado fond (of), devoted (to)
afilado sharp
afirmar to affirm, to assert
afligir to afflict, to distress, to grieve
afrenta affront
afueras *f.* outskirts, suburbs
agacharse to squat, to crouch
agarrar to grasp, to seize
agenda notebook
ágil agile
agitar to shake, to stir, to wave
agonizar to be dying
agradar to please
agradecer to be grateful (for), to thank (for)
agravar to aggravate, make worse
agregar to add
aguantar to endure, to tolerate
aguardar to await
agudo sharp, acute
agujero hole
ahí there
ahogar to choke, to suffocate; to drown
ahogo *m.* shortness of breath, suffocation;
tightness *(of the chest, etc.)*; sorrow, affliction
ahora now; **hasta —** see you soon
ahorrar to save
aire *m.* air, importance
ajustar to adjust, to arrange
álamo poplar
alargar to lengthen; to stretch
alarmarse to become alarmed
alba dawn, daybreak
alcance: al — de within reach of
alcanzar to reach; **— a** + *inf.* to manage to
aldea village
aldeano *adj.* village, rural, county; villager
alegre gay
alegría joy, happiness
alejar to remove to a distance, to put aside
alemán German
alfombra rug
algo something, somewhat
alguacil officer, constable
alguno some, someone, any
alianza alliance
aliar to ally; **–se** to join, become allied with

aliento breath
alimentar to feed, to nourish
alinear to line up
alivio relief
allá there; **por —** thereabouts, back there;
más — de beyond
alma soul
almacén store
almendro almond tree
almohada pillow
almorzar to eat lunch
alquilar to rent
alrededor around; **— de** around, about; **a
su —** around him; *n.pl.* outskirts
alterar to alter, to change
altivo proud, haughty
alto tall, high; **en lo —** at the top, on top
(of); **en —** raised
altozano hillock, knoll
altura height
alumbrar to light, to light up
alumno pupil
alzar to raise, to lift
amable friendly, kind, amiable
amado *m.f.* beloved, loved one
amamantar to breast-feed
amanecer *m.* dawn, daybreak; **al —** at
daybreak; *v.* to dawn
amante lover; *adj.* fond, loving
amargar to spoil; to embitter
amargo bitter, dolorous
amargura bitterness
amarillento yellowish
amarillo yellow
amarrar to moor, to tie up
ámbar amber; dark orange-yellow color
ambicionar to be ambitious for, to strive
for
ambiente *m.* atmosphere, environment;
place, area
amenazar to threaten
amistad friendship
amo master
amonestar to admonish
amoroso amorous, loving, affectionate
amplio ample, full
anarquista anarchist
ancho wide
anciano old, ancient

andaluz Andalusian
andar to go, to walk, to travel; to be (healthy)
anécdota anecdote
angosto narrow
ángulo angle, corner
angustia anguish
anhelo yearning, longing
animar to animate, to enliven
ánimo spirit, courage
anormal abnormal
anotar to write down, to make note of
ansia yearning, anxiety, anguish, pain
ansiedad *f.* anxiety, worry
ansioso anxious
ante before
anteayer day before yesterday
antebrazo forearm
anteojos eyeglasses
antes before, rather
anticuado antiquated, obsolete
antiguo ancient, old, former
antojarse to fancy, to feel like; to consider
anunciar to announce; to advertise
añadir to add
año year
apacible peaceful, tender
apaciguar to pacify, soothe
apagar to put out, to extinguish; to soften *(colors)*
aparato apparatus, appliance
aparecer to appear
aparición appearance
apartar to push away, to take aside; **–se** to move away, to withdraw
aparte aside *(remark)*
apenas scarcely, hardly
apetecer to long for
apetecible tempting, attractive
apetito appetite
aplastar to flatten; to crush
aplaudir to applaud
aplazar to postpone
aplicado industrious
apoderar to empower; **–se de** to seize
apogeo peak, height
apoyar to lean; to rest; to help, aid
apreciar to appreciate; to appraise
aprender to learn

apresurado hurried, quick
apretar to squeeze; to press; to tighten
aprieto jamming, crush, difficulty
aprobar to approve
aprovechar to profit by, to make good use of
aproximarse to come near
aptitud aptitude
apurar to empty, to drain; to consume
árabe Arab; Arabic
árbol *m.* tree
arboleda grove
arcaico archaic, old
arder to burn
ardiente burning, ardent
arena sand
argentino silvery
argumentar to argue; to dispute
arma arm, weapon; **— de fuego** firearm
armario closet
arquitecto architect
arrancar to tear away, to pull out
arrastrar to drag
arreglar to adjust; to arrange; to fix
arrepentir to repent; **–se** to repent, to regret
arriba above, upstairs
arrimarse a to lean against
arrodillarse to kneel down
arrojar to throw
arruga wrinkle, crease, fold
arrugar to wrinkle; to crease
arruinar to ruin, to destroy
artesano artisan, laborer
articular to articulate, to utter
artículo article
arzobispado archbishopric
asar to roast
ascensor elevator
ascetismo asceticism
asegurar to assure; to assert
asemejarse to be alike
asesinar to murder, to assassinate
asesinato murder
así thus, so; **— que** as soon as, as; so that
asignatura course *(in school curriculum)*
asimismo likewise, also
asir to seize, to grasp; **–se** to take hold
asistir to assist; **— a** to attend

asociar to associate; to take as partner
asomar to show, to stick out, to appear; —**se a** to peep into
asombro fear; amazement; wonder
aspecto aspect, face, look
áspero harsh, rough
aspirante applicant, candidate
aspirar to draw in; to inhale
asunto matter, business, affair
asustado frightened
asustar to frighten; —**se** to be or become frightened
atacar to attack
ataque *m.* attack
atar to tie
atardecer *m.* late afternoon; *v.* to draw towards evening
atención attention; **llamar** — to attract attention
atender to attend, to attend to, to take care of; to pay attention to
atener to abide, to depend; —**se a** to abide by, to rely on
atento attentive
aterrar to terrify
atónito astounded, amazed
atormentar to torment
atractivo attractiveness, charm
atraer to attract
atrapar to catch
atrás back; **hacia** — backwards
atravesar to cross, to go through
atrever to dare; —**se a** + *inf.* to dare to
atrevido bold, daring
atropellar to knock down
atroz atrocious
aturdido amazed, stunned
augurio augury, omen
aun (aún) even, still yet
aunque although, even though
auricular receiver (phone)
aurora aurora, dawn
ausencia absence
ausente absent
austero austere
autoridad authority, power
auxilio help
avanzar to advance
aventurarse to risk, to take a chance on

avergonzar to shame, to embarrass; —**se** to be ashamed
averiguar to find out, to ascertain
ávidamente avidly
avidez *f.* **con** — avidly, eagerly
avisar to advise; to inform
avistar to perceive, see
¡ay! alas!; **¡ay de mí!** woe is me!
azafranado saffron
azahar *m.* orange flower
azar *m.* chance, hazard; **al** — at random
azorar to upset, to disturb
azul blue

B

bachillerato secondary school diploma
bahía bay
bailar to dance
bajar to go down; to lower
bajo low; *prep.* under; *adv.* below
bala bullet
balancear to rock, to swing; —**se** to rock
balcón *m.* balcony, large window
banano banana tree
banco bench
bandeja tray
bandera flag
bandido bandit
bando flock, band
bandolero brigand, robber, highwayman
banqueta stool
bañar to bathe, to dip
baño bath
baranda railing
barato cheap
barba beard
bárbaro barbarous, wild
barca boat
barco ship
barrio suburb, quarter, district
barrote bar
basar to base
bastante enough, rather
bastar to suffice, to be enough
bastón cane, walking stick
bebida drink
bello beautiful
bendecir to bless
bendito blessed

beneficio benefit
benigno benign, mild
besar to kiss
biblia Bible
biblioteca library
bien well; very; **más —** rather; *m. pl.* riches
bifurcar to fork, to branch
bigote *m.* moustache
billete *m.* bill; ticket
blanco white
blandir to brandish
blandura softness, gentleness
blanquecino whitish
bloquear to block; to stick (tight)
boca mouth
bocado morsel, mouthful
boda marriage, wedding
boicotear to boycot
boina beret
bolsa purse, bag
bolsillo pocket, (small) bag
bombero fireman
bondad kindness, **tener la — (de)** please
bonito pretty
boquiabierto open-mouthed.
bordar to embroider
borde *m.* edge, shore
borracho drunk
borrar to erase, to rub out
bosque *m.* forest, woods
bostezar to yawn
botella bottle
botón button; stem (of a watch)
boxeador *m.* boxer
boxear to box
bravo brave, excellent; fierce
brazo arm, bough (tree)
breve brief, small, short
brillante shining, bright, brilliant
brillar to gleam, to shine
brisa breeze
broma joke, jest
bronce *m.* bronze
bruja witch
brusco brusque, sudden
Bruselas Brussels
brutalidad brutality, stupidity
bruto brute, brutish, stupid, rough
bueno good, fine, O.K., well, then

buey *m.* ox, steer
bufanda scarf, muffler
buque *m.* ship
burgués bourgeois, middle-class
burla ridicule, joke, jest, trick, deception; **hacer — de** to make fun of
buscar to seek, to look for; **en busca de** in search of
búsqueda search
butaca armchair, easy chair
buzón mailbox, letter-drop

C

caballería cavalry; chivalry
caballero knight, nobleman, gentleman
caballo horse
cabaña cabin, hut
cabellera head of hair
cabello hair
caber to have room for, to fit; to befall; to remain
cabeza head
cabo end; **al —** finally
cada each, every
cadáver *m.* corpse
caer to fall; **–se** to fall down
café *m.* coffee, café
cafetería bar, restaurant
caja box
cajón *m.* chest, drawer, desk
cala cove, inlet
calentar to heat, to warm
cálido warm, hot
caliente warm, hot
callar to be quiet; to keep silent
calle *f.* street
calleja side street, alley
calor *m.* heat, warmth
calzada street, road
calzado wearing shoes
calzar to put shoes on
cama bed
cámara camera
camarera waitress
cambiar to change; to exchange
cambio change, exchange; **en —** on the other hand; **a —** in exchange
caminar to walk; to move; to go

camino path, road, journey; — **de** on the way to

camión truck, van

camisa shirt; — **de dormir** night shirt

campamento camp, encampment

campana bell

campanilla little bell; bell flower

campeón *m.* champion

campesino farmer, peasant

campo field; country, countryside

canción song

caníbal cannibal

cansado tired

cansar to tire; **–se** to be or get tired

cantar to sing; *m.* song

cantidad quantity

cantimplora canteen

cañuela fescue grass

caos *m.* chaos

capa cape

capataz *m.* overseer, foreman

capaz capable

capitán *m.* captain

capricho caprice, whim

cara face

carácter *m.* character

característico characteristic

caramba *excl.* confound it! gracious!

carbón *m.* coal

cárcel *f.* jail

carcelero jailer

cárdeno purplish, livid

carecer to lack

carente lacking

carga load, burden; cargo

cargar to load, to carry

cargo cargo, blame, charge

caricia caress; **hacer caricias** to pat

cariciar (acariciar) to love; to caress

caridad charity, love

cariño love, affection

carne *f.* meat, flesh

carnoso fleshy

caro dear, expensive

carrera race, course, career, road, running

carretera highway, road

carro cart, carriage; car (Amer.); tank

carta letter, playing card

cartera wallet; briefcase; bag

cartero mailman, postal clerk

casa house, firm

casar to marry; **–se** to marry, to get married

casi almost

caso case, thing, situation; **hacer — a** to heed, to pay attention to

castigo punishment

castillo castle

casualidad chance; **por —** by chance

caudillo leader, chief

causa cause; **a — de** because of

causar to cause

cautivo captive

cazar to hunt

cebolla onion

ceder to yield

cegador blinding

cegar to blind

celebrar to celebrate; to welcome; to be glad

celos *m.pl.* jealousy; **tener —** to be jealous

celoso jealous

cementerio cemetery

cemento cement, concrete

cena supper

cencerro little bell

cenicero ashtray

censo census

centavo cent

céntimo cent *(one hundredth of a peseta)*

céntrico downtown, centric

cepillo brush

cerca near, nearby; — **de** near, close to; closely

cercano near, close

cerco fence; hoop, circle

cerradura lock, bolt

cerrar to close

certero sure, acurate, certain

certeza certainty

Cervantes (1547–1616) creator of *Don Quijote*

cerveza beer

cesar to cease, stop; — **de** + *inf.* to stop (doing something)

chaleco vest

champaña champagne; **vino de —** champagne

chaqueta jacket

charlar to chat, to talk
chico child, youngster, lad; *coll.* "old boy";
 adj. small
chillar to shriek
chimenea chimney, fireplace
chismorrear to gossip
chispa spark
chocar to shock; — **con** to collide
chofer *m.* driver
chorro stream; gush
churro fritter
cicatriz *f.* scar
ciego blind; blind person
cien (ciento) hundred
ciencia science, knowledge; **a — cierta** with
 certainty
cierto sure, certain; **por —** surely;
 de — certainly
cifra cipher, figure
cinto belt
cintura waist
cinturón *m.* belt
círculo circle
cita reference, quotation; appointment
ciudad city
ciudadano citizen
clamar to exclaim, to cry out
clarear to light, to give light to
claro clear, bright, light (in color); obvious,
 of course; **a las claras** clearly
clase *f.* class, kind
clavar to stick, to nail
cliente *m.* client, customer
clientela clientele, customers
clima *m.* climate, weather
cobarde coward
cobrar to collect; to recover
coche *m.* car, automobile
coche-cama *m.* sleeping car (train)
cochino dirty, filthy
cocina kitchen, cuisine
codiciar to cover
codo elbow
coger to pick; to seize, to grasp; to take;
 to come upon
coincidir to coincide; to meet
cojear to limp
coleccionista *m.* collector
colegio school

cólera anger
colgar to hang
colmar to heap up; to fill
colocar to place, to put; **—se** to gather
colonia colony
colorado red
collar *m.* necklace
combate *m.* combat
combatir to combat, to fight
comedor dining room
comentario commentary
comenzar to begin
comer to eat
comercio trade, commerce
cometer to commit
cómico comical, ludicrous
comida meal, food
comienzo beginning
como like, as, as if, ¿**cómo?** how?; ¡**cómo!**
 what!
compañero companion, friend, schoolmate
compañía company, society
comparar to compare
compasión compassion, sympathy
compatriota compatriot; countryman
competir to compete
complacer to please, to humor
completo complete; **por —** completely
complicar to complicate
cómplice *m., f.* accomplice
comportar to tolerate; **—se** conduct oneself,
 to act
comprar to buy
comprender to understand
comprobar to check, verify
común common
comunicar to communicate
concebir to conceive
conceder to grant
concentrar to concentrate
conciencia conscience, consciousness,
 awareness; **a —** willingly
concluir to conclude
concretar to make concrete; to explain
concurrir to gather; to come together
concurso contest
condena sentence
condenar to condemn, to damn; to convict
condición condition, state, status

conducir to lead, to conduct; to drive
confesar to confess
confiado trustworthy, confiding
confianza confidence
confiar to entrust
confundir to confuse
congelarse to congeal; to freeze
congregar to gather together
conjunto whole, aggregate; *adj.* united, connected
conmovido moved, stirred
cono cone
conocedor (de) expert in, familiar with; *m.* connoisseur, expert
conocer to know; to distinguish
conocimiento knowledge; consciousness
con que and so, so then
conquista conquest
consagrar to consecrate
consciente conscious
consecuencia consequence
conseguir to obtain, to get
consejo advice; council
consentir to consent; — **en** to consent to
conservar to conserve, to keep
considerar to consider
constante constant
constar to be clear; — **de** to consist of
constituir to constitute; to establish
constructor *m.* builder
consultar to consult; to advise
consumar to consummate
consumición a drink, food
contar to count; to relate, to tell; — **con** to count on
contemplar to contemplate; to witness, to see
contener to contain
contestar to answer
continuar to continue
continuo continuous; **de** — continuously
contra against, versus
contrabando contraband, smuggling
contraer to contract
contrapunto counterpoint; contest
contrariar to annoy; to contradict
contrario contrary, opposite; **de lo** — on the contrary
contribuir to contribute

convaleciente convalescent
convencer to convince
conveniente suitable, fit, advantageous
conversar to converse
convertir to convert
convidar to invite
convivir to live together, to be compatible
copa cup, drink, glass, treetop
copiar to copy, to imitate
copla ballad, popular song
copo flake
coquetear to flirt
corazón *m.* heart
corbata tie
cordón *m.* shoelace
coro chorus
coronar to crown; to cap
coronel *m.* colonel
corredor *m.* hall, corridor
corregir to correct
correo mail; **echar al** — to mail
correr to run; to travel; — **mucho mundo** to travel a lot
corretear to run about
corrida course, race; — **de toros** bullfight
corriente *adj.* common, ordinary; running; *f.* current, stream; **estar al** — **de** to know, to keep up with
corro circle, ring
cortar to cut
corte *f.* court
corto short
cosa thing; — **de** about
cosecha harvest
costa cost; coast, shore
costado side
costar to cost
costumbre *f.* custom, habit; **de** — usual
crear to create
crecer to grow, to increase
crecido large, big, full-fledged
creer to believe; to think
creíble credible, believable
creyente believer
crepúsculo twilight, dusk
criada servant, maid
criar to raise, bring up
criatura creature; infant
crimen *m.* crime

cristal *m.* crystal, pane of glass, mirror, eyeglass
cristiano Christian
Cristo Christ
crítico critic; *adj.* critical
crónica chronicle; article
cruz *f.* cross
cruzar to cross; to crossbreed
cuaderno notebook
cuadra stable; (city) block
cuadro painting, portrait
cuajar to take shape
cual like, as, as if
cualidad quality
cualquiera some, any; anyone
cuando when; de — en —, de vez en — from time to time
cuanto as much as, whatever, all that which; (plural) those who; en — as soon as; unos cuantos some few; en — a as for, with regard to
cuartear to quarter; to split
cuarto room; quarter
cubano Cuban
cubierta cover; deck (of a ship)
cubierto covered
cubrir to cover
cucharilla teaspoon
cuchillo knife
cuello neck, collar
cuenta bill, account; bead, darse — de to realize
cuento short story
cuerda string, rope; spring (of a watch)
cuerno horn
cuero leather, rawhide
cuerpo body; corps
cuidado care; con — carefully
cuidar to be careful, to take care (of)
culebra snake
culpa fault, guilt; echar la — a to blame
culpable guilty, blamable
cultivar to cultivate
culto cult
cultura culture
cumplir to execute; to fulfill
cura cure, care; *m.* priest
curar to cure, to heal; to recover
curiosidad curiosity; tener — to be curious
curso course

D
dama lady
Danubio Danube river
dañar to injure, to harm
daño *m.* injury, harm
dar to give; to strike (the hour); — con to come upon; –se to occur; — a to face
data fact; datum
debajo de beneath, under
deber to owe; to have to; *n.,* duty
debido just, reasonable, proper
débil weak
decepcionar to disappoint
decidir to decide; –se to decide, to be determined
decisivo decisive
declinación fall
dedicar to devote; to dedicate
dedo finger
defender to defend
defensa defense
definir to define
defraudar to disappoint, to cheat
dejar to leave, to abandon; –se to allow oneself; — de + *inf.* to cease, to stop; no — de + *inf.* to not fail to; — plantado to jilt
delantal *m.* apron
delante before, in front; por — de in front of; — de (a) in front of
delgado thin, slender
delicioso delicious, delightful,
demás other, rest of, lo — the rest
demasía excess; en — too much, excessively
demasiado too, too much
demócrata democratic
demorar to delay; to linger
demostrar to demonstrate, prove; to teach
denotar to denote, to indicate
dentro inside, within; de — inside (of)
denunciar to denounce, accuse; to report (a crime)
departamento apartment
depender (de) to depend (on)
derecha right hand, right side; a la — to the right, on the right
derecho right, straight; *m.* right, privilege
derivar to derive
derramar to pour out, to scatter, to spill
derribar to bear down (on), demolish, knock down

derrota defeat
derrumbar to crumble, to collapse
desacuerdo discord, disagreement
desafiar to challenge, to defy
desagradable disagreeable
desagrado displeasure
desahogo unburdening, relief
desaire *m.* rebuff, snub
desamparar to abandon, forsake
desaparecer to disappear
desarrollo development
desayunar to breakfast; **–se** to have breakfast
descalzo barefoot
descansar to rest
descender to descend
descolgar to take down
desconcertar to disconcert, to disturb
desconfianza distrust
desconfiar (de) to distrust, to doubt, to suspect
desconocer not to know, not to recognize
desconocido unknown; unknown person
descontar to discount; to deduct
descreído disbelieved
descubrir to discover, to uncover; **–se** to take off one's hat
desde since, from, after; **— que** since
desdén *m.* disdain, scorn
desdentado toothless
desdichado wretch, unfortunate person
desear to want, to desire
desempeñar to fulfill, carry out
desengaño disappointment
desesperarse to despair
desespero despair; impatience
desfilar to march, to file by
desgracia misfortune, disgrace; **por —** unfortunately
desgraciado unfortunate, unlucky
deshacer to undo, to destroy
deshojar to tear leaves off or out
desierto deserted; *m.* desert
deslumbrar to dazzle
desmán *m.* excess, mishap
desnudar to undress, to bare
desnudo naked, bare
despacho office, study
despacio slow, slowly; **despacito (dim.)** very slowly

despacioso sluggish, slow
despavorido terrified, frightened
despedirse to leave, to say goodbye
despertar to awake; **–se** to wake up
despreciar to despise; to scorn; to rebuff
desprecio scorn; contempt
desprender to loosen; to come forth
despreocupado unworried, unconcerned
después after, later
destacar(se) to stand out
destello sparkle, flash
destino destiny, fate
destrozar to destroy, to break to pieces, to shatter
desuso disuse, obsolescence
desván *m.* attic, garret
desvelo wakefulness (because of anxiety, concern, etc.), torment
desventura misfortune
detalle *m.* detail
detener to stop, to hold back, to check; **–se** to stop
determinado definite, specific
detrás de behind
deuda debt
devastador devastating, crushing
devoción devotion
devolver to return
devoto devout, devoted
día *m.* day; **de —** in the daytime
diablo devil
diálogo dialogue
diamante *m.* diamond
dibujo drawing, portrayal
dicha happiness, good fortune
dicho saying
dichoso happy, fortunate
diente *m.* tooth
dificultar to make difffficult
difuso diffused
digno worthy
diluirse to dissolve, dilute
Dios *m.* God; **por —, Dios mío** for heaven's sake, goodness, etc.
dirección address; direction
director *m.* director, editor, manager
dirigir to turn, to direct; **–se** to go
discípulo disciple, pupil

disco record
discurso discourse, speech
disculpar to excuse, pardon;
 –se to apologize
disgusto displeasure, annoyance
disimulo furtiveness; **con —** furtively,
 unobserved
disminuir to diminish
disolver to dissolve
disparar to shoot, to fire (a gun)
disparo shot (of a gun)
disperso dispersed, scattered
displicente disagreeable, peevish
disponer to dispose, to prepare
disputar to dispute, to debate; to argue over
distinguir to distinguish; **–se** to be different
distraer to distract; **–se** to amuse oneself
distraído absent-minded
diván *m.* sofa, divan
diverso different, varied
divertido amusing
divertir to amuse; **–se** to have a good time
divino divine
doblar to turn *(a corner);* to fold, to bend
docena dozen
dócil docile
documental *m.* documentary film
doler to hurt, to grieve; **–se** to be sorry, to be
 distressed
dolor *m.* pain, grief; **— de cabeza** headache
dolorido sorrowful, painful
doloroso painful, pitiful
domicilio residence
dominar to dominate, to control
domingo Sunday
dominio dominion, self-control
donde where
dormir to sleep
dormitar to doze
dorso back
drama *m.* play, drama
duda doubt
dueño(-a) owner, proprietor
dulce sweet, gentle, pleasant, soft
dulcedumbre *f.* sweetness, gentleness
dulzura sweetness, gentleness
duradero lasting
durar to last
dureza harshness, hardness

duro hard, harsh; *m.* coin worth five
 pesetas

E

ea *excl.* hey!
echar to throw, to hurl, to lie down; **echarle a
 uno en cara** to accuse, reproach; **— a** to
 start to, to begin; **— al correo** to mail
eco echo
edad *f.* age; era, epoch
edén *m.* Eden *(biblical and figurative)*
edificio building, edifice
efectivamente really, actually
efecto effect; **en —** indeed, as a matter of fact
eficacia effectiveness
eficaz effective
ejemplar *m.* copy *(of book, newspaper)*
ejemplo example; **por —** for example
ejercer to exercise
ejercicio exercise
ejercitar to practice; to exercise
ejército army
elaborado elaborated, wrought
elegir to choose, to elect
elevar to elevate; **–se** to rise, to ascend
emancipar to emancipate, to free
embajador *m.* ambassador
embargo embargo, restriction; **sin —**
 nevertheless
emborrachar to intoxicate, to get drunk
embustero liar
emoción emotion
emotivo emotive, emotional
empedrado paved
empeñarse (en) to insist (on)
empezar to begin
empleado employee, clerk
emplear to employ; to use
empleo use; job
empujar to push, to impel
enamorado *m.* lover, suitor
enamorar to enamor, to inspire love in; **–se** to
 fall in love
encaje *m.* lace; inlay
encantador enchanting, charming
encantar to delight, charm
encanto charm, fascination, delight
encargar to entrust, to order; **–se de** to take
 charge of, to be entrusted with

encarnado red; **ponerse —** to blush
encender to light
encendido bright, inflamed red
encerrar to shut in, to lock up, to confine
encierro confinement, prison
encima above; **por — de** over; in addition
encontrar to find
encuentro meeting, encounter
enderezar to straighten
enemigo enemy
enérgicamente energetically
enfadar to annoy, to anger; **–se** to get angry
enfermar to get sick
enfermedad sickness, illness
enfocar to focus
enfrentar to face
enfrente in front, opposite; **de —** opposite
enfurecido enraged
engañar to deceive, to cheat
engaño deceit, fraud, mistake
enjugar to dry
enloquecer to drive crazy, to madden
enmienda correction, amends
enojado cross, angry
enrojecer to redden, to blush; **–se** to turn
  red
enrollar to rollup, to wind
ensalada salad
ensayo essay, rehearsal
enseñanza teaching, instruction, education
enseñar to teach; to show
ensombrecer to darken; **–se** to become sad,
  to grow dark
ensueño dream, daydream
entender to understand; to believe; **–se con**
  to get along with, to get to know
enternecimiento pity, compassion
enterar to inform, to acquaint, to advise; **–se**
  to find out, to become aware
entero entire, whole
enterrar to bury
entonces then; **para —** by that time; **en ese**
  — at that time
entrada entrance; admission ticket
entrañas entrails
entrar to go in, to enter
entre between, among
entreabrir to open partly
entregar to deliver, to hand over

entrever to glimpse; to suspect
entristecer to sadden; **–se** to become sad
enviar to send
envidia envy
envidiable enviable
envidioso envious
envolver to wrap; to wrap up
época epoch, era
equivocación mistake
equivocarse to be mistaken, to make a
  mistake
erigir to raise
errabundo wandering
errante wandering, roving
errar to wander
escalar to climb, to scale
escalera stairway, stair, ladder
escalón *m.* step, rung
escandalizar to scandalize, offend, shock;
  por — for creating a disturbance
escándalo noise, uproar; scandal
escapar to save, to escape; **–se a** to escape
  from (a person)
escaso scant, scarce, few
escena scene, incident, episode
escoger to choose, select
esconder to hide, to conceal
escondrijo hiding place
escribir to write; **— a máquina** to type
escritor *m.* writer
escritorio writing desk
escrupuloso scrupulous
escrutar to scrutinize
escuchar to listen to
escudo coat of arms, escutcheon
escuela school
esforzar to strive
esfuerzo effort
esmeralda emerald
eso that; **— de** that business (matter) of;
  — de about
espacio space
espada sword
espalda back
espanto fear
espantoso fearful, frightful
especialidad specialty
especie kind, sort, species
espectáculo spectacle

espectador *m.* spectator
espejo mirror
esperanza hope
esperar to hope; to wait; to expect
espeso thick
espiar to spy; to be on the lookout for
espíritu *m.* spirit, ghost
espuela spur
espuma foam
esquina corner
estabilidad stability
establecer to establish
establecimiento establishment; place of business
estación station, season
estacionar to park *(a car);* –se to park
estadística statistics
estado state
estafar to defraud, to cheat
estallar to burst
estancia ranch; stay; room
estar to be; — **por** to be in favor of
estatua statue
estilo style
estimular to stimulate
estirar to stretch (out)
estómago stomach
estorbar to hinder, to obstruct
estrechar to tighten; to hug, to squeeze
estrecho narrow, close
estrella star
estremecer to shake, tremble
estrépito din, deafening noise
estrofa stanza
estudiante student
estudio study
estupefacto dumbfounded, stupefied
estúpido stupid
estupor *m.* stupor, amazement, dumbfoundedness
evanescente disappearing, like vapor
evitar to avoid; to prevent
evocador evocative
exacto exact, faithful, complete
exagerar to exaggerate
exasperar to exasperate
excesivo excessive
excitar to arouse, to excite
exigir to require, to demand, to ask

existir to exist
éxito end, success
experiencia experience, experiment
explicación explanation
explicar to explain
explotar to exploit; to explode
expulsar to expel, to expulse, to drive out
exquisito exquisite, excellent
éxtasis *m.* ecstasy, rapture
extender to stretch out; to spread
externo external, outside
extinción extinction
extranjero foreign, foreigner; **por el** — abroad
extraño strange, rare
extravagante foolish, wild, extravagant
extremado extreme, excessive

F
facción feature (facial)
fácil easy, loose, wanton
falda skirt, fold, slope
fallar to fail, to give way
fallecer to die
falso false
falta lack, mistake; **hacer** — to need, to be necessary
faltar to need, to lack; ¡**no faltaba más!** That's the limit! The very idea!
fama fame, reputation
familiar domestic, homelike, familiar, plain; *n. m.* member of a family
fanatismo fanaticism
fantasma *m.* phantom, ghost
farmacia pharmacy, drugstore
farol *m.* street lamp
farsa farce, absurdity
fascinar to fascinate
fase *f.* phase
fastidiar to annoy; to bore; to trouble
fatalista fatalist, fatalistic
fatigado fatigued, tired
fe *f.* faith
febril feverish
felicidad happiness
felicitar to congratulate
feliz happy
fenómeno phenomenon
feo ugly

feria fair; market; deal, agreement
feroz ferocious
ferrocarril *m.* railroad, railway
fértil fertile
fiebre *f.* fever
fiel faithful
fiera wild animal
fiereza fierceness
fiesta feast, festival, festivity, celebration
figura figure, face, countenance
figurar to figure; to represent; –se to imagine
fijarse en to notice
fijo fixed
fila row, line
filósofo philosopher
fin *m.* end; **al** — finally; **por** — finally; **al** — **y al cabo** after all
final *m.* end
finca property, farm
fino fine, delicate, thin, slender
firma signature
firme firm, hard
fisionómico facial
flaco weak, thin
fleco flecks
flecha arrow
flor *f.* flower, blossom; **en** — in bloom
florecer to flower, to bloom
florido flowery, elegant
flotar to float
follaje foliage, leaves
fondo back, depth, bottom, background
forastero outsider, stranger
forma form, way
forzar to break open; to force
fósforo match
fósil *m.* fossil
fotografía photograph; **hacer** — to photograph
fotógrafo photographer
fracaso failure, collapse
frágil fragile, frail
francés French, Frenchman
franco frank, open
frasco bottle, flask
frase *f.* phrase, sentence
fray brother *(religious)*
frecuente frequent
freír to fry

frente *f.* forehead; brain — **a** — face to face; — **a** in front of
fresco fresh, cool; *n.* fresh air, coolness
frotar to rub
frustrar to frustrate, to thwart
fuego fire
fuelle *m.* bellows
fuente *f.* fountain
fuera out, outside; **de** — outside; **por** — on the outside
fuerte strong, severe
fuerza force, strength, power; **a** — **de** by dint of; **a la** — of necessity
fugar to flee
fugitivo fugitive, fleeting
fulgor *m.* brilliance, flash
fumar to smoke
función function; show, performance
funcionar to function, to work
fundir to fuse, to blend, to unite; to cast *(metal)*
fúnebre funeral, gloomy
fusil *m.* gun

G

gabardina gabardine; raincoat
gabinete cabinet; study
gafas eye glasses
galería hall
gallina hen; *m.f.* a chickenhearted person
galopar to gallop (a horse)
gana desire; **tener ganas de** + *inf.* to feel like
ganancia gain, advantage
ganar to gain; to win; to make (money)
ganoso eager, desirous
garaje garage
garganta throat
gastar to spend; to waste; to wear out
gato cat
gemido moan
género kind, sort, genre
genio temperament, genius, talent
gente *f.* people, servants, retinue
gesto grimace, gesture
gigante giant; gigantic
gitano gypsy
gobierno government
golondrina swallow

golpe *m.* knock, blow; **golpecito** (dim.) tap; **de un —** suddenly

golpear to hit, strike; to pound

gordo fat, greasy, coarse; *n.* first prize

gorra cap

gorrión *m.* sparrow

gota drop

gozar to enjoy; **— de** to enjoy

grabar to engrave

gracia gracefulness, elegance, graciousness; charm

gracioso attractive, witty, amusing, charming

grande big, large, great; *n.* grandee

granizo hail

grato pleasing

grave grave, serious

gris gray

gritar to cry out, to shout, to scream

griterío shouting

grueso thick, heavy, big

guapo pretty; handsome

guardar to keep; to hide

guardia *m.* guard, policeman; **de —** on guard duty

guerrero warrior, soldier

guía guide; **— de teléfonos** telephone directory

guiar to guide

guisar to cook

guitarra guitar

gustar to be pleasing

gusto pleasure, taste; **a —** to one's liking, at ease

H

haber to have; **hay, había, hubo,** etc. there is (are), there was (were), etc.; **— que** + *inf.* to be necessary (impersonal); **— de** + *inf.* to be (supposed) to; **he aquí** here is, this is; **no hay de qué** you're welcome

hábil clever, skillful, able

habitación room

habitante *m.f.* inhabitant

habitar to inhabit, live in; to occupy

habladuría gossip, rumor

hace ago

hacer to do, to make; **— de** to act as, to play (a role); **–se** to become; **hacérsele a uno** to seem . . . to one; **— noche** to spend the night

hacia to, toward

hambre *f.* hunger; **pasar —** to go hungry

hartar to satiate; to gratify; **–se de** to be satiated, to be bored

hasta *adv.* even; prep. until till, to, up to

hay there is (are); **¿qué — ?** What's the matter?

he aquí here is, behold

hechicero witch; bewitching, enchanting

hechizar to bewitch, cast a spell on; to enchant, delight

hecho fact, deed, event

helado icy

helar to freeze

helecho fern

henar *m.* hayfield

heredar to inherit

herencia heritage

herir to hurt, to wound

hermoso beautiful

héroe *m.* hero

heroico heroic,

hierro iron

hígado liver

hija daughter, child

hilo thread; trickle

hinchar to swell

hinojos de — on one's knees

hipnotizar to hypnotize

hipócrita hypocritical; *m.f.* hypocrite

historia history, story

hocico snout, nose *(animal)*

hogar *m.* hearth, home, house

hoja leaf, blade; page, sheet of paper

¡hola! hello! *also,* a shout to draw someone's attention

hombro shoulder

honrar to honor

hora hour; **a primera —** very early

horno oven

horroroso horrid, horrible

hospitalario hospitable

hostil hostile

huerta vegetable garden

huerto orchard, garden

hueso bone

huésped *m.f.* guest; lodger; host
huevo egg
huir to flee
humanidad humanity
humedecer to moisten, dampen
húmedo wet, damp
humilde humble
humillar to humiliate, to humble
humo smoke
hundir to sink; to overwhelm; to destroy

I

idioma *m.* language, dialect
iglesia church
ignominia ignominy
ignorar to be ignorant of, not to know
igual equal, same; — **que** like; **de** — **a** —
 as equal(s)
igualar to equalize, to make equal
igualdad equality
iluminado lighted
ilustre distinguished, illustrious
imitar to imitate
impacientarse to grow impatient
impedir to prevent, to hinder
imperativo imperative, dictatorial
impertinencia impertinence
importar to be important, to matter
impregnar to impregnate, saturate
impresión impression, idea
impresionar to make an impression; to impress
impulso impulse, movement
inasequible inaccessible
incapaz incapable
incendio fire
incertidumbre *f.* uncertainty
inclinar to incline; to bow; to slope; to induce
incluso *adv.* even, besides, including
incómodo uncomfortable
incomprensión incomprehension
inconveniente *m.* obstacle, difficulty; **tener**
 — **en** to object, to mind
incorporación association
incorporarse to sit up; — **a** to join
increíble incredible
incrustar to incrust
inculpar to blame, to accuse
indeciso undecided

indefectible unfailing, indefectible
indemnización indemnity
índice *m.* index finger; index
indigno unworthy, contemptible
indio Indian
inequívoco unequivocal, unambiguous
inescrutable inscrutable
inesperado unexpected
inexplicable unexplainable, inexplicable
infantil infantile, childlike
infeliz unfortunate, unhappy; *n.* poor soul,
 wretch
inferior inferior, lower
infierno hell
infinito infinite
influir to influence; — **en** to have an
 influence on
información information, report,
 investigation
informar to inform; to advise; to report
ingenio talent, skill
ingenuidad ingenuousness
Inglaterra England
inglés Englishman
ingratitud ungratefulness
ingresar to enter
inmejorable unsurpassable, excellent
inmensidad immensity, infinity
inmóvil motionless
inquietar to disturb, worry
inquirir to inquire, investigate
inseguro uncertain, shaky
insinuar to insinuate; to interrupt
inspirar to inspire; to instill; **–se en** to be
 inspired by
instinto instinct
instruir to instruct
inteligencia intelligence, understanding
intenso intense, deep
intentar to attempt; to try, to intend
intento intent, purpose; attempt
interesar to interest; **–se** to be interested in
interpretar to interpret; to play
interrogar to interrogate, to ask
intervenir to intervene
interrumpir to interrupt
íntimo intimate
intrigar to intrigue, puzzle, fascinate

introducir to introduce; to lead in
inundación flood, inundation
investigación investigation
inútil useless
invadir to invade
inventar to invent
invierno winter
ir to go; ¡**vamos!** come on, let's see; **no les
va bien** things aren't going well with them;
— **de visita** to pay a visit
ira anger
ironía irony
irreal unreal
irritado irritated, irritable
irrumpir to burst in
isla island
izquierdo left; **a la izquierda** to the left,
on the left

J
jabón *m.* soap
jaca pony
jamás ever, never
japonés –esa Japanese
jardín *m.* garden
jefe *m.* chief
jinete *m.* horseman, rider
jornada day's journey, walk
joven young
joya jewel
judío Jewish; *m.* Jew
juego game
juez *m.* judge
jugar to play; –**se** to gamble, to risk
juicio judgment, wisdom, **a su** — in one's
opinion
juntar to join, to bring together, to gather up
junto next; joined, united
jurar to swear
justificar to justify
justo just; exact, correct
juvenil juvenile, youthful
juventud *f.* youth

L
laberinto labyrinth
labio lip
ladear to tilt; to lean

lado side, direction; **de un** — on the one
hand
ladrar to bark
ladrillo brick
lago lake
lágrima tear
lamentable lamentable
lamentarse to lament, to wail
lamer to lick
lance *m.* critical moment, incident, episode,
event
lancha barge, launch
lanzar to throw; to hurl; –**se** to dash
lapicero pencil holder
largo long, abundant; **a lo** — **de** through,
in the course of; **pasar de** — to pass along
lástima pity; **es** — it's a pity
latido beat, throb
latino Latin
latir to beat
lavabo washroom, lavatory
lavar to wash
lector reader
lectura reading
leer to read
lejano distant
lejos far off; **a lo** — in the distance
lengua language, tongue
lenguaje *m.* language, idiom, speech
lente *m.f.* lens
lento slow
león *m.* lion
letra letter, handwriting
levantar to raise; –**se** to get up
leve light, slight
libertad liberty, freedom
librar to free, liberate; –**se de** to get rid of
librería bookstore
librero bookseller
ligar to tie
ligero light, slight
lila lilac
limar to file
limpiabotas shoeshine boy (man)
limpiar to clean
límpido limpid
limpio clean, pure; *m.* a (shoe) shine
linaje *m.* lineage, offspring

lindo pretty
línea line
lirio iris, lily
listo ready, clever
literario literary
litro liter
llama flame
llamar to call; to knock
llanto weeping, crying
llanura plain
llave *f.* key
llegada arrival
llegar to arrive; — **a** + *inf.* to get to, to succeed in
llenar to fill; to satisfy
lleno full
llevar to carry, to take, to keep, to wear *(clothes)*; **–se** to get along; to take away; — **a cabo** to carry out
llorar to cry
llover to rain
lluvia rain
lo de the matter of
lobo wolf
localizar to localize; to locate
loco mad
locura madness
lodo mud
lógica logic
lograr to get, to obtain; to succeed
Londres London
lotería lottery
luchar to struggle; to fight
lucir to shine
luego then, well then, next, soon, afterward; — **que** as soon as; **desde** — of course, naturally
lugar *m.* place; **tener** — to take place; **en primer** — first, in the first place
lujo luxury; **de** — luxurious, deluxe
luminoso luminous
luna moon
luz *f.* light, learning

M
machete *m.* machete; cane knife
macizo flower bed, clump, mass
madera wood, timber, lumber

madrugada dawn
maduro mature
maestro teacher, master
magnífico magnificent
majestuoso majestic
mal badly; *m.* evil, harm, wrong
maldito cursed
malentendido misunderstanding
malgastar to spoil, ruin
malhumorado ill-humored, peeved
malo bad
maltratar to mistreat
mamar to suck, to nurse
manchar to spot, to stain
mandar to order, to send
mandato mandate, command
manejar to manage; to handle
manera manner, way; **de una** — in a way; **a** — **de** like
manía mania, fixed idea
mano *f.* hand; **darse la** — to shake hands
manojo bunch
manosear to finger, to handle
manso gentle, tame, soft
manta blanket
mantener to maintain, to keep; **–se** to stay, to keep
manto cloak, mantle
mantón *m.* shawl
mañana morning, tomorrow; **muy de** — very early
máquina machine, typewriter; — **de escribir** typewriter; **por** — mechanically; — **fotográfica** camera
maravilla wonder, marvel; **hacer** — to do wonders
maravilloso marvelous, wonderful
marcar to mark; to stress
marcha walk, step, march; departure; **poner en** — to start, to go
marchar to go; to run; **–se** to go, to leave
mareo seasickness, dizziness
marfil *m.* ivory
margen *m.* edge, border
marido husband
marinero seaman, sailor
mármol marble

mas but

más more; — **bien** rather; **por** — **que** + *subjunctive* no matter how much; **no** . . . — **que** only

masa mass, common people

máscara mask

materia matter; material; subject

material material, physical

matrimonio marriage; married couple

mayor greater, greatest

mayoría majority

mecánico mechanical

mecer to swing; to rock

mediano moderate, medium

medianoche *f.* midnight

médico doctor

medio means, way, environment, half, middle, midway; **por** — in between

mediodía noon

meditación meditation

meditar to meditate

mejilla cheek

mejoría improvement

melancólico sad, melancholy

melifluo mellifluent

mencionar to mention

mendigo beggar

menor least; minor

menos less, fewer, least, except; **(por) lo** — at least; **cuando** — at least

mensaje *m.* message, errand

mentir to lie

menudo small; **a** — often

mercadería merchandise, goods

mercado market

merecer to deserve, to merit

mesa table

meter to put, to place

método method

metro meter; subway

mezcla mixture, blend

miedo fear; **tener** — to be afraid

mientras while, as long as, meanwhile; — **tanto** in the meantime

milpa cornfield

millón *m.* million

mimar to spoil, to pamper

mimoso pampered, spoiled; loving

ministerial pertaining to a minister or ministry of a country

ministerio ministry

minucioso minute; meticulous

minúsculo small

minuto minute

mirada look, glance

mirar to look at; to look

misa mass

miserable miserable, wretched, mean

miseria wretchedness, poverty

misericordia mercy

mismo same, very, self; **lo** — **que** the same as

misterio mystery

misterioso mysterious

mitad half

moda fashion, mode, style

modesto modest

modo way, manner; **de** — **que** so that; **de un** — in (such) a way; **de este otro** — something else; **de malos modos** in an unfriendly way; **de todos modos** at any rate

modular to modulate

mojar to wet, to soak, to moisten

moler to grind; to consume; to waste

molestar to disturb, to bother; **–se en** to take the trouble to

molesto annoying; disturbed

momento moment; **por momentos** at any moment; **de un** — **a otro** at any moment

moneda coin

monja nun

monótono monotonous

montaña mountain

montar to mount, to ride

monte *m.* mountain, woods

moral moral, ethical

morder to bite

moreno dark

moribundo dying

morir(se) to die

mortificar to mortify, to torment

mosca fly

mostrador *m.* counter, bar

mostrar to show

movedizo moving, shaky

mover to move

muchedumbre *f.* crowd, mob

mudo silent
mueble *m.* piece of furniture
muela molar tooth
muerte *f.* death
mujer woman, wife
multitud multitude
mundo world, globe; **correr —** to travel
muñeca doll; wrist
muralla wall
murmullo murmur
murmurar to murmur, to whisper; to gossip (about)
muro wall
músico musician
mutuo mutual

N

nacer to be born
nada nothing; **— más que** nothing but
nadar to swim, to float
nadie nobody
naranja orange
nariz *f.* nose, nostril
narrador *m.* narrator
narrar to narrate
naturalidad naturalness
naturaleza nature
navegar to sail
Navidad Christmas
necedad foolishness, stupidity
necesidad necessity
necesitado needy, poor person
necesitar to need, to necessitate; **— de** to have need of
negar to deny, to refuse; **-se a** to refuse
negocio business, deal
negocios business
negro black; **en negrita** bold face
nervioso nervous
nevar to snow
ni neither, nor, not even
niebla fog, mist
nieto grandson, grandchild
nieve *f.* snow
ninguno no, none
niña child, girl, darling
noche *f.* night; **de —** at night
Nochebuena Christmas Eve
nombre *m.* name

noreste northeast
Noruega Norway
notar to notice
noticia news, notice, information
novedad something new, change
novela novel, story
novia sweetheart, fiancée, bride
novio sweetheart, fiancé, groom
nube *f.* cloud
nublado cloudy
nuevamente again
nuevo new; **de —** again
número number; issue (of a publication)

O

obedecer to obey
objetivo objective
objeto object
obligar to oblige
obra work, writings
obrar to work; to perform, to execute
obrero worker
obstinarse to be obstinate; to persist
ocasión occasion, opportunity
ocasionar to occasion, to cause
océano ocean
ocultar to conceal
ocupar to occupy; **-se de** to be busy with, to pay attention to
ocurrir to occur, to happen; **-sele a uno** to occur (to one)
odiar to hate
odio hate, hatred
ofender to offend, to bother
oficial *m.* officer
oficina office; **— de correos** post office
oficio work, occupation, office, function
ofrecer to offer
ofrecimiento offer
ofrenda offering
oído ear
oír to hear; **— hablar de** to hear about; **— decir que** to hear that
ojeada glance
ojo eye
ola wave
oler to smell; **— a** to smell of or like
olivar *m.* olive grove
olor *m.* odor

olvidar to forget
olvido forgetfulness, oblivion
operar to operate
opuesto opposite
orar to pray
oratorio oratorical
orden *m.* order; *f.* command
ordenar to order; por — in order
oreja ear, flange
orgullo pride
orgulloso proud, conceited
orientar to orient, orientate
orilla edge, border; bank, shore
oro gold
orquesta orchestra
oscuridad darkness, obscurity
oscuro dark; a oscuras in darkness
otoño fall, autumn
otro other, another
óxido oxide; rust

P
paciencia patience
paciente patient
padecer to suffer from; to put up with
paja straw
paganizar to paganize
pagar to pay
país *m.* country
paisaje *m.* landscape, countryside
pájaro bird
palabra word
palacio palace
palco box (seat)
palidecer to turn pale
palidez *f.* paleness, pallor
pálido pale
paliza beating
palma palm (tree); palm (of hand)
palo stick, whack, blow; pole
palpar to touch, to feel, to grope
pan *m.* bread
pánico panic
pantalón trousers
pañuelo handkerchief, shawl
Papa Pope
papel *m.* paper, role, part
paquete *m.* package, bundle
par *m.* pair, couple

para for, by; — sí to oneself; — con with regard to
paradero whereabouts
paradoja paradox
paraguas *m.* umbrella
paraíso paradise
parar to stop; –se a + *inf.* to stop (doing something)
pardo brown, dark gray
parecer to seem, to appear; parecerse a to resemble; a su — in your opinion; ¿qué (tal) le parece. . . ? What do you think (of) . . . ?; al — apparently
parecido resembling, like, similar
pared *f.* wall
pareja pair, couple
pariente *m.f.* relative
parlamentario parliamentary
párpado eyelid
parque *m.* park
párrafo paragraph
parroquiano parishioner; customer
parte *f.* part; por otra — on the other hand; de vuestra — on your part; la mayor — de most of
particular particular, special, peculiar
partida departure
partir to leave, to set out; to divide, to split
parto childbirth
pasado past
pasajero fleeting, transitory
pasar to pass, to spend, to happen; ¿qué le pasa? What's the matter?; pase come in
pasear to stroll, to walk; to ride, –se to take a walk, to stroll
paseo walk, ride, stroll; dar — to take a ride
pasillo hall
paso step, footstep
pastel *m.* pastry, cake
pata paw, hoof
paterno paternal
patético pathetic
patrón *m.* landlord; owner; boss
pavonear to deceive; –se to strut, show off
pavoroso frightful
paz *f.* peace
peca freckle
pecado sin
pecho breast, chest, heart

pedazo piece
pedir to ask, to request
pedregoso stony, rocky
pegar to strike, beat
peldaño step
peinar to comb; –se to comb one's hair
pelear to fight, quarrel
película film
peligro danger
peligroso dangerous
pellejo skin
pelo hair; **tomar el** — to make fun of, to kid
peluquería barbershop
pena pain, hardship, sorrow
pender to hang; to dangle
péndulo pendulum
penetrar to penetrate, to enter
pensamiento thought
pensar to think
péñola pen, quill pen
peor worse, worst
pequeño small
pera pear
percibir to perceive
perder to lose
peregrinación pilgrimage, course of life
perezoso lazy
perfecto perfect
perfilar to profile; to outline
periódico newspaper
periodista *m.* newspaperman, journalist
permanecer to remain
permiso permission; **con** — excuse me
permitir to permit
perplejo perplexing
perra dog; — **suerte** hard luck
perro dog
perseguir to pursue
persiana venetian blind
personaje *m.* character (in a play, story)
perspectiva perspective, prospect
pertenencias belongings
pertinaz persistent
pertinente pertinent, relevant
perturbar to disturb
pesar *m.* grief; **a** — **de** in spite of
pesar to weigh; to cause regret, sorrow
pescador fisherman
pescar to fish, to fish for

peso weight; **sin** — limp; Spanish-American monetary unit
pestaña eyelash
petaca tobacco pouch, cigar case
pétalo petal
Petrarca Petrarch (1304–1374), *great Italian poet and humanist*
pez *m.* fish
piadoso pious, merciful
picar to prick, to bite; to burn
pie *m.* foot; **en** — standing, up and about; **de** — standing
piedad piety, pity, mercy
piedra stone, rock
piel *f.* leather, skin
pierna leg
pieza piece, musical composition; room, play (theater), part
pintar to paint; to portray
pintoresco picturesque
pirámide *f.* pyramid
pisar to step on
piso floor, story (*of a building*)
pitillo cigarette
placer *m.* pleasure
planchar to iron
plantado: dejar — to jilt, to leave in the lurch
plantar to plant; to put, place
plata silver, money
plato dish, plate, course (*meal*)
playa beach
plaza square
plebiscito plebiscite
pleno full
pliego sheet of paper
plomar to seal with lead
pluma pen, feather
pobreza poverty
poco little; (*plural*) few; **al** — soon
poderoso powerful, mighty
poesía poetry
policía police; *m.* policeman
polonés Polish; *m.* Pole
polvareda cloud of dust
polvo dust
polvoriento dusty
poner to put; –se a + *inf.* to begin to, to start to; –se to become; –se de pie to stand up

por by, for, through, along, because of
porfía obstinacy, persistence
pormenor *m.* detail
portera janitress
porvenir *m.* future
posar to perch, to put; to put down
poseer to possess
postal *f.* postcard
postrar to prostrate; to weaken, exhaust
práctica practice, skill, experience
pradera meadow, pasture land
prado meadow
precio price
precipitadamente hastily, hurriedly
precisamente precisely; at the same time
precisar to need; to be necessary
preciso necessary, precise
predominar to predominate, to stand out
preferible preferable
preguntar to ask
premio prize, award
prender to grasp
prensa press (newspaper)
preocupación preoccupation, worry
preparativo preparation
presenciar to be present at
presentar to present; to appear
presión pressure
preso arrested, imprisoned; *n.* prisoner
prestar to lend; to render, to do
prestigio prestige
pretender to pretend to, to claim; to try to; to try to get, to seek; to want
pretensión presumption, effort
pretexto pretext, excuse
prevalecer to prevail
prever to foresee
primavera Spring
primero first, in the first place
primitivo primitive, original
primo cousin
príncipe *m.* prince
principiar to begin
pro profit, benefit; **en — de** in favor of
probar to prove; to test
procesión procession
proceso trial
procurar to strive for
profano profane, worldly

profundo profound, deep
progresar to progress
prohibir to prohibit, to forbid
promesa promise
prometer to promise
prominente prominent, outstanding
promontorio promontory
pronto soon; **de —** suddenly
pronunciar to pronounce, to deliver (a speech)
propiedad property
propietario(a) owner
propio own, proper; same; himself, herself, etc; characteristic, suitable
proponer to propose
proporcionar to furnish
propósito purpose, intention
protagonista *m.f.* protagonist, principal character
proteger to protect
provinciano provincial
próximo next, near, close
proyectar to project
prueba proof, test, trial
psicología psychology
público public, people
pueblo town, village, people, nation
puente *m.* bridge
puerta door
puerto port, mountain pass
pues then, well, well then
puesto stand, booth, place, post; **— que** since
pulsera bracelet
pulso pulse
punta point, tip
punto point; **a — de** on the point of
puñal *m.* dagger
pupila pupil *(of the eye);* eye
puro pure

Q
que who, whom, which, that; for, because
quebradizo brittle, fragile
quebrantar to break
quedar(se) to remain, to stay
queja complaint, moan, lament
quejar to complain, to lament; **–se de** to complain about, of

quemar to burn
querer to wish, to want, to love; — **decir** to mean
querido dear
queso cheese
quitar to remove, to take away; to clear
quizá(s) perhaps

R
raíz *f.* root
rama branch
ramo branch, cluster, bouquet
ranilla sole
rapidez speed
rápido swift, rapid
raro rare, strange, odd
rasgar to scrape; to tear
rasgo trait, characteristic
rato (short) time, while; **a ratos** from time to time
raya stripe, stroke, line
rayo beam, ray of light; lightning; thunderbolt
raza race, lineage
razón reason; **tener —** to be right
razonable reasonable
razonar to reason
reaccionar to react
realidad reality; **en —** really, truly
realizar to realize, to fulfill; to perform
reaparecer to reappear
rebajar to lower; **–se** to stoop
rebaño herd, flock
recelo fear, misgiving
rechazar to reject, refuse
recién recently; **— casado** newlywed
reciente recent
recobrar to recover
recoger to pick up, to gather; to remove
recomendar to recommend
recompensa reward, recompense
reconocer to recognize; to examine
reconocimiento examination; recognition
recordar to remember
recorrer to run over; to go through; to cover
recorrido review
recostar to incline, to lean; to place; **–se** to lean, sit back; to recline
recostarse (en) to lean, to lean back

recreo recreation, recess *(school)*
recto straight, right, honest
recuento recount, count
recuerdo memory, remembrance
red *f.* net, netting; grating
redactar to edit; to write; to draw up
redactor *m.* editor, writer
redondo round
reemplazar to replace
referir to relate, to tell, to refer; **–se** to refer
reflejar to reflect
reflexionar to reflect
reformar to reform; to mend; to improve
refrescar to refresh
refulgir to shine
regalar to give; to treat
regalo present, gift
regar to water
regazo lap
regenerar to regenerate
regir to rule
regla rule
regocijarse to rejoice
regordete, (ta) chubby, plump
regresar to return
regreso return
regular fair, so-so, regular
rehusar to refuse, to reject
reina queen
reinar to rule, to reign
reino kingdom
reír to laugh
relajar to relax
relámpago lightning
relatar to relate, to narrate
relato story, narration
releer to read again, reread
religioso religious
reloj *m.* watch, clock
relucir to shine
remediar to remedy; to help; to prevent
remedio remedy, help; **no tener —** to be unavoidable
remordimiento remorse
remoto remote
rendido exausted
rendir to subdue; to surrender; **–se** to yield
renglón *m.* line (of writing or print)
reñir to quarrel

reojo: de — askance
reparar (en) to notice
repartidor distributor, sorter
repasar to pass again
repaso review
repente *m.* start; **de** — suddenly
repetir to repeat
repicar to ring
replicar to answer
reponerse to recover
reportero reporter
reposo repose, rest
representar to represent; to act; to play
reprimenda reprimand
reprimir to repress
reproche *m.* reproach
repugnancia repugnance, antipathy
resbaladizo slippery
resbalar to slip
residencia residence, home
residir to reside
resistir to resist; to bear; to withstand
resonar to resound
respaldo back
respecto relation, respect; — **a** with respect to
respeto respect
respetuoso respectful
respiración breathing
respirar to breathe
resplandor *m.* light
responder to answer; to correspond
resto rest, remainder
resuelto resolute, determined, quick
resultar to result, to turn out to be
retener to retain, to hold back
retirar(se) to retire, to withdraw
retorno return
retrasar to delay, to put off
retrato portrait, photograph
retroceder to back away; to go back
reuma *m.f.* rheumatism
reunir to unite, to gather
reventar to smash, to burst
reverente reverent
revés *m.* back
revisar to examine; to revise
revista magazine
revolar to flutter; to fly
revolotear to flutter, to flit

revolución revolution
rey *m.* king
rezar to pray
ridículo ridiculous; **en** — ridiculous
rincón *m.* corner
río river
risa laugh, laughter
ritmo rhythm
robar to steal
roca rock
roce *m.* rubbing, contact
rodar to roll; to rotate
rodear to surround, to encircle
rodeo detour, evasion
rodilla knee
rogar to ask; to beg
rojizo reddish
rojo red
romano Roman
romper to break
ronco hoarse, raucous
ronda night patrol or round
rondar to go around; to prowl
ropa clothes
rosa rose
rosado rose-colored
rosal *m.* rose bush
rostro face
roto torn
rozar to rub, to graze
rubio blond, fair, light
rueda wheel
ruego request, entreaty
rufián *m.* scoundrel, ruffian
rugir to roar, to bellow
ruido noise
ruidoso noisy
ruiseñor *m.* nightingale
rumor *m.* rumor, murmur, sound
Rusia Russia

S
sábana sheet
saber to know; — **de** to learn, to hear from
sabio wise, learned; *m.* learned man, scholar
sabroso delicious, luscious
sacar to take out, to draw out; to bring forth
sacerdote *m.* priest
saciar to satisfy, satiate

saco sack
sacrificio sacrifice
sacro sacred
sacudir to shake
sagrado sacred, holy
sala living room, drawing room
salida exit, departure, way out
salir to leave, to go out
salón *m.* large hall or room
salpicar to spatter, to sprinkle
saltar to leap, to jump, to skip
salud *f.* health
saludable healthful
saludar to greet, to hail
salvar to save
salvo safety; — **que** except that
sanar to heal, to cure; to recover
sangrar to bleed
sangre *f.* blood
sangriento bloody
sano sound, healthy, good
santidad holiness
santo saintly; *m.* a saint
satisfecho satisfied; conceited
secar to dry
seco dry
secreto secret
sed *f.* thirst
seda silk
seducir to seduce; to tempt, entice
seductor seducer; *adj.* seductive, captivating
seguida succession, series; **en** — immediately
seguir to follow; to continue
según according to
segundo *adj. n.* second
seguridad surety, safety, confidence
seguro sure, safe, certain; **de** — surely
selecto select, choice
selva forest
sellar to seal; to stamp; to close
sello stamp
semana week
sembrar to sow, seed; to scatter
semejante similar, such
semejanza similarity
semioculto half-hidden
sencillo simple; single
senda path
seno chest, bosom, breast

sensación sensation
sensible sensitive, perceptible
sensitivo sensitive, sensual
sensual sensual, sensuous
sentar to seat; **–se** to sit down
sentido meaning
sentimiento feeling
sentir to feel; to regret
seña sign, mark
señal *f.* signal, sign
señalar to show, to point out
señor sir, lord, gentleman, master
señorial seignorial, noble
señorita mistress
señorito master
separar to separate
sepultura grave
ser *v.* to be; **sé** be (command); — **de** to become (of) *n. m.* being, person
sereno serene, calm; sober
seriedad seriousness
serio serious; **en** — seriously
servicio service
servir to serve; — **para** to be used for; **para –le** at your service
severidad severity
sexo sex
sí yes, indeed *(adds emphasis to a verb)*
siempre always
sierra mountain range
siglo century
significación significance
significado significance, meaning
significar to signify, to mean, to indicate; to be worth
significativo significant
signo sign, symbol
siguiente following
sílaba syllable
silbar to whistle
silbido whistle
silla chair; saddle
sillón *m.* armchair, easy chair
simbolista symbolist
simbolizar to symbolize
simétrico symmetrical
símil *m.* simile
simpatía sympathy, liking, friendliness, congeniality, **tener grandes** — to get along

simpático likeable, pleasant
simplicidad simplicity
simular to simulate, feign
sin without
sincero sincere
singular exceptional, extraordinary; singular
siniestro sinister
sino but (rather)
sintético synthetic
siquiera even, scarcely; **ni —** not even
sirvienta *f.* servant
sistema *m.* system
sitio place, location
situar to situate
soberbio proud, superb, arrogant, presumptuous
sobra *f.* extra, excess; **de sobras** more than enough, superfluous
sobre on, above; *n.m.* envelope
sobremanera exceedingly
sobrevivir to survive
socorro aid, help
sofocar to suffocate, to smother; to choke, to stifle; to extinguish
sol *m.* sun
solar solar
soldado soldier
soledad solitude, loneliness
soler to be accustomed to
solicitar to solicit, to ask
solicitud solicitude
solidaridad solidarity
solitario solitary, alone
solo alone, single, only, sole
sólo only
soltar to let loose, to let go
soltero unmarried person
sombra shade, darkness, shadow; ghost
sombrero hat
sombrío somber, dark, gloomy
someter to submit; to subject
sonar to sound; to ring
soneto sonnet
sonreír to smile
sonriente smiling
sonrisa smile
sonrojo blush
soñar to dream; **— con** to dream of or about
soplar to blow

sopor *m.* drowsiness; stupor, lethargy
soportar to support; to bear, endure; to put up with
sorbo sip
sórdido sordid, dirty
sordo deaf
sorprender to surprise
sorpresa surprise
sosegado calm, peaceful, still
sospecha suspicion
sospechar to suspect, to be suspicious
sostener to support, hold up, sustain
suave smooth, soft, mellow, suave, gentle
subir to go up; to take up
súbito sudden; **de —** suddenly
subjetivo subjective
suceder to happen
suceso event
sucio dirty
sudar to perspire
sudor perspiration, sweat
sueldo salary, pay
suelo ground, floor
sueño dream, sleep
suerte *f.* luck, fortune
sufrir to suffer, to endure
sugerir to suggest
suicidarse to commit suicide
suicidio suicide
sujetar to fasten, to hold
sumergir to submerge, to submerse
sumo high, great; **a lo —** at most
suntuoso sumptuous
supersticioso superstitious
suplicar to entreat, implore
suponer to suppose
supremo supreme
supuesto past participle of **suponer; por —** of course; **— que** inasmuch as
surco furrow, rut
surgir to spring up, come forth
suspirar to sigh
sustantivo substantive, noun
sustituir to substitute, to replace
sutil subtle, thin, cunning, keen

T

taberna tavern, saloon
tabernero saloonkeeper

tabla board, plank
táctica tactics
tal such, so, as; — **cual** as such; — **vez** perhaps; just as; **un** — a certain
taller *m.* workshop
tamaño size
tambalear to stagger, reel
tampoco neither, nor
tan so; **tan. . . como. . .** as. . . as . . .
tanto so much; **en** — while; **tanto. . . como** as much . . . as; both . . . and; **por lo** — therefore
tapia wall
tardar to delay; to be late; — **en** + *inf.* to be long in
tarde *f.* afternoon; **buenas tardes** good afternoon, good by; *adv.* late
tarea task, job
tarima platform
tarjeta card
taza cup
techo roof; ceiling
telegrama *m.* telegram, dispatch; **poner un** — to send a telegram
telón *m.* (theat.) drop curtain
tema *m.* theme; matter
temblar to tremble
tembloroso trembling
temor *m.* fear
temperatura temperature
temprano early
tenacidad tenacity, firmness
tendencia tendency
tender to spread, to stretch, to reach out; — **a** + *inf.* to tend to; **-se** to lie down
tenderete *m.* stall
tendero shopkeeper
tener to have; — **calor** to be warm; — **curiosidad** to be curious; — **frío** to be cold; — **hambre** to be hungry; — **horror a** to have a horror of; — **inconveniente** to object; — **la bondad** please; — **miedo** to be afraid; **no** — **remedio** to be unavoidable; — **razón** to be right; — **reparo** to be bashful; — **sed** to be thirsty; — **por costumbre** to be one's custom
teniente *n.* lieutenant
tenso tense, taut
tentación temptation

tentador tempting; temptor
teñir to dye; to shine, to polish, to color
terminar to end, to finish
término end; term
termómetro thermometer
terneza tenderness
tertulia social gathering
terraza terrace; veranda
tesoro treasure
tibio lukewarm, tepid
tiempo time, weather; a time; **al poco** — soon, shortly; **al mismo** — at the same time; **¿qué tal** — **hace?** what's the weather like?; **de** — **a** — from time to time
tienda store, tent, shop
tierno tender, delicate
tierra land, ground, earth, dirt
timbre *m.* stamp, seal; bell; timbre *(mus.)*
tintero inkwell
tinta ink
tío uncle
tiovivo merry-go-round
típico typical
tipo type, kind, model; *(coll.)* fellow, guy
tirar to throw, to draw, to pull; — **a** to resemble, to approach; — **de** to pull out; to shoot (a gun)
tiritar to shiver
titular to entitle
título title
toalla towel
tocar to touch; to ring *(a bell)*; to play *(an instrument)*; **tocarle a uno** to be one's turn, to fall to one's lot
todavía still, yet
todo all, everything; — **el mundo** everybody; **del** — completely
tomar to take, to buy, to have *(beverage)*; — **a mal** to take offense at
tono tone
tonto foolish, stupid; *m.f.* fool, dolt
torcer to twist
torerillo young bullfighter
torero bullfighter
tormenta storm, tempest
tornar to return, to turn; — **a** + *inf.* to do something again
torno turn; **en** — **de** around; **en** — all around, about

toro bull
torpe stupid, dull, slow
torre *f.* tower
torrencial torrential
torrente *m.* torrent, avalanche
toser to cough
tostada slice of toast
tostar to burn; to tan
trabajar to work
trabajo work; job; difficulty; **costar —**
to take a lot of effort, to be hard
tradicional traditional
traducir to translate
traer to bring
tragar to swallow, to drink
trágico tragic
trago swallow, drink
traición betrayal
traje *m.* suit; dress
trance *m.* critical moment
tranquilizar to calm
tranquilo calm, quiet
transcurrir to pass
transmitir to transmit
transparente transparent
tranvía trolley car
tras behind, beyond; after
traspasar to cross
trastornar to upset, to disturb
tratamiento treatment
tratar to treat; to handle; **–se de** to be a
question of, to deal with
trato treatment, dealing, association
través misfortune, reverse; **a — de** through
travieso mischievous
trepar to climb
triángulo triangle
triste sad
tristeza sadness
triunfar to triumph
triunfo triumph
tronco trunk
tropezar to hit, to stumble; **— con** to run
into, to encounter
trote *m.* trot
trueno thunder
tumba tomb, grave
túnica tunic
turbador disturbing

turbar to disturb, to trouble
turbio turbid, cloudy, muddy
turquesa turquoise
Turquía Turkey

U
úlcera ulcer
últimamente lately, recently
último last, latest
ulular to howl
uña fingernail
único unique, only, sole
unir to unite, to join
usado worn out, used, secondhand
usar to use
utilizar to utilize; to use
uva grape

V
vaca cow
vaciar to empty
vacilar to hesitate; to sway; to flicker (light)
vacío empty; *m.* emptiness
vago vague, lazy
vagón *m.* railroad car
valer to be worth, to cost; **— la pena** to be
worth while; **— más** to be better
valeroso valiant
valiente bold, brave
valor *m.* value, worth, validity; courage,
fortitude
valle *m.* valley
vanidad vanity
vano vain; **en —** in vain
vapor steam, vapor; mist; **a todo —** at full
steam
variar to vary, to change
vario various, varied
vasco Basque
vaso glass
vasto vast, huge
¡vaya! well! look here! what (a)!
vecino neighbor, resident, tenant
vega plain
vegetal vegetal; *m.* vegetable (plant)
vehículo vehicle
vela vigil, candle
velar to keep vigil, to watch over, to stay
awake

velocidad speed
veloz swift, rapid, fast
vena vein
vendedor seller
vender to sell
veneno poison
vengarse to take revenge
vengativo avenging, vengeful
venir to come; — **bien** to suit, to fit
ventaja advantage, gain, profit
ventana window; ticket window
ventanal *m.* large window
ventilador *m,* fan
ventura happiness, luck
venturoso lucky, successful, prosperous
ver to see; **a** — let's see
verano summer
veras de — really
verdad truth; **de** — real
verdadero true, real, actual
verde *adj. n.* green
verdura verdure, greenness; *pl.* vegetables,
  greens
verosímil likely, plausible
verso verse, poetry
vértigo vertigo, dizziness
vespertino evening
vestíbulo vestibule, lobby
vestido clothing; suit, dress
vestir to dress; **–se** to get dressed
vez *f.* time; **de una** — once and for all; **en**
  — **de** instead of; **tal** — perhaps; **hacer las**
  veces de to serve as; **a veces** at times; **de** —
  en cuando from time to time; **cada** — **más**
  more and more; **una y otra** — repeatedly
vía road, way; — **férrea** railway track
viajar to travel
viaje *m.* trip, voyage, travel
viajero traveler
vibrar to vibrate
vicio vice, bad habit
vicioso vicious, harmful, overgrown
víctima victim
vida life

viejo old
Viena Vienna
viento wind
vientre *m.* belly, womb
vigilar to watch (over), to guard
violar to violate, to rape
vino wine
violencia violence
virgen new, chaste
virtud virtue, power, habit, disposition
virtuoso virtuous
visita visit; **hacer una** — **a** to pay a visit to,
  to visit
vista view, sight, scene; **de** — by sight
visto evident, obvious; **por lo** — evidently,
  obviously
viudo widower
vivaracho vivacious, lively
vivir to live; **¡viva!** long live! **vivo** alive,
  lively, vivid
vociferar to yell
volar to fly
voluntad will
voluptuosidad voluptuousness
volver to return; to turn; — **a** + *inf.* to do
  something again; — **en sí** to regain
  consciousness; **–se** to turn into, to become;
  to turn around
voto vote
voz *f.* voice, shout, cry; **en** — **alta** out loud
vuelo flight
vuelta turn, return; **dar vueltas** to turn, to
  circle, to walk around; **dar la** — **a** to take a
  walk around; **con** — return (something
  borrowed)
vulgar vulgar, coarse

Y
ya already, now; — **no** no longer; — **que**
  since, in as much as
yerba grass

Z
zapato shoe

TEXT CREDITS

"El limpiabotas," by Pedro Espinosa Bravo, from *El viejo de las naranjas* (1960). Reprinted by permission of Pedro Espinosa Bravo.

"El arrepentido," by Ana María Matute, from *El arrepentido* (Barcelona, Spain: Editorial Juventud, 1967). Reprinted by permission of Ana María Matute.

"La IWM mil," by Alicia Yáñez Cossío, from *Beso y otras fricciones* (Ediciones Paulinas, 1975). Reprinted by permission of Ediciones Paulinas (Bogotá, Colombia).

"La venda," by Miguel de Unamuno, from *De esto y de aquello* (Editorial Sudamericana, 1951). Reprinted by permission of Don Fernando de Unamuno.

"El prócer," by Cristina Peri Rossi. © Cristina Peri Rossi,1970, from *Indicios Pánicos*, 1970. Reprinted by permission of Laura Dail Literary Agency, Inc.

"Una bonita combinación," © Mercedes Abad, 1989, from *Felicidades conyugales* (Tusquets Editores, 1989). Reprinted by permission of Tusquets Editores.

"La maestra," by Enrique Buenaventura, from *Los papeles del infierno*, 1968. Reprinted by permission of Enrique Buenaventura.

"Continuidad de los parques," by Julio Cortázar, from *Final del juego*, © JULIO CORTÁZAR, 1956 and Heirs of JULIO CORTÁZAR.

"El fin," by Jorge Luis Borges. Copyright © 1965 by Jorge Luis Borges, first printed in *Obras Completas*, 5th edition, Vol. II. Reprinted with the permission of The Wylie Agency, Inc.

"Una carta a Dios," by Gregorio López y Fuentes, from *Cuentos campesinos de México* (Editorial Cima, 1940). Reprinted by permission of Lic. Angel López Oropeza.

"La historia de papito," by Luisa Valenzuela, from *Donde viven las águilas*. Reprinted by permission of Ediciones de la Flor.

"En una noche así," by Miguel Delibes, from *La partida*, as reprinted in *Cuentistas contemporáneos* (Barcelona: Ediciones Rumbo, 1958). Reprinted by permission of Miguel Delibes.

"El criado de don Juan," by Jacinto Benavente. Reprinted by permission of D. Leopoldo López-Casero y Muñoz and Ediciones Aguilar, S.A. (Obras completas, Madrid, 1946).

"Ensayo de comedia," by Marina Mayoral, from *Morir en sus brazos y otros cuentos* (© Marina Mayoral). Reprinted by permission of Raquel de la Concha Agencia Literaria.